高校篮球教学与训练指导新探

魏 超/著

全国百佳图书出版单位
吉林出版集团股份有限公司

图书在版编目（CIP）数据

高校篮球教学与训练指导新探 / 魏超著 . -- 长春：吉林出版集团股份有限公司 , 2022.8

ISBN 978-7-5731-2112-7

Ⅰ . ①高… Ⅱ . ①魏… Ⅲ . ①篮球运动—体育教学—教学研究—高等学校②篮球运动—运动训练—教学研究—高等学校 Ⅳ . ① G841.2

中国版本图书馆 CIP 数据核字 (2022) 第 162920 号

GAOXIAO LANQIU JIAOXUE YU XUNLIAN ZHIDAO XINTAN
高校篮球教学与训练指导新探

著：魏　超
责任编辑：沈丽娟
封面设计：乐　乐
开　　本：787mm×1092mm　1/16
字　　数：320千字
印　　张：15.5
版　　次：2022年8月第1版
印　　次：2022年8月第1次印刷

出　　版：吉林出版集团股份有限公司
发　　行：吉林出版集团外语教育有限公司
地　　址：长春市福祉大路5788号龙腾国际大厦B座7层
电　　话：总编办：0431- 81629929
印　　刷：涿州汇美亿浓印刷有限公司

ISBN 978-7-5731-2112-7　　定价：93.00元
版权所有　侵权必究　　举报电话：0431-81629929

前　言

篮球运动深受广大人民群众的喜爱，在我国有着十分广泛的群众基础。其本身所具有的时空对抗、集体协同、健身娱乐等特点，不仅有利于人们提高身体健康水平、增强运动能力，而且还有利于人们保持心理健康、培养良好的意志品质以及提高自信心。可以说，篮球运动对于人们身心素质的全面发展起着十分积极的促进作用。

目前，高校体育课程中，篮球课程及技战术的教学工作有着举足轻重的作用，高校开设篮球课程教学也是实现体育教育目标的一个重要途径。在当代高校校园中，篮球运动受到了广大大学生的欢迎，很多高校还建立了内容科学、形式活泼、可塑性强、功能链长的篮球课程，尤其是中国大学生篮球联赛建立以来，高校篮球教学的质量显著提高，影响面也不断扩大。需要指出的是，部分高校在篮球课程教学过程中出现了一些问题，如课程体系不完善、重实践轻理论、课程内容陈旧、文化基础薄弱、教学与训练缺乏科学的指导等。在这种情况下，就需要专家学者们尽快丰富高校篮球课程的相关理论，以指导高校篮球课程教育实践的开展。

本书以高校篮球教学为研究对象，首先对高校篮球教学及训练指导等问题进行了深入分析，同时就高校篮球教学内容、教学模式、教学方法等方面进行了详细论述，介绍了一些科学教学理念以及新型教学模式；然后重点对技术教学指导、战术教学指导、游戏教学指导及心理能力教学指导进行了研究；最后，对篮球运动教学与考核评价进行了探索，帮助读者了解并且掌握多种篮球教学训练方法。

在本书的撰写过程中，作者查阅了大量的相关参考文献，并引用了其中一些研究成果，在此对相关研究者表示诚挚的谢意！由于作者水平有限，书中难免存在疏漏与不足，希望广大读者和专家学者给予批评指正，以便在日后对本书做进一步的完善。

目 录

第一章 高校篮球教学概述 1
第一节 高校篮球教学的任务与方法 1
第二节 高校篮球教学的内容与原则 5
第三节 高校篮球教学模式及其选择 7
第四节 高校篮球教学文件的制定 10

第二章 高校篮球运动教学的实施 16
第一节 篮球运动负荷及其合理安排 16
第二节 高校篮球运动教学课程的组织 19
第三节 高校篮球运动教学课程的实践 30

第三章 高校篮球教学与训练能力的培养 39
第一节 篮球教学能力的培养 39
第二节 篮球训练能力的培养 44
第三节 高校篮球技术能力的培养 54
第四节 高校篮球战术能力的培养 61
第五节 高校篮球身心素质的培养 70

第四章 高校篮球技术教学指导 84
第一节 高校篮球技术的概述 84
第二节 高校篮球进攻技术教学 86
第三节 高校篮球防守技术教学 105

第五章 高校篮球战术教学指导 108
第一节 高校篮球战术的概述 108
第二节 高校篮球战术的结构原理解析 111
第三节 高校篮球战术的分类体系解析 112
第四节 高校篮球战术的设计与运用 113

第五节　高校篮球战术的教学与训练 …………………………………… 117

第六章　高校篮球游戏教学指导 …………………………………………………… 124
　　第一节　篮球运球类游戏教学指导 …………………………………… 124
　　第二节　篮球传球类游戏教学指导 …………………………………… 132
　　第三节　篮球投篮类游戏教学指导 …………………………………… 139
　　第四节　篮球综合类游戏教学指导 …………………………………… 145

第七章　高校篮球心理能力教学指导 ……………………………………………… 150
　　第一节　高校篮球意识的基本内容 …………………………………… 150
　　第二节　高校篮球意识培养方法与测评 ……………………………… 155
　　第三节　高校篮球智能训练的基本内容 ……………………………… 161
　　第四节　高校篮球智能训练的方法 …………………………………… 164
　　第五节　高校篮球运动专项心理训练 ………………………………… 166
　　第六节　高校篮球运动比赛心理训练 ………………………………… 170

第八章　高校篮球课程的安全营养保健 …………………………………………… 179
　　第一节　高校篮球课程的合理营养补充 ……………………………… 179
　　第二节　高校篮球课程的疲劳与消除 ………………………………… 188
　　第三节　高校篮球课程中的常见伤病与防治 ………………………… 194

第九章　高校篮球课程教学的应用 ………………………………………………… 206
　　第一节　微课教学法在篮球教学中的应用 …………………………… 206
　　第二节　体验式学习法在篮球教学中的应用 ………………………… 209
　　第三节　学导式教学方法在篮球教学中的应用 ……………………… 212
　　第四节　篮球课程教学方法的组合应用 ……………………………… 214

第十章　高校篮球教学的考核与评价 ……………………………………………… 226
　　第一节　高校篮球教学体能评价与考核 ……………………………… 226
　　第二节　高校篮球教学技战术评价与考核 …………………………… 234

参考文献 …………………………………………………………………………… 240

第一章 高校篮球教学概述

第一节 高校篮球教学的任务与方法

一、高校篮球教学的任务

对于高校篮球的实践来说,其主要目的就是完成教学任务。高校篮球教学的任务主要包括以下四个方面:

(一) 提高高校学生对篮球理论与技能的掌握程度

高校篮球课程的教学内容主要有三个方面,即篮球理论、篮球技术和篮球战术。篮球教学不仅要让学生在技术和战术方面有很好的掌握,而且还要让学生掌握相关的理论知识,其中,理论知识是掌握技术和战术的依据,而技术则是战术的基础。由此可以看出,这三个方面的教学内容的关系是:相互作用、相互统一,是一个不可分割的整体,在教学过程中都要足够重视,否则,就会对教学效果产生一定的影响。

(二) 使高校学生的身体素质增强,为教学实践打好基础

不管从事什么样的体育运动,良好的身体素质都是必要的基础。篮球运动要求运动员必须具备的运动技能比较多,比如跑、跳、投等,因此,通过学习篮球运动,不仅能够促进学生身体正常发育,全面提高身体素质,增强体质,而且还能使学生的身心都得到很好的活跃。要想很好地学习和掌握篮球技术和战术,就必须打好身体素质这一基础,从而增强学生的运动能力。由此可以看出,增强学生的身体素质也是篮球教学任务中比较重要的。

(三) 进一步激发高校学生的创新意识和能力

在高校篮球的教学过程中,学生的创造能力也是非常重要的教学任务。篮球运动是一项创造性活动,在运用篮球的技战术时,其能力具有明显的复杂性、多变性以及灵活性,对于学生创新能力的培养有积极的促进作用。

（四）使高校学生的意志品质和精神得到更好的培养

由于篮球运动是集体型的对抗性项目，因此通过篮球教学和竞赛过程能够较好地培养学生的坚强意志品质，使学生形成自己良好的世界观、人生观和价值观。另外，篮球课程教学的教育过程，换言之，就是一个能够较好地完成人才的培养的教育过程。因此，在篮球教学过程中，要对学生的集体主义精神和勇敢拼搏的精神进行重点培养。

二、高校篮球教学的方法

教学过程中师生之间进行信息交流，教师向学生传授有关知识技能时所采用的技术手段，就是所谓的教学方法。以现代教学理论和篮球教学的实践经验为主要依据进行分类，可以将篮球教学方法分为两大类，即常规方法和现代方法。

（一）常规方法

广大教师多年教学实践中行之有效的经验概括和总结，就是常规方法，它是现代方法的基础，其教学意义重大，一定要重视起来。篮球运动常规方法具有程式简单、讲究方法配合的显著特点，并且对于教学双边活动中教师教授知识技能的方法非常重视。篮球教学过程中最常使用的常规法主要包括四种，即讲解法、演示法、练习法和纠错法。

1. 讲解法

所谓的讲解法，就是在教学过程中，为了使学生通过听来感知教学的内容，采用简练准确的语言来对一些教学的相关内容进行分析的方法，具体主要包括：技术动作的方法和要领、战术配合的方法和要求，以及运用过程中的注意事项等。在运用此方法时需要注意，要掌握好讲解的时机，突出重点，并且讲解的内容符合学生的知识掌握程度。

2. 演示法

教学过程中适时地示范技术动作和战术配合方法，并且通过投影、幻灯、挂图和录像等电化媒体手段的运用，达到使学生通过观看来直观地感知教学内容的目的的方法，即为演示法。在篮球教学的实践中，通常都是将示范与讲解结合起来使用的。另外，在运用此方法时，一定要注意示范的面、示范的队形，以及示范的动作的正确性。

3. 练习法

所谓的练习法就是在讲解与示范的基础上，通过组织学生进行身体练习而达到

掌握篮球技能的目的的方法。根据不同的划分依据可以对练习法进行不同的分类。比如，以练习的形式为主要依据，可以将练习法分为简单条件下的练习、完整练习、分解练习、复杂条件下的练习；以篮球运动特点为主要依据，则可以将练习法分为个人技术练习、对抗性练习和配合性练习等。在运用此方法时，要注意练习的强度、密度和运动量安排要科学、合理，并且将追求实效性作为主要目的。

4. 纠错法

在教学过程中，学生在进行技战术的练习时出现错误，此时教师对学生错误的纠正采用的方法就是纠错法。在篮球教学实践中，只有先将产生错误的原因找到，才能够有针对性地采取相关措施进行纠正。通常情况下，诱导法和条件限制法是比较常用的两种纠错形式。

以上这四种教学方法是一个统一的体系，在运用教学方法时，要达到实现教学整体功能的目的，就需要将这几种方法相互配合起来使用，只是单一地使用某一种方法是不可能取得理想的运用效果的。

(二) 现代方法

篮球教学的现代方法是近年来发展起来的以现代教学理论为依据的教学方法，具体来说，就是将当代信息论、系统论和控制论运用于教学实践中。现代方法主要针对传统教学中存在的某些弊端，通过合理的教学设计，在教学过程中最大限度地发挥教师的主导作用和学生的主体作用，采用启发和诱导的方法，调动学生学习的积极性和主动性，提高教学效率，在传授知识技术的同时注重培养学生的能力。

篮球教学的现代方法主要有五种，即掌握学习教学法、指导发现教学法、程序教学法、合作学习教学法以及案例教学法。

1. 掌握学习教学法

所谓的目标分类体系，就是以教学的目的任务和初始测量的结果为主要依据，将所教授的篮球教材内容分解成为具有不同层次的目标体系。然后再以目标分类体系为主要依据制定出相应的评价标准。对教学状态的评价贯穿于教学的整个过程，包括教学开始、过程之中和教学结束。其中，教学开始的评价是初始评价，过程之中的评价是形成性评价，教学结束的评价是终结性评价。评价结束后，要将评价结果整理好反馈给教师和学生，使教师能够对教学目标的完成度一直保持充分的了解，并且通过采取重复教学、调整、强化等具体措施，使教学目标能够分层次地实现，从而达到所有学生的知识和技能都有一定程度的提高的目的。

2. 指导发现教学法

所谓的指导发现法主要包括两个方面：一个是教师的指导，教师以指导语的方

式改造所授篮球教材内容，从而达到使学生自行解决问题的程度，并且将一些相关的观察和分析的直观感知材料提供给学生。另一个是学生对问题的发现，学生通过在课前预习篮球知识、经历和理解，发现一些解决不了的问题，并且将其带到课堂上寻找解答方案，而教师这时候要给予学生一定的指导以解决问题，最后采用分析和归纳的方法将这些问题进行总结。一般情况下，这种方法主要应用于学习篮球战术、理解攻防关系和掌握技术要点，运用得好，往往能够取得较为理想的效果。

3. 程序教学法

程序教学法，也称为小步子教学法。以认知规律和技能形成的规律为主要依据，可以将篮球技战术教学内容分解成为若干个相互联系的小步子，使之成为便于学习的逻辑序列，并且建立相应的评价信息反馈系统。程序教学法的主要步骤是：教学开始以后，学生以小步子的方式进行学习，学习结束后对学习的情况进行及时的评价，然后再按照评价结果及时反馈学习效果如何。如果达到了这一阶段的教学目标，那么就按照正常进度进行下一步学习；而如果没有达到既定的教学目标，那么就应该返回去重新学习，并根据实际情况配以相应的校正措施。通常情况下，在篮球技术教学中采用这种新学法往往能取得较好的效果。

4. 合作学习教学法

从社会学习的理论的角度上来说，篮球教学组织可以说是一个社会活动的过程。这一教学方法的具体运用步骤为：教学开始后，请学生自愿分成人数不等的若干个小组，练习时以小组为单位结成"伙伴对子"，要求小组内的技术骨干起到带头作用，互帮互助。为了取得较为理想的教学效果，需要注意的是，教学过程中的活动方式要多种多样，从而使学生能够更好地掌握篮球教学的内容，使学习成为学生之间合作的活动，最终让学生不仅能够按时完成学习任务，还能够喜欢这样的学习环境和人际关系。

5. 案例教学法

案例教学法是一种在篮球教学过程中运用较为广泛的方法，其主要应用范围主要有篮球战术配合教学、篮球竞赛组织编排和篮球规则与裁判方法的教学等内容的教学。这种教学方法的主要运用步骤是：首先按照教学大纲的要求，有针对性地选择篮球比赛中比较精彩的典型案例作为教材内容，并且在教学过程中对这些案例进行深入的分析，这样不仅能够让学生尽快地建立起相关概念，而且还能够使课堂气氛更加活跃，然后组织集体练习，最后达到掌握的目的。另外，需要注意的是，案例教学法在篮球专修课的教学中采用较为合适。主要是由于运用这种方法时，需要注意案例的选择，不仅要能充分反映教学内容，而且还要具有典型意义，并且对学生的篮球运动基础也有一定的要求。

第二节 高校篮球教学的内容与原则

一、高校篮球教学的内容

篮球教学的内容很多，但是教学内容的选择要以教学对象的层次和教学目标为主要依据。通过篮球教学，可以使学生的技战术理论知识以及基本技能有一个逐渐地认识。因此，篮球教学的内容主要包括篮球的理论知识、技术动作以及战术配合三个方面。

（一）篮球理论知识

篮球的理论知识对于篮球技能的学习和实践有重要的指导作用。目前，篮球运动的发展已经形成了比较完善的理论与知识体系，其包含的具体内容有很多，主要有：技术、战术分析、竞赛的组织和教学训练理论、规则、裁判法等，这些都是学习篮球运动最基本的教学内容，一定要熟练掌握。否则，篮球技能的学习是不可能取得理想的效果和成绩的。

（二）篮球技术动作

篮球技术动作是运动技能中最基础的内容。技术规格、动作方法要领和技术的运用等都是篮球技术动作的主要内容。在进行篮球技术动作的教学时，要注意动作的规范性，为学生进一步提高篮球技能打下基础。

（三）篮球战术配合

篮球战术配合方法是教学的重要内容，这主要是由于特定的战术布阵是篮球运动集体对抗形成的主要形式，战术阵势和配合是篮球运动竞赛的主要特征之一。两三人的基础配合和全队配合等是篮球战术配合的主要内容。在进行篮球战术配合的教学过程中，要达到使学生对人与球移动的路线、攻击点、运用时机及其变化等内容有一定的了解和认识。同时，还要注意学生的配合与协作意识的培养，使学生在比赛实践中能灵活运用战术配合。

二、高校篮球教学的原则

在教学活动中，必须遵循教学原则，是因为教学原则是教学规律的总结和概括。篮球教学的原则主要可以分为两类，一类是教学中都要遵循的一般教学原则，另一类则是篮球教学所特有的，即专项教学原则。

(一) 一般教学原则

1. 直观性原则

所谓的直观性原则，就是指利用学生的感官和已有的经验，通过各种简单的途径对篮球技术战术的生动表象和感觉有一定的了解和认识，并将这些内容与积极的思维相结合，从而达到更好地掌握篮球技术、战术和技能，发展思维能力的目的。在篮球教学中，使用较为广泛的直观教学方式主要有动作示范、沙盘演示、技战术图片、电影、录像等。

感觉是认识的基础，因此，在篮球教学中，如果直观性原则运用得好，往往能够进一步促进教学效果的提高，意义重大。但是，在篮球教学中贯彻直观性原则时，不仅要注意确定明确的目的，还要通过有效形式激发学生的学习积极性和创造能力。

2. 渐进性原则

所谓的渐进性原则，就是指按照学科的逻辑系统和学生的认知规律进行教学活动，具体来说，就是由简单到复杂，由低级到高级，由单一向综合发展，在这样的规律指导下能够使学生循序渐进地掌握关于篮球的基本知识、基本技术战术和运用能力，从而形成严密的逻辑思维体系。因此，在进行篮球的知识技能教学时，一定要由浅入深地进行。

为了更好地贯彻渐进性原则，取得更好的教学效果，一定要注意教学内容的系统性，另外，运动负荷的安排也要科学合理。

3. 自觉性原则

所谓的自觉性原则，就是在教学过程中，教师通过充分调动学生的学习积极性，使学生的学习自觉性得到启发，并且取得最佳的学习效果。学生是教学过程中的主体，因此，在篮球的教学活动中贯彻自觉积极性原则是非常有必要的。要通过采取各种措施和手段充分调动学生的学习主动性，引导他们积极思考，勇于探索，刻苦练习，能够很好地增强他们对篮球理论、技术、战术等内容的学习的自觉性，从而使他们的观察、分析和解决问题的能力也得到有效提高。

在篮球教学活动中，要贯彻自觉性原则，首先要使学生明确他们的学习目的，从而调动起他们的学习主动性。另外，较为和谐的师生关系和良好的学习氛围，也能够增强学生的学习自觉性。

(二) 专项教学原则

1. 学习技术动作与实战对抗运用相结合的原则

必须把实战对抗能力放在篮球教学过程的重要地位，其主要的决定性因素是

篮球技术对抗性和开放性的特点。贯彻这一教学原则，学生不要仅仅将技术视为固定程序的身体操作，而是应该在习得篮球技能时首先建立起对抗的概念和技术实效的概念。从认知策略的角度上来说，技术动作的学习与实战运用相结合发展，与开放性运动技能教学的规律是非常相符的。从另外一个角度来说，篮球技能形成与发展的普遍规律就是在不断地适应和实战中进行学习，由此可以看出，只有将技术动作的学习与实战运用的能力培养发展结合起来，才有可能取得较为理想的专项学习效果。

2. 专门性知觉优先发展的原则

球、同伴、场地、器材等是篮球运动特有的运动环境的构成因素。专门性知觉发展的过程就是对环境和器材的感知。其中，对于专门性知觉优先发展主要是指手指、手腕对球的控制能力，这在篮球教学活动中具有非常重要的作用和意义。为了确保技术动作的学习，在教学过程中通常采用大量的熟悉"球性"的练习来优先发展专门性知觉。由此可以看出，专门性知觉优先发展是篮球运动所特有的教学原则。

3. 技术个体化和区别对待的原则

技术动作的规范性是篮球教学普遍追求的目标。但是，篮球教学的主体——学生的行为习惯、身体素质、身体形态、智力和在篮球方面的经验和了解等方面都有一定的差异性，因此，"技术的规范化"的个体表现的差异性也比较大。由于使初学者通过练习，形成符合自身条件的动作完成方式是高校篮球的教学目的，所以，篮球教学要在规范化的基础上遵循技术的个体化原则，允许学生之间存在技术动作上的细微差别。但需要注意的是，要以学习对象的具体情况为主要依据来有针对性地选择适当的教学方法，掌握好适当的学习速度，更好地贯彻区别对待原则。

第三节　高校篮球教学模式及其选择

一、传统教学模式及其选择

(一) 传统教学模式

在我国体育教学领域中，传统教学模式一直都是处于主导地位的，因此，这种教学模式同样适用于高校篮球教学过程中。这种传统的教学模式是以教师为中心、为主导的，对教师的主导作用非常重视。

传统教学模式是根据运动技能的形成规律设计出来的，其主要目的是系统地传授技能。通过篮球技术的学习，达到掌握运动技能的目的，是传统教学模式的主要教学目标。

(二) 传统教学模式的选择

由于高校篮球运动的理论知识、技术、战术等技能比较复杂，因此，对学生的篮球基础有一定的要求，由此可以看出，只有对篮球各方面技能都能较为熟练地掌握的学生，才能够选用这种教学模式。

二、分层次教学模式及其选择

(一) 分层次教学模式

分层次教学模式是通过在传统教学模式的基础上进行改进而发展出来的一种新的教学模式。这一教学模式能够弥补传统教学模式不能有针对性地对不同层次的学生进行区别对待的不足，通过运用"分层"的教学方法，使教学模式更贴近学生的实际情况，适合学生的身心特点，调动学生的学习积极性，全面提高体育课的教学质量，以更好地实现学校体育教育的目的。

分层教学模式符合从实际出发的教学原则，有利于因材施教。分层教学有利于调动全体学生的练习积极性。身体素质好的学生完成动作质量和要求与他们的良好素质成正比，在练习时挑战自我；身体素质差的学生练习动作时的要求要符合他们的接受能力，这样练习时才会尽心尽力。针对不同层次的学生提出不同的练习目标，才能有效调动全体学生的学习积极性。

分层教学模式有利于树立学生的自信心。分层练习时，学生们面对的是与自己同样水平的学生，这就消除了由于运动水平的差异给学生造成的心理压力，使学生在练习时充分发挥自己的潜能，从而树立信心。分层教学在体育课分组教学中的运用不仅贯彻了教育方针，保证了全体学生身体的全面发展，而且遵循了从实际出发的体育教学原则，既能对学生进行个别发展和培养，又能更好、更客观地完成教学任务。

综上所述，分层教学能更好地实现教学目标；分层教学有利于因材施教，发挥每个学生的学习潜能；分层教学能激发学生学习的兴趣，为学生的终身体育打下良好基础。在今后的教学中将继续坚持并向其他有条件的项目推广经验，实施分层教学法，全面提高体育课的教学质量。

(二) 分层次教学模式的选择

分层次教学模式对于高校篮球教学中的所有学生都适用。对素质较差的学生，要求不宜过高，可以将最基本的技术动作、知识理解掌握并且会简单应用；对素质一般的学生在掌握程度上要求发展技术的提高；对素质较好的学生更重要的是培养创造性和发展求异思维。这样，全体学生对体育活动都充满了兴趣，从而主动参与，让不同层次的学生得到相应的满足。

但是，在选择并采用分层次教学模式时，一定要注意这样几个方面：第一，要根据教学大纲和教材，制订符合各层次学生学习的教育计划；第二，采用分层教学法要"有的放矢"，防止因照顾不周而"极端化"；第三，要科学分层，培养兴趣，防止好坏分明"公开化"；第四，分组防止长期不变"固定化"。

三、快乐教学模式及其选择

(一) 快乐教学模式

快乐教学最早是20世纪70年代在日本被提出的。快乐教学模式是在新课程改革的过程中逐渐形成的一种教学过程。主张学生在学习体育运动技能的同时也体会到运动的乐趣，并通过不断体验运动乐趣来对学生终身体育意识进行培养，是这一教学模式的主要指导思想。

(二) 快乐教学模式的选择

由于快乐教学模式对教学内容的难度要求较低，对学生的篮球基础的要求也相对较低，因此，只要学生对篮球有一定的了解，对他们进行篮球教学就可以选择这种教学模式。另外，由于学生的篮球技能基础较为薄弱，因此，要想取得较为理想的教学效果，就要求教师的实践教学经验较为丰富，灵活运用能力较强，即教师的教学实践经验要丰富才能选用这一教学模式。

四、发现式教学模式及其选择

(一) 发现式教学模式

教师通过对学生实施一定的启发诱导，从而使学生对一些事实（事例）和问题独立探究，积极思考，对相应的原理和结论进行发现并熟练掌握的一种教学模式，就是所谓的发现式教学模式。这种教学模式对于学生的主体作用非常重视，并且遵循

篮球教学过程中学生认知的规律。发现式教学模式运用得好，不仅能够使学生的智力得到开发，学生主动思维的能力得到有效的调动，而且还能使学生学习的趣味性有所增加，学习的实效性也有一定程度的提高。

(二) 发现式教学模式的选择

由于发现式教学模式要求学生对问题进行独立的研究和思考，对学生的理解能力和对篮球的经验要求较高，因此，这种模式主要适用于运用学、力学以及数学等理论知识掌握较好，并且有一定的篮球运动能力和经验的学生。同时，这种模式对教师的要求也较高，只有具有较高的教学水平和丰富的经验，善于运用灵活的教学方法、教学组织形式等来设置问题情景，并有效解决教学问题的教师才能够选用这一教学模式。

第四节 高校篮球教学文件的制定

一、教学大纲

教学单位（教研室、组）和教师个人组织篮球课程教学工作是进行篮球课程的主要依据，而教师教学工作的正常进行则是需要教学大纲的指导的。教学大纲主要对课程教学的基本任务进行了规定，对课程教学工作的主导思想进行了充分体现，对教学的知识范围、教学时数进行了限定，并且对课程的考核方法和标准进行了确定。因此，可以说对教学任务完成情况进行衡量的主要依据就是教学大纲。科学合理的教学大纲能够对本门课程教学起到促进作用。

(一) 教学大纲的结构和内容

通常情况下，教学大纲主要有三个部分构成，即说明、正文以及参考文献目录。这三个部分的主要内容如下：

1. 说明

说明的主要内容包括三个方面，一个是本大纲的使用范围和对象，一个是制定大纲的指导思想、原则，还有一个是使用时应注意的问题。

2. 正文

正文的主要内容包括五个方面：第一，本门课程的教学目的、任务；第二，为完成教学任务而采取的主要措施以及考核的内容和方法；第三，教学内容的细目提

要与基本要求、时数分配与各部分的比重；第四，组织教法的形式、方法、要求；第五，教材编选的原则。

3. 参考文献目录

参考文献目录是对主要的参考文献的相关情况的介绍，主要包括参考文献的作者、名称、题目、出版单位名称与机构、出版日期等方面。

(二) 制定教学大纲的基本要求

在制定教学大纲时，为了使教学大纲更加科学、合理，必须要做到以下几点要求：

第一，以实际情况为主要依据，对教学计划所规定的培养目标和要求进行落实，并且明确提出教学目的任务。

第二，一定要确保教学内容的科学性、先进性和系统性。

第三，要以篮球运动的特点、本课程的任务和时数为主要依据，确定教材内容，并且要更加重视基本理论、基本技术与基本技能方面的教学训练与培养。

第四，要纵观整个教学过程，根据教学内容的重要性合理分配时数，使理论与实践的适当比例得到有力保证，确保完成教学任务，达到教学目标。

第五，考试内容也要符合学生的学习情况，要求做到以基本理论、基本技术与技能为重点。

二、教学进度

以教学大纲的任务、内容和时数分配为主要依据，将教材内容具体地落实到每次课的教学文件中，即为教学进度。由此可以看出，在篮球教学进度中，教学内容逻辑的确定依据具体来说，就是篮球知识技能认知学习的基本规律，因此，能够充分反映教学方法和教学策略。教学进度科学、合理设定，对于教学质量与效果的提高具有非常积极的促进作用。

(一) 教学进度格式

在篮球教学过程中，有两种格式是比较常用的，即名称式教学进度、符号式教学进度。

1. 名称式教学进度

在制定进度时，以课的顺序为依据，将各类教材的名称填入表格的教学内容栏内，并且在课程类型内填写采用的组织方式，其中，理论讲授、实践教学和研讨等都要用到名称式教学进度。另外，还可以将一些其他相关事项填入备注栏中。

2. 符号式教学进度

根据编号顺序将教材内容逐个列入教学内容栏内，然后再根据出现的先后顺序在相应的课次栏内画上记号，为了保证教学进度的合理性，一定要注意排列组合的科学性，只有这样才能够将每次课的教材安排和整个教材排列顺序及数量充分反映出来。

(二) 制定教学进度的基本要求

教学进度对于教学效果和教学质量有一定的影响，要使教学进度达到最佳的指导效果，在制定教学进度时，必须做到以下几方面的要求：

1. 在全面的基础上突出教学重点

教学进度的制定要以教学大纲的要求和运动技能形成的规律这两个方面为主要依据，将教材内容安排到适当的位置。为了更加科学、合理地进行整个教学过程，要在全面考虑的基础上，有针对性地突出教学的重点内容。

2. 将理论与实践科学合理地统一起来

理论课与实践课要合理安排，相互配合，应本着理论指导实践的精神，有针对性地安排好理论课教学。

3. 要遵循循序渐进的原则

教学进度中，要根据教学的实际情况和教学需要合理分配每次课的不同教学内容分量以及合理搭配，还要遵循循序渐进的教学原则，逐渐提高学生的篮球技战术运用能力。

4. 要以合理的逻辑关系和迁移原理为指导

在组织教材时，一定要注意将篮球运动知识单元和技术的合理逻辑关系充分体现出来。另外，还要注意学习教材时迁移原理的积极作用，能够有效防止消极的干扰。

三、教案

教案也就是我们日常所说的课时计划，是教师根据教学进度编制而成的。教案不仅是教师上课的依据，而且对于教师积累资料、总结经验、提高对教学规律的认识也具有非常积极的促进作用。除此之外，通过教案，还能够对教师的工作态度、业务水平等进行检查和考核。因此，对于教学大纲所规定的教学任务来说，科学地编写每次课的教案对其全面完成的意义重大。

(一)编写教案的要点

教案编写的过程非常复杂,涉及的因素也有很多,通常情况下,主要包括以下几方面要点:

1. 钻研教学大纲

以教学计划为主要依据,通过纲要的形式编制的关于教学内容的指导性文件,就是教学大纲。钻研教学大纲的意义主要体现在两个方面:首先,可以使教师对本学科的教学目的和任务有一个整体的了解和认识,这对于备课方向的正确把握,以及备课对总的目标要求的体现都非常有利;其次,能够使教师从总体结构上对本学科的知识体系进行了解,并且掌握各部分之间的内在联系,从而达到全面安排、突出重点的目的。

2. 仔细研究教材

教材是教学大纲的具体化,不仅是教师教学的主要依据,而且还是学生学习的主要内容,因此,仔细研究教材是非常有必要的。为了满足不同的教学需要,研究教材的方式也有所不同,主要有两种形式:一是通览教材,就是在教师接受教学任务后,将教科书浏览一遍,将基本的结构和内容熟练掌握,并且对教材的编写意图要有所了解;二是精读教材,就是在授课之前,对教材进行仔细阅读和钻研,从而达到对教材内容耳熟能详的程度。

3. 确定教学目标

教学目标是对教学结束时学生必须获得的学习结果或终点行为的预期。教学目标是一个整体,具体有不同的层次构成。以教学目标表述的抽象程度,可以将教学目标分为终极教学目标、中程教学目标、具体教学目标三个类型。

4. 了解教学情境

为了使教案的编写能够更加科学、合理、可行,就必须对教学情境有一定的了解。"知己知彼"就是充分体现出了了解教学情境的重要性。具体来说,所谓的"知己"就是教师以自身的条件为主要依据来对教材进行深入细致的钻研;而"知彼"则是指对教学情境的深入了解。要达到理想的了解教学情境的效果,不仅要对学生有一定的了解,而且还要对教学的场地和设备也有较好的了解。对教学情境有了较好的了解后,对于教师根据多数学生的基本状况和个别学生的特殊情况,针对性地、恰当地确定教学的难点有非常积极的促进作用,然后综合教学重点、难点、教学情境,就能够对教学目标进行适当的调整,使教案的可行性更强,从而为理想的教学效果的取得奠定基础。

5.选择教学方法

教学方法主要包括两个方面,即教师"教"的方式和学生"学"的方式,只有将两者较好地结合在一起,才能够取得理想的教学效果。科学、合理的教学方法是教学任务完成的重要途径。如果能够确定可行性较强的教学方法,能够在很大程度上提高学生对教学内容的吸收效果,达到全面增强身心素质的目的。但是,在选择教学方法时需要注意要综合运用几种教学方法,尽量避免运用某一种的弊端。

6.设计教学过程

教学过程就是师生双边活动的过程,具体来说,一个是教师以发展学生的能力、进行思想教育为主要目的,而向学生有目的、有计划地传授知识和技能的过程;另一个则是学生在教师的指导下主动积极学习的过程。教学编写过程中非常重要的一部分就是对教学过程的设计,因为教学过程设计的情况能够直接影响到教学任务的完成情况。

(二)教案的格式

在编写教案时,要注意格式的运用。通常情况下,教案的格式主要有表格式教案和条文式教案两种。具体可以根据实际情况进行有针对性的选择。

1.表格式教案

表格式教案是在确定了课的任务之后,按表格各栏的先后顺序,将每一部分的教学内容、组织教法、练习次数、运动量以及其他有关事项填入表格的形式。注意还要在课后填写小结。

2.条文式教案

条文式教案一般多用于理论课的教学,除填写表格式课时计划规定的项目外,以讲授提纲与组织教法的方式配合理论课讲稿共同使用。

(三)编写教案的基本要求

教案编写的好坏,能够在很大程度上影响教学效果。为了使教案的科学性和可行性得到有力保证,需要做到以下几方面的要求:

第一,要明确本课的主要教学任务。教学任务以及教学目标的确定,是要以培养目标和大纲、进度的具体要求、教材的性质与学生的实际情况为主要依据的。

第二,要做到区别对待,因材施教。

第三,要对本课的客观条件有一个充分的了解,主要内容包括学生的人数、学生原来的基础、接受能力以及场地、器材、设备等。另外,还要注意合理选择和运用教法步骤、练习方法以及适当的练习次数和运动负荷。

第四，不仅要注意保证教学的完整性和系统性，做好课次之间的衔接，承上启下，而且还要遵循循序渐进的原则。

第五，要以本课的主要任务为主要依据来确定合理的课的组织模式教法。课堂顺利进行的重要保证，便是严谨的教学组织形式。

第二章　高校篮球运动教学的实施

第一节　篮球运动负荷及其合理安排

一、篮球运动负荷的基本要素与特征

(一) 运动负荷的基本要素

构成运动负荷的要素主要有三种，分别是运动负荷强度、运动负荷时间和运动负荷积分。这三种要素有着非常密切的联系，同时又相互区别。

1. 负荷强度

所谓负荷强度是指人的整个生理机能在受到相应运动负荷刺激的作用下所产生的反应幅度或程度。一般来说，运动强度与负荷强度呈现平行关系，即运动强度越大，那么产生的生理负荷也会越大；相反，也同样如此。

2. 负荷时间

这里所说的负荷时间是指运动负荷在整个运动过程中所持续作用的时间。由于运动前状态等因素，使得负荷时间增加，再加上停止运动之后人体生理机能需要恢复的时间，实际上运动负荷所作用的时间要远远长于运动时间，但一般情况下，负荷时间是指人体在运动阶段承受负荷的时间。

3. 负荷积分

所谓负荷积分是指生理负荷强度在运动过程中随着负荷时间的变化的函数关系。就本质而言，它是指负荷强度与负荷时间的积分，既能够对运动负荷量进行反映，同时也能够更好地对人体运动生理负荷的机能潜力进行反映的一项综合指标。

(二) 运动负荷量的决定因素

运动强度、运动时间和负荷反应是决定运动负荷量大小的三个重要因素。其中，运动时间是与运动强度和负荷反应成反比关系。如果运动强度越大，它所引起的生理负荷反应就会越大，运动持续的时间也会相应缩短，负荷积分值也会相对较小；如果运动强度刺激较为适宜，那么它所引起的负荷强度反应相对较大，并且能够持

续最长的运动时间，所产生的负荷积分值也会最大。但从运动负荷反应来看，不同的个体对于同一运动强度的刺激也会产生不同的反应。

(三) 篮球运动负荷的特征

1. 负荷水平的极限化

在进行篮球运动训练的过程中，如果机体所承受的训练负荷没有达到最大的承受能力水平，那么身体机能、技术、战术水平也就很难得到相应的提高。对于运动员的有机体，只有通过各种身体、技术和战术练习给予其最为强烈的刺激，那么才能促使有机体产生强烈的反应，并发生相应的深刻变化，这样才能将运动员有机体的机能潜力充分挖掘出来，以更好地适应和满足运动员参与激烈比赛和创造优异运动成绩的需要。

2. 负荷量度的个体化

由于人的个体化差异以及人体存在复杂性，这就要求教练员要针对每个运动员的个体实际情况来对个体和整体的适宜负荷进行确定。

3. 负荷内容的专门化

随着篮球运动技战术水平的不断提高，这就对运动员要根据篮球运动专项的特点和功能特征进行训练提出了更高的要求。这种专门化训练，其内容并不是仅仅针对篮球运动本身，而是要求所采用的运动负荷内容要促使运动员有机体的身体素质、技战术水平得到不断提高。

4. 负荷水平的动态化

对于运动训练负荷，运动员有机体有着非常强的适应性，对于原有的运动负荷，机体在产生适应之后，那么这种负荷就失去了对机体的刺激作用。此时，只有使负荷水平不断增加，才能更好地促使机体的能力得到不断提高。不管是从个体还是从负荷发展的总趋势来看，整个负荷都是在动态变化中不断提高的。

二、合理安排运动负荷

从传统训练观点的角度来看，只有通过进行大运动量、高强度的训练，才能促使运动成绩得到提高。中国女排曾经连续五次蝉联世界冠军，正是得益于这种理论。

很多运动研究都表明，运动员竞技水平的提高，是在训练负荷不断增加的条件下，进行多年系统训练的结果。根据国外有关针对优秀运动员成长过程的研究可知，运动成绩随着运动训练量和负荷强度的不断增加而得到相应的提高，两者之间的相关系数也是非常高的。

在训练的过程中，如果只是一味地追求大强度、大运动量的训练就有可能导致

发生运动损伤，这就过早地扼杀了运动员的发展潜力，从而给运动员竞技水平的提高带来不利影响，这就要求在训练过程中要对训练负荷进行控制和监测。

(一)合理安排负荷的基本要求

依据机体在适宜负荷下的生物适应现象和过度负荷下的劣变现象，在篮球运动教学和训练课中进行运动负荷的安排要遵循适宜负荷原则。

(1)能够更好地促使运动员达到更高水平的专项竞技能力。
(2)运动员有机体训练负荷的可接受性。
(3)能够促使运动员各种能力产生定向性变化。
(4)训练负荷的量与强度要有适宜的比例。
(5)负荷安排的节奏要保证课与课之间衔接，能产生后续效应。

(二)科学探求负荷量度的临界值

对于运动个体负荷量度临界值，随着运动个体的发育程度、竞技水平、训练水平等比较稳定的状态的变化，其大小也会产生变化，同时也会受到运动个体日常休息、健康状况和心理状态因素的影响。在对运动负荷进行评价和测定时，必须要具有充分的科学依据，对负荷量度的临界值采用科学的诊断方法来进行准确掌握。目前来说，在人们还未能完全认识和把握负荷极限的情况下，一般来说，要注意保留余地，从而更好地避免出现运动损伤和过度疲劳。

(三)科学安排教学与训练课的运动负荷

1.训练课的负荷

在篮球运动训练中，对训练课的训练负荷进行合理、科学的安排，能够获得更为理想的训练效果。因此，在针对篮球运动训练课进行训练课计划的制订时，要做到以下两点：

(1)训练内容方面要具有足够的难度和要求，从而使训练内容能够成为有效的刺激因素，来更好地促进运动员运动机体能力得到不断提高。
(2)要保证训练计划能够适应运动员的机能状态和训练水平。

此外，在做好以上两点后，还要注意以下两点要求：

①在疲劳逐渐发展的情况下，要保障运动员训练达到一定的训练量，这样才能使运动员机体达到极限负荷量的同时，给予机体所需要的应激性和较高的训练效应。

②在运动员有机体出现明显疲劳的情况下，训练活动所持续的时间不要太长，这样能够有效避免对运动员的技术训练水平产生不良影响。

2.体育课的负荷

对于一般人来说,心率保持在120~140次/分钟,此时的运动强度为最佳,能够获得理想的健身效果,在时间方面,要保持这一强度占据每次锻炼总时间的2/3左右;心率在110次/分钟以下时,健身价值不大,这主要是因为机体的血液成分、血压、心电图、尿蛋白等都没有发生明显的变化;心率在130次/分钟时,此时的运动负荷能够使心脏的脉搏输出量接近或达到一般人的最佳状态,能够获得明显的健身效果;心率在150次/分钟时,心脏的脉搏输出量就是开始下降;心率达到160~170次/分钟时,虽然不会出现不良反应,但在健身效果方面也未表现更好。因此,一般情况下,将心率在110~150次/分钟的区间,确定为运动负荷有效价值阈;把心率在120~140次/分钟的区间,确定为运动负荷最佳价值。

中等强度和高密度是高校篮球运动教学课的运动密度和强度趋势。教师只要对篮球课进行精心的准备,并进行精练、简明扼要、生动的讲解和准确、恰当的示范,并避免将篮球教学课视为教师讲解课或示范课,鼓励学生有更多的时间参与锻炼,这样才能使学生在愉快的氛围中得到更为充分的锻炼,以促进学生身心得到更为全面健康的发展,密度也能够确保达到50%~70%。

第二节 高校篮球运动教学课程的组织

对于高校篮球运动教学课来说,课堂教学是其最主要的组织形式,在组织和实施篮球教学课的过程中,要对篮球教学课的类型、组织和具体实施这三方面的内容进行明确。下面主要对这三方面内容进行阐述。

一、篮球运动教学课的类型

所谓课的类型,其实就是指课的种类。从本质上讲,篮球运动教学课的类型对课的功能有着直接决定作用,也就是说,不同的篮球运动教学课类型,具有不同的教学功能。对课的具体分类进行深入的认识,并从中选择最为适合的课的类型,能够有助于教师对各类课的性能进行了解和掌握。要保证在每一节课上都要贯彻教学目标,只有这样才能充分发挥各类课的具体功能,更好地保证整个教学过程的完整性,从而提高篮球运动教学质量和教学效率。

篮球运动教学课根据课的具体性质可以划分为两种类型,分别是教学课和训练课。下面主要就这两种课的类型展开论述。

(一) 教学课的类型

我国高校篮球运动教学课主要分为理论课、实践课、考试和考查课、实习课四种类型，具体如下：

1. 理论课

向学生传授篮球运动基本理论知识是篮球运动教学理论课的主要任务。该类型教学课常采用的教学形式主要有讲授课、讨论课、自学答疑课等。在具体实践中，要结合具体实际情况来进行有针对性的选择。

2. 实践课

向学生传授篮球运动基本技术、战术和比赛等实践内容是篮球运动教学实践课的主要任务，该类型教学课常采用的教学形式主要有技术教学课、战术教学课、教学比赛等。此外，也可以结合具体实际，来选择和运用其他类型的教学课。

3. 考试和考查课

对学生所学的基本理论知识和实践进行考核和评价是篮球运动教学考试、考查课的主要目的。该类型教学课常采用的教学形式主要有口试、笔试、达标、技评、作业和比赛等。

4. 实习课

专门针对学生所学的篮球运动教学及比赛的相关知识进行实习的教学课，即为篮球运动教学实习课。该类型的教学课常采用的教学形式主要有竞赛组织、裁判实习、教学实习等。此外，还可以根据具体实际情况来对其他教学形式进行针对性的选择。

(二) 训练课的类型

就目前来看，我国高校篮球运动训练课的主要类型包括身体训练课、技术与战术训练课、比赛训练课、综合训练课、调整恢复训练课、测验课等。下面主要针对这些训练课的主要任务和目的进行阐述。

1. 身体训练课

训练学生的一般身体素质和篮球专项身体素质是篮球身体训练课的主要任务。该训练课的目的就是促进学生运动素质的发展，提高学生的身体机能水平，从而使学生能够更好地适应较高强度的篮球运动训练和比赛。

2. 技术、战术训练课

训练学生的篮球运动基本技术和战术是篮球运动技术和战术训练的主要任务。其主要目的是促进学生运动技战术水平的快速提高，以及综合运用技战术的能力。

3. 比赛训练课

针对篮球训练和比赛中的各项能力，对学生进行训练，这是篮球比赛训练课的主要任务。该类型课的主要目的是促进学生运动技战术水平的快速提高以及对技战术进行灵活运用的能力，并提高学生的比赛适应能力。

4. 综合训练课

篮球综合训练课的主要任务是对以上三种训练课内容加以综合的课程。该类型训练课是将多种形式的训练课形式进行结合运用而形成的。详细地说，就是将各个不同的篮球运动训练内容进行交替安排，从而更好地促使学生的各项运动素质和运动技能进行有效积极的转移。该训练课的目的是促使学生的身体素质、技战术水平和比赛等方面的综合水平和能力得到快速提高。

5. 调整恢复训练课

对篮球运动训练之后学生身体机能进行快速地恢复和调整是篮球运动调整、恢复训练课的主要任务。该类型训练课主要适用于过渡期，以更好地消除学生的身体疲劳，促进学生体力的快速恢复，从而更好地促使学生提高和保持篮球运动技术水平。

6. 测验课

检测学生的身体素质指标和运动水平指标，是篮球运动测验课的主要任务。该类型课的目的是通过有针对性地检测各个相关的指标，来客观、准确地评估训练水平，这样能够更好地帮助教师有针对性地开展下一阶段的篮球运动教学工作。

二、篮球课的组织

(一) 篮球课组织的要求

1. 加强学生的理论知识学习

(1) 加强学生的思想政治教育

在对篮球运动教学与训练的任务和目的进行明确之前，一定要对学生的思想政治教育给予充分重视，充分调动学生参与篮球运动学习和训练的积极性，以进一步提高学生的责任感和荣誉感。在篮球运动教学中，教师需要完成很多工作，主要有以下几种：

①要始终贯彻严格训练、严格要求。

②及时发现教学过程中学生存在的问题，并针对问题提出正确、有效的解决方法。

③对于学生完成各个训练任务要给予一定的激励和鼓励。

该部分内容在教学中有着非常重要的作用和意义,是非常重要的环节,它是进行具体实践练习的基础,能够为实践提供科学指导。

(2)重视学生良好品德的培养

在教学过程中,教师要始终坚持全面贯彻党的教育方针,对学生顽强的意志品质和高尚的思想道德进行培养,这是作为一名优秀的学生所必须具备的素质。此外,要根据每个学生的个体差异和实际情况,来选择适宜的方法和手段,向学生传授篮球运动的基本理论和技术,来不断提高他们的各种实际能力,增强学生的体质,增进健康。另外,还要做好每一次课都要承上启下,课与课之间相互联系,只有如此,才能更好地保证教学的系统性和完整性。

2. 加强学生的实践练习

(1)合理选用训练方法

篮球运动教学具有自身的特点,只有在组织方面采用有效的措施,才能保证教学任务得以顺利完成。但由于在客观条件方面存在差异,这就造成了所采取的措施也不尽相同。

比如,有的学校,场地、器材少,班级的人数又多,这就要求在组织练习时,要坚持从实际出发,灵活采用各种练习方法,在保持一定运动量的基础上,来达到调动和提高学生积极性的目的。

(2)加强学生的合作意识和集体意识的培养

作为一项对抗性、集体性的运动项目,篮球运动练习和比赛中,学生常常会出现一些思想和作风问题以及违反纪律问题等负面的现象和做法。这就要求在篮球运动教学中,要重视对学生进行思想方面的教育,对学生的思想和作风进行严格要求,并禁止学生出现负面的行为和现象,以保证在和谐、合作的环境中开展篮球运动教学课。

(二)篮球课组织的手段

篮球课堂教学的组织与管理主要是通过以下几个基本手段来实现的:

1. 课堂常规

课堂常规是进行课堂管理的重要依据,它对教师和学生都有着相当的约束力。教师在篮球运动教学课管理中,应对课堂常规管理给予高度重视,并根据相关规定,严格制定学生的课堂考勤、语言行为等,并始终进行贯彻。此外,对于课堂常规的相关规定和要求,教师也要严格遵守。

2. 课的结构

课主要是由准备部分、基本部分和结束部分共同构成。在篮球运动教学课中,

在遵循课堂教学客观规律的基础上，教师要针对课时结构顺序采用不同的管理方法和措施，以避免出现课程混乱现象。此外，在面对突发事件时，也要采取果断而有效的措施。

3. 发挥学生干部的作用

在对班级进行组织管理时要注意采用一定的方式和方法。对于教师来说，班干部和技术骨干是其进行课堂管理的得力助手，要进行精心培养，为促使他们组织管理能力的提高创造有利条件，在班级里帮助他们树立起威信，从而真正发挥助手的作用。

在篮球运动教学中，由于练习相对较为分散，教师在进行管理工作和照顾学生方面存在较大的难度，这就需要教师培养一些学生骨干，以协助进行分组练习。在小组中，学生骨干能够起到带领、组织、帮助小组同学进行练习的作用，这样既能够帮助教师顺利开展教学活动，顺利完成教学任务，同时还能够促进学生骨干进一步提高分析、组织和管理能力，提高他们发现、分析和解决问题的能力，从而为我国篮球运动事业的发展培养和输送更多的优秀人才。

三、篮球课的具体实施

在具体实施篮球运动教学课的过程中，要对篮球运动教学课的结构进行合理安排。所谓课的结构实施，是课堂教学与训练的内部组织形式，具体是指课的组成部分以及进行的顺序和时间的分配。掌握和运用课的结构理论有着非常重要的意义和价值，这既能够帮助教师对教学训练的程序进行合理的规划和操作，科学分配教学训练的时间，对教学、训练活动进行合理、有效的调节，对教学内容进行严谨的组织，促使教学课堂显得更加紧凑，同时还能够保障教学任务在规定的时间内得以有效完成。

(一) 理论课的具体实施

课堂教学是高校篮球运动教学理论课主要采用的形式。这种授课形式，主要是以教师的讲解为主，同时再适当安排一些课堂讨论，以更好地激发和调动学生的学习兴趣。理论课教学的具体实施步骤如下：

(1) 通过采用讲述或提问的形式，教师对篮球运动教学上一次课的教学内容引出，从而为本次新授课的教学内容做好准备。

(2) 对本次课的教学内容进行讲授，在教学过程中，教师要对本次课的重点和难点进行反复论证，从而达到促使学生强化的目的，使学生能够更好地掌握和理解本次课的主要教学内容。

(3)在本次理论课教学的结束部分，对于本次课的主要内容，教师要简明扼要地做出总结，并对本次课的重点进行归纳，同时布置一些课后作业，向学生宣告下次课的教学内容。

1.篮球运动教学不同理论课的类型结构

通常来说，篮球运动教学理论课主要分为新授课和复习课两种。下面主要就这两种理论课的结构和组织来进行阐述。

(1)新授篮球课

新授课的结构主要包括组织教学、导入新课、讲授新课和布置作业四部分。其中，对本次课的新授内容进行讲授是其中非常重要的核心环节，教师常常会在这一部分花费更多的时间和力气。对于这一部分，教师单纯用来进行讲解的时间要占到13%~15%，如果讲解时间过长，就会对学生的练习时间造成影响，就难以获得理想的教学效果。

(2)篮球复习课

复习课的作用主要是帮助学生对已学知识进行巩固，并进一步强化，加深理解，并做到融会贯通。复习课主要包括三个方面的结构：一是组织教学，将本次复习的目的和具体要求提出；二是采用多种方法来进行复习；三是做出小结。

促使学生掌握篮球运动基本的理论知识是开展篮球运动教学理论课的主要任务，其内容主要包括篮球运动发展及趋势、篮球运动的技术和战术基本理论，以及篮球运动教学、训练、裁判、组织竞赛的方法等。

2.篮球理论课的实施目的

对于学生来说，在篮球运动教学理论课中，通过对篮球运动基本理论知识的学习，学生要达到理论指导实践、理论联系实际的目的。启发式教学是我国高校目前开展篮球运动教学理论课现代化发展的重要趋势之一，所谓启发式教学，就是指通过对本校现有的现代教学设备加以充分利用，来对学生的能动性和积极性进行最大限度的调动和发挥，以更好地培养学生分析和解决问题的能力。常用的现代化教学设备主要有投影、幻灯、录像等。通过借助于这些现代化教学设备来开展启发式的篮球运动理论教学是目前篮球运动教学理论课现代化发展的重要趋势。对于培养学生分析问题和解决问题的能力具有非常显著的效果，是值得大力提倡的，对篮球教学的发展具有重要的促进作用。

3.篮球理论课的实施要求和建议

针对教学大纲的具体任务和要求，教师在篮球运动教学理论课中要采用课堂教学的形式来加以完成。一般情况下，教师讲授是篮球运动教学理论课的主要形式，同时也会适当安排一些课堂讨论。详细步骤如下：

(1) 对于上一次篮球运动教学理论课的教学内容，教师要采用讲述或提问的方式来引导学生进行回顾，从而为本次篮球运动教学理论课的内容做好学习准备。

(2) 对本次篮球课的理论内容进行重点讲述，教师在此过程中要反复地论证本次课的重点和难点。

(3) 针对篮球课的新、旧内容，教师要采用提问、作业等形式来帮助学生进一步强化，以帮助学生能够更好地理解本次篮球运动理论课的主要内容。

(4) 在本次篮球运动理论课的结束部分，对于本次课的知识点，教师要简明扼要地进行总结和归纳，并布置课后作业，对于下次篮球课的教学内容向学生介绍，让学生提前进行预习。

(5) 在篮球运动教学理论课方面，教师需要对篮球教学所使用的讲稿提前编写好，并对篮球课上所需要讨论的题目进行设计，同时还要对课上所要使用的篮球运动教学辅助器材进行准备，如模型、挂图等直观教具。

(二) 训练课的具体实施

在组织篮球运动教学课的过程中，教师发挥着非常重要的作用，为了使篮球运动教学课组织得更加科学，在组织训练的过程中，首先，教师要做到严于律己，以身作则；其次，还要做到态度诚恳、热情，能够与学生进行良好交流和互动，成为交心的好朋友，这就要求教师要对学生的日常生活、思想活动和作息进行关心之外，同时还要关心学生的技术水平；最后，教师除了要做好一个称职的鼓励者、教育者之外，还要做一个虚心受教的受教育者，对于学生反馈的意见和建议要虚心听取，将学生的真实想法和需要结合起来，集思广益，同时也要将自己的想法、意图和要求告知学生，使之成为学生自觉、自律的行为，只有这样才能更好地促进篮球运动教学效果的提高，对于充分发挥智力同样具有非常重要的意义。

对于篮球运动训练课的组织，必须要给予充分的重视，这主要是因为，通过上好训练课，能够更好地完成训练计划，提高学生的训练水平，并贯彻好科学系统的训练原则。根据教学大纲的具体任务和要求，来对训练课的内容、顺序、要求和进度做出合理的安排，这就要求教师必须要把握好教学大纲的精神和思想。训练课的进行不是随意而为的，而是以学生运动员的心理和生理特点、篮球运动的特点以及运动规律为主要依据而有针对性地进行的。

1. 篮球训练课的结构安排

在安排篮球训练课的结构时，重点是对准备部分、基本部分和结束部分的具体内容进行合理的安排，同时也要对不同课的部分所占的比例关系做出合理安排。

(1) 准备部分

①主要目的

从生理和心理方面促使学生做好承受较大和最大运动负荷的准备，从而更好地避免在训练中出现运动损伤，这是训练课准备部分的主要目的。

②主要任务

篮球课的主要训练任务包括以下两个方面：

第一，对学生进行组织，集中学生的注意力，以保证教学效率的提高。

第二，增强学生神经系统、内脏器官以及各肌肉群的活动，提高学生的兴奋性，以进一步增强课程的学习气氛。

③主要内容

首先，由班长、队长或值日生来进行集合整队，清点队列的人数，并向教师汇报；教师进行考勤检查，并向学生说明本次课的训练任务和要求。准备部分所安排的训练内容主要是由基本部分的教学和训练内容所决定的。也就是说，准备活动要根据基本部分的教学和训练内容需要来进行有针对性的选择练习。一般来说，在准备部分主要安排各种走、跑、跳练习，以及各种控制球、支配球和徒手体操以及相应的游戏练习。在训练课中，除了要安排一般性的准备活动之外，还要针对具体实际需要进行专门性的准备活动。

④组织方法

集体形式是课的组织通常采用的主要组织方法，但这并不是说所有的教学和训练都要采用集体的形式来进行组织开展的，也存在一些特殊情况，如根据实际需要，在训练课中可以安排一定时间内的个人特殊准备活动。

⑤时间安排

准备部分的主要目的和任务就是在教师的组织下使学生能够尽快地进入到训练状态。在一堂训练课中，身体的准备活动是必不可少的，该部分内容所占的时间，一般为15~20分钟。通过进行准备活动，既能够提高和集中学生的注意力，充分放松身体，同时还能够为基本部分的练习做好准备。

(2) 基本部分

①主要目的

训练课的目的既包含了教学课的主要目的，同时要着力提高学生的比赛能力和适应能力。

②主要任务

篮球运动训练课的主要任务是，根据篮球运动教学大纲的具体要求和训练计划的具体安排，通过不断创造出更加有利的训练条件，来促使学生更好地掌握和提高

篮球运动技战术水平，并促使学生的运用能力得以提高。此外，通过安排大运动量和大负荷强度的训练，在循序渐进的过程中，促使学生的运动素质得到全面发展，增强学生体质，提高学生的篮球运动水平和技巧，提高学生的篮球意识；同时，加强学生的思想道德教育和心理训练，培养学生顽强的拼搏精神和良好作风。

③主要内容

根据具体的篮球运动训练课的训练计划，采用各种练习方法和手段以及比赛，来促使学生的各项素质和能力得到全面发展，提高学生的实践能力，这就是篮球运动训练课的主要内容。常采用的练习方法和比赛主要有个人的、小组的、全队的身体练习、技术和战术练习、教学比赛、对外比赛等。此外，根据每一个时期的具体训练任务，来对运动强度和运动量进行循序渐进的增加，以促使学生的各项素质和能力得到最大程度的提高。

④组织方法

对于篮球运动教学课来说，基本部分是其重要组成内容和核心，对教材内容进行合理的安排，来组织开展教学活动，是其中主要的组织方法。在针对教学课安排教材内容时，通常情况下，是先教授新内容，然后复习旧内容，并相应得到强化和巩固，最后安排一些运动量较大的教学比赛或提高学生身体素质的专门练习。在开展实践课教学时，要根据课的任务和学生的具体情况以及课的时间、场地、器材等条件为主要依据，来对适宜的练习方法和手段进行有针对性的选择。

需要提醒的是，在篮球运动教学过程中，必须要始终坚持贯彻循序渐进的原则，这主要从以下两个方面体现出来：

第一，在教授篮球运动技术时，要先对单个动作进行教授，然后再将单个的技术动作进行组合来进行练习，最后在比赛中进行运用。

第二，在开展篮球运动战术教学时，首先要对基础的配合进行传授，然后再教整体的配合，最后在比赛中运用这些简单和复杂的战术。

⑤时间安排

从时间上来看，高校目前的篮球运动教学课为两节课连上，时间大约为70分钟左右。在全课时中，训练课的时间占到70%左右。

(3) 结束部分

①主要目的

在结束部分，其具体任务是通过安排一些整理活动来帮助学生体内已经积存的乳酸快速消除掉，使在运动时消耗的氧气得到一定程度的补偿，并帮助参与运动的肌肉快速恢复到运动前的状态，最终使学生能够从生理上逐渐平复下来，心理上恢复到平静状态。

②主要内容

在结束激烈的训练之后,通过安排相应的整理活动,来帮助学生从激烈的运动生理状态和紧张兴奋的心理状态之中逐渐平复、缓和,进而恢复到训练之前的状态。在该部分其主要内容包括一些有关慢跑、游戏、放松练习和注意力转换的练习,此外还可以适当选择一些运动量不大的投篮、罚球练习等。

在结束训练课之前,教师还要组织学生进行讲评,并做出小结。常采用的形式主要有两种:一是由教师针对本次课的内容做出小结;二是师生共同对本次教学课做出小结。做出的小结要有针对性,要简明扼要;要以表扬为主,并以批评为辅;以正面教育为主,尽可能减少进行负面教育,以防止对学生参与训练的积极性产生影响。

③时间安排

在篮球运动教学课的结束部分,其时间一般安排为5～10分钟,训练课的结束部分时间为15分钟左右。在具体实施的过程中,应做好以下几点:

第一,要针对训练负荷做出科学、合理的安排。在训练工作中,合理安排运动负荷,并进行大运动负荷训练是其中重要的内容,对快速提高学生的身体素质和技战术水平都具有非常重要的意义,能够促使学生更好地适应篮球运动实践需要。训练课的内容安排得是否科学、合理、符合运动规律,在很大程度上决定着这堂训练课是否成功,当然,运动负荷的控制也不例外。

第二,要保证充足的训练时间。篮球运动教学训练具有其自身的特点,也就是说学生既要参与篮球运动训练,同时还要进行相应的文化课学习,由此可见保证训练时间的充足有着非常重要的意义。通常来说,篮球运动训练的时间为1.5～2小时。这就需要教师在有限的时间里,对运动量进行科学、合理的控制,并掌握好篮球运动训练的效果,以确保运动训练任务得以顺利完成。

2. 训练课的内容安排

训练课的内容主要包括四方面内容,即学生的组织、练习的组织、课的时间的安排,以及运动负荷的安排。下面进行简要分析。

(1) 学生的组织

学生的组织形式主要有两种,分别是集体训练和个人训练,通常来说,在具体实践中这两种训练形式都是结合使用的。

(2) 练习的组织

练习的组织内容主要是安排训练课的作业内容和程序。一般来说,基本技术练习是首先要进行的,然后就是战术配合,再就是进行全队战术训练,最后开展相应的教学比赛训练。

(3) 课的时间安排

篮球课的时间主要有45分钟和90分钟两种。通过合理运用课的时间，能够确保教学任务得以顺利完成，并保证教学活动得以顺利开展。此外，在安排篮球运动教学课的时间方面，常见的安排方法是，60%的时间用来学习内容，40%的时间用来对学习内容进行巩固和复习。

(4) 运动负荷的安排

在篮球运动训练课中，对运动负荷的合理安排是其中非常重要的环节。所组织安排的训练内容是否合理，是否与客观规律相符合，是决定一堂篮球训练课是否成功的重要因素。此外，对运动负荷进行合理控制也是非常重要的。在篮球训练课中，合理安排运动负荷和如何进行大运动负荷训练是一个不可避免的且非常重要的问题。只有将这一问题解决好，才能最大限度地提高学生的身体素质，提升其技战术训练水平，这是与具体实践需要非常符合的。

由此可以看出，运动负荷要根据学生的具体实际来进行确定；在不断增加运动负荷的过程中要始终贯彻和遵循循序渐进的原则，从小到大。此外，根据各个时期、各个训练阶段的具体任务来确定每次训练课的密度和负荷强度。通常来说，一次课要出现几次负荷高峰。一般是，进入到基本部分的前段时就应出现第一个高峰(较高)，第二个高峰出现在基本部分后段时。同时，还要注意保持训练的系统性和完整性。

(三) 篮球观摩讨论课的具体实施

与其他类型的篮球课程相比，篮球观摩讨论课有着更为灵活的形式，其主要目的和任务就是要促使学生的表达能力得到提高，并发展学生得到分析和观察能力，以使学生的创造性思维得到激发。这种形式主要在进行篮球运动规则与裁判法以及进行篮球运动技战术分析等教学时采用。

在组织开展篮球运动教学观摩讨论课之前，教师要将观摩的内容、观察重点和需要解决的问题以及纪律等方面的具体要求向学生说明。观摩对象既可以是以此篮球课或篮球比赛，也可以是有关篮球运动技战术的录像片或电影等。在观摩的过程中，要求学生要做好笔记，将自己的体会和感想予以记录，并提出疑问，然后为接下来的讨论做好准备。

在观摩讨论的过程中，教师要做引导性发言，围绕本次课的议题，组织学生进行民主式的发言。对于不同的意见，要给予学生鼓励，以开展激烈的讨论。

在篮球观摩讨论课结束时，教师应做总结性发言，对讨论的问题和学生的讨论情况进行评述。未能得出结论的问题可以留待日后或下次课上继续进行探讨。

(四) 篮球实习课的具体实施

促使学生篮球运动学习和训练能力、组织竞赛能力以及裁判水平得到不断提高是开展篮球运动实习课的主要目的。

在实习开始时，对于参与实习的人数，教师要进行检查和确定，并指导学生做好准备工作。

在实习过程中，教师要做好观察和记录工作。

在实习结束时，针对学生的具体实习情况，教师要做出及时的评价，同时也可以鼓励学生参与实习课的讨论和讲评。所有参与实习的学生要写出实习总结，从而为提高自身的学习能力打好基础。

第三节 高校篮球运动教学课程的实践

体育教学过程涉及备课、课堂管理和课后总结，下面分别对这三个方面的教学实践进行科学研究，以便为教师提供科学理论指导。

一、备课

对于教师来讲，备课是其必做的功课。在备课的过程中，教师要做好以下几个方面：

（一）认真钻研教材

通过对教材进行认真钻研，能够更好地帮助教师对篮球运动教学课的内容进行合理把握，并根据学生具体实际来选择适宜的教学内容。详细地说，教师应做好以下几方面工作：

（1）对篮球运动教学大纲进行研究，并根据本学科的教学总目标以及各个单元、本次课的具体教学目标来更好地学习和领会篮球运动教学的基本要求，准确地把握好篮球运动教材体系的深度和范围。

（2）对于篮球运动不同的教学内容，教师要进行有针对性的筛选，并同时研究所选定的多项教材中的难点和重点，以及前后的联系，做好总结工作。

(二) 深入了解学生

在篮球运动教学中，学生是其中的主体。在篮球运动教学课实施的过程中，只有做到将课堂教学活动与学生的具体实际和需要相符合，才能更好地促进学生的发展。这就要求，教师要全面了解学生，包括学生的身体健康、基础知识、运动能力水平、认知能力、个性特征、学习态度、兴趣需要，等等。

(三) 选择教学方法

在进行篮球运动教学备课的过程中，教师要根据篮球运动教学的任务要求、教材的具体性质、学生的具体实际以及学校现有的场地器材条件等，来对篮球运动教学中所使用的课堂教学方式进行合理的设计，并确定好篮球运动教学活动的具体类型和结构。

(四) 正确编写教案

这里所说的教案，其实就是课时计划。教案是对每一堂课具体深入的教学准备，同时也是对师生课堂上预期的教学活动的描述和设计。备课的最终结果就是编写教案。在了解教学对象和钻研教学内容的基础上，教师通过对教学组织设计来编写教案。对于体育教师来说，教案是其进行体育课堂教学的直接依据。

一个教案的完整内容主要包括以下几个方面：教学目标、教学内容、教学方法、本节课教学重点、运动负荷以及场地器材等，有的教案中还有课后记录等。

在进行教案编写的过程中，为了更好地保证教案的可行性和质量，教师必须重视以下几个方面：

(1) 教案的编写要以教学大纲的具体要求和学校的相关规定作为依据。

(2) 体育教师要对学生的具体实际情况进行如实详细的记录，如体育基础、体育骨干、伤病情况等备课，同时要考虑到场地、器材的实际情况等。

(3) 教案的编写必须要符合规范，在详略程度方面要做到合理。

(4) 在备课时，要做到语言精练、准确，正确运用教法。

(五) 设计教学过程

教学过程既是一个比较特殊的认识过程，也是一个能够促进学生发展的过程，它是为了能够促使体育教学目标的顺利实现而计划和实施的。

1. 篮球运动教学过程设计的原则

在对篮球运动教学过程进行设计的过程中要遵循以下几个原则：

(1) 发挥教师主导作用原则

在篮球运动教学中，体育教师是信息的传递者，教师在篮球课堂教学中除了对信息进行编码、讲解内容之外，还要发挥主导作用，由对知识进行单纯的讲解转变为对学生掌握知识内容进行引导，引导学生能够自行、主动地获取知识和培养能力。

(2) 以学生为学习主体原则

学生在篮球运动教学过程中的主体作用主要表现为，对学生的学习积极性进行充分发挥，使他们能够拥有更多的参与机会，使师生之间的双边活动得以活跃，从而促使学生能够从过去的被动接受知识转变为主动获取知识。

(3) 体现篮球教学方法原则

篮球教学方法是为了更好地实现学校篮球运动教学目标，体育教师和学生共同采取的方式，它主要包括体育教师教的行为和学生学的行为，在对篮球运动教学方法进行选择时，必须要考虑篮球运动的专项特点、学生特点、具体的教学目标和所选用媒体的特点。

(4) 教学媒体优化原则

教学媒体的系统功能要想在篮球运动教学过程中充分发挥出来，就必须将多种媒体进行组合，形成一个更为优化的结构来实现，这就要求篮球运动教学媒体要对各种媒体的优化组合进行考虑，使它们各施所长，互为补充，相辅相成，为提高学生的学习兴趣服务。

(5) 遵循学生认知规律原则

在对篮球运动教学过程进行设计的过程中，必须要对学生的认知规律进行遵循，只有与学生特有的认知要求相符合，才能获得更好的满意效果。随着年龄的增长以及知识经验的积累，学生的认知能力也会随之提高，这就要求在篮球运动教学设计的过程中教师要对这一点进行充分考虑。

2. 篮球教学过程的设计

教学过程的表述是采用类似于计算机流程图的形式，把复杂的教学过程分解为相对简单的几个环节，将教学过程中各个要素之间的关系很好地显示出来。这既能够对教学过程进行优化，同时还能够保证教学过程得以有序开展。大多数体育教学内容的操作过程都可以使用流程图来进行表示。

我国高校篮球运动课堂教学过程中，练习型、示范型、探究发现型是教学过程设计常用的三种形式，具体内容如下：

(1) 练习型

这种类型的教学过程主要以篮球运动技能的练习为主，在具体操作过程中，教师需要借助于媒体或进行动作示范，将动作的路线、结构等主要动作要领，以及动

作变化发展过程传授给学生，学生通过感觉器官来进行观察和模仿动作练习。

(2) 示范型

对于那些需要进行运动实践的体育教材内容来说，示范是在设计体育教学过程中所必不可少的手段和途径。示范教学过程在篮球运动教学中有着非常广泛的应用，该类型的教学过程能够将篮球运动教学以身体活动作为主要形式的学科特点充分体现出来。

(3) 探究发现型

探究发现型在篮球运动教学中主要用来组织学生进行观察、思考、探究原因、寻找规律等，这是教学生学会体育学习的主要教学方法。如表现为某一动作技能的结构或原理等，这样能够使学生的学习主动性和积极性得到充分激发和调动，更好地培养学生发现问题、探究问题、解决问题的能力。

在对篮球运动教学过程进行设计的过程中，教师要对在教学内容的特点以及学生对篮球运动基本理论和技能的掌握情况进行充分考虑的基础上，同时结合具体的课堂教学目标，来对符合学生学习和发展需求的教学过程进行合理选用和设计。

(六) 准备场地器材

对于体育教学活动来说，场地器材是其基础，篮球运动教学同样也是离不开教学场地、器材、设备，这些都是开展篮球运动教学活动非常重要的资源。在组织开展体育课前，体育教师要准备好课上所要使用的器材、场地，这是上好体育课的必要的物质保证。此外，针对场地和器材，教师要认真规划场地，并科学布置器材。

二、课堂管理

通常来说，篮球运动教学是学生学习篮球运动基本理论知识的重要途径，因此对篮球运动课堂教学加强管理有着非常重要的意义。下面就篮球运动教学课堂管理进行详细阐述。

(一) 课堂管理的目的与要求

1. 篮球运动教学课课堂管理的目的

对于高校篮球运动教学课来说，其有着非常明显的课堂教学管理目的，主要体现为：向学生传授篮球运动文化、基本理论知识、技战术和机能等，同时培养学生参与篮球运动锻炼的兴趣、积极性和主动性，进一步提高学生的活动能力和身体健康素质，培养学生的终身体育观念和意识，为社会培养全面素质的人才。

2.篮球教学课课堂管理的要求

进行篮球课堂教学管理需要做到相关的一些基本要求,具体来说,主要涉及以下几个方面:

(1)突出篮球教学管理特色

篮球运动教学管理应突出以下几点:

①思想管理方面,要将学生需要与社会需要、育体与育心、校内体育教育与社会终身体育有机结合起来。

②教学内容管理方面,将文化性与健身性、知识性与实践性、灵活性与统一性、民族性与国际性有机结合起来。

③教学宏观控制方面,将统一要求与分类指导、业务督导与行政管理有机结合起来。

④体育教学评价方面,将基本评价与特色评价、专题结合起来。

⑤教学过程管理方面,将以情导教与以理施教、教师主导与学生主体、活泼的教学气氛与严厉的课堂纪律、培养刻苦精神与学生兴趣激发结合起来,从而培养出高素质、全面型的篮球运动人才。

(2)加强教学管理的科学性和专业性

篮球运动教学活动包含了很多内容,并且非常复杂,也具有非常强的专业性。因此,在篮球运动教学过程中,体育教师要准确把握好篮球运动教学机制,并进行渗透化管理,同时还要定期或不定期地检查篮球运动教学管理的效果,从而建立起科学有效的篮球运动教学管理机制。

(3)检测篮球教学的质量和效果

对篮球运动教学课堂加强管理,其目的就是促使篮球运动教学的效果和质量得到有效提高,它要求既要在整个篮球教学活动过程中进行落实,同时还要在高校篮球运动教学管理的所有环节进行有效落实。

此外,体育教师在篮球运动教学过程中要充分发挥自身的管理主体作用,控制好其他的教学因素,以保证篮球运动教学活动得以顺利开展。

(二)课堂教务管理

1.编班

编班是高校篮球运动教学中进行教学管理的重要内容之一。篮球运动教学要参与到具体的编班过程中,并且要将篮球运动专项的特点和学生的学习与发展要求充分体现出来。此外,编班要结合每名学生的具体实际来进行。

具体来说,在篮球教学课程的编班过程中,应对以下事项引起注意:

（1）混合编班是我国目前高校所采用的主要形式。在进行混合编班的过程中，学校要针对各班体育基础好与差的学生以及男女学生比例尽可能地安排妥当，以更好地保证学生得到共同发展。

（2）在编班的具体过程中，要重视不同学生的合理搭配，以保证能够顺利开展篮球运动教学活动。

（3）在进行编班的过程中要对每个学生的篮球技能水平和运动基础进行充分考虑，以更好地对不同班级的学生进行合理分配。

2. 安排课表

在安排篮球教学课表时，为了保证课表的可行性和合理性，需要对以下几个方面引起注意：

（1）作为一项教学活动，篮球运动教学主要是以肢体活动为主，这就需要学生能够在活动中保持高度的注意力，因此在对篮球运动教学课表进行安排时，最好将课安排在上午的第三节和下午。

（2）要将每个班每周各个体育课之间的时间间隔控制在合理的范围之内。在安排篮球运动教学课时，还要对其他体育项目的课程时间进行安排。

（3）如果教学的进度相同或者内容一致，可将不同的班级统一起来上课，但是，要对一次课教学的人数进行有效的控制。

（4）对场地器材进行有效的布置和使用，同时还要注意做好器材的保养工作。

3. 有效控制课堂教学

（1）体育教师的上课管理

体育教师既是篮球教学中的教学者，同时也是管理者，由此可见，做好篮球运动教学课堂管理工作是促使篮球运动教学质量得以提高的重要基础。在篮球运动教学课堂管理方面，体育教师的主要工作包括：建立课堂常规，做好思想政治工作，对学生的积极性进行调动，进行合理分组，运用多种教学方法和手段，掌握好运动密度和强度，使用运动场地和器材，采用各类安全保护措施，以及确定教师和学生的服装要求等。

篮球运动教学目标的顺利实现是以篮球运动课堂教学活动顺利开展为前提的，这也是整个篮球运动教学计划得以完成的重要基础。这就要求体育教师要高度重视篮球运动课堂教学的控制。

必须引起重视的是，篮球课堂教学文件的制定对篮球教学实践起着积极的导向作用，而在篮球教学的实践过程中，已经制订完成的教学计划常常会和教学的实际情况产生矛盾。例如篮球考核课某一考试标准可能定得有点高，从而使得很大一部分学生都不能及格；或者在篮球教学过程中出现了场馆器材条件不能使教学需要得

到满足的现象，或者由于某些客观原因使得某一个单元的篮球教学课产生多次连续的缺课，造成教学计划无法按时完成或者无法保质保量地完成。这些问题都会在一定程度上阻碍篮球教学活动的开展，因此，这就要求体育教师在篮球教学过程中要及时发现上述问题并及时控制篮球课堂教学中产生的各种矛盾，以便于合理安排篮球课堂教学活动，使篮球教学课程顺利开展。

(2) 高校对体育教师的上课管理支持

在教学中，上课是教师开展教学和学生学习知识最为重要的形式，高校管理者要对体育教师提供相应的支持，以更好地促进体育教师顺利完成上课管理。

在目前的学校体育教学管理系统中，要充分发挥控制职能必须要将一定的机构作为基础，但控制机构在体育课堂教学控制过程中并不是单独存在的，它与体育教学部、器材室、教研组等组织机构是同一个。但这样做，会造成一个组织机构承担了过多的职能，这在体育课教学控制方面会造成一定程度的阻碍。这就要求高校相关管理部门要像其他文化课程一样给予体育课教学同样的支持和关心，并提出相关要求。高校相关部门及领导应积极主动地深入课堂，对体育教师的教学情况进行充分的了解，使对体育课的检查与督导力度进一步加强，同时，应积极组织一定的示范课、公开课、研究课等多种课型，并对其进行积极的探讨。对于体育课，高校要尽可能地提供必要的条件，以使体育教师能够更好地解决教学过程中所遇到的各种问题，以为体育教师创造出良好的教学环境，并进一步促进教学水平快速提高。

具体到篮球运动教学课的管理来讲，对篮球课堂教学的控制一定要职责明确，责任到人，充分发挥教师在篮球教学管理和篮球教学过程控制中的作用，给予教师一定的管理权力和管理弹性。

(三) 教学训练管理

1. 个人训练管理

个人训练的主要目的是提高学生对篮球技战术的掌握和熟练程度，进一步改进个人技术动作的缺点和不足，发展各项运动素质和能力。对于集体训练来说，个人训练是其补充和辅助，通过学生进行独立思考和反复实践，以更好地领悟篮球运动技战术的规律和运用技巧，并逐步形成自身的技术风格。此外，需要注意的是，在对个人训练进行安排的过程中，要结合学生的具体实际、教学目的和教学任务等，进行有针对性的安排，以保证获得更为理想的训练效果。

2. 班级训练管理

一般来说，学校的班级体育锻炼实行的形式是以班为单位分成若干小组，这些小组在班干部和锻炼小组长带领下开展具体的体育训练活动，因此这就要求班主任

和体育教师要合理指导并管理班级体育训练,从而使班级体育训练取得良好的效果得到有力的保证。

目前,在时间、内容、生理负荷和组织等方面,班级体育锻炼都提出了很多具体要求,这就要求在组织班级篮球运动教学训练以及选择篮球运动教学内容时,要将其与训练结合起来,以保证学生学习的有效性。

对于学生来说,早操是其训练生活的一个重要环节。其主要作用主要是消除身体疲劳,增进健康,并在生理和心理方面为当日的训练任务做好准备。此外,还能够进一步增强运动器官的发展,对技术动作进行强化和改善。在早操内容选择方面,教师可以考虑将篮球运动的一般体能训练纳入其中,鼓励学生积极学习篮球,具体要根据训练任务、目标、客观条件以及学生的实际情况等进行有针对性的选择和运用。这里需要注意的是,要合理安排适宜的早操运动时间和运动负荷,否则会影响学生学习和篮球教学课中的专项运动训练。

(四)意外事故管理

篮球教学,是以身体练习作为主要内容的,这就造成教学过程中很难避免出现一些运动损伤和运动疾病,甚至一些意外伤害事故。这就要求教师在教学过程中要加强对学生意外伤害事故的管理。

当发生意外事故时,教师要做到正确地判断并实施相应的抢救措施。应根据意外伤害事故的性质做出正确的判断并实施相应的抢救措施,轻伤者可送医务室治疗,重伤者或者生命危险者应立即转送医院抢救;接着及时通报。

当学生出现重大的意外伤害事故时,教师要将伤害事故发生的时间、地点、原因、后果与处理措施等具体情况及时汇报给学生家长、学校领导和当地派出所或有关部门;并填写相关的意外伤害事故报告。填写的报告内容要实事求是,必要时提供相应的人证、物证。如果出现意外死亡情况,最好请当地的法医进行鉴定报告。

三、课后总结

(一)课堂情况总结

对课的任务完成情况进行总结是课后总结最为首要的工作,这主要包含以下内容:

首先,对本次篮球教学课的任务完成情况、教学内容完成情况、课堂组织的合理性、内容安排的合理性、时间分配的可行性等进行总结。

其次,对在本次篮球教学课中教师的执教情况进行总结,并对教师的教态、讲

解示范效果、教学方法、教学方法对完成课的任务的得失进行分析。

最后，对本次篮球教学课中学生的学习情况进行总结，内容包括学生是否按教师的要求完成了计划规定的练习内容，掌握知识、技术、技能的有效程度如何，有多少学生能初步学会，或基本学会、基本掌握所学内容。

(二) 发现教学问题

1. 教师的自我评价

客观、全面地评价教师在篮球教学课中的具体表现，在进行具体评价过程中要考虑以下两个方面：

(1) 是否合理地组织队列、调队。

(2) 在讲解和示范动作中是否存在问题，包括示范位置、教学进程、内容顺序、对错误动作纠正等，有哪些没有解决的问题。

2. 对学生的评价

在评价学生的过程中，能够找出篮球教学课中存在的不足和问题，具体内容如下：

(1) 在课堂上，学生的练习积极性、组织纪律性。

(2) 在练习中，学生普遍存在的问题和个别存在的问题。

(3) 学生的接受能力以及掌握和理解能力等。

(三) 提出改进对策

(1) 针对篮球运动教学的内容、形式、手段、练习方法等方面，要广泛地收集和分析意见，从而为接下来的篮球运动教学提供参考依据。

(2) 结合课的时间分配、练习强度、课的密度等方面，以及学生课上的表现来进行分析，以为接下来的篮球运动教学提出改进设想和对策。

(3) 结合教师讲解、示范动作、示范位置对学生学习效果的影响，以为更加充分地发挥教师的主导作用提出改进措施。

(4) 对于本次篮球教学课的内容，要分析学生的认识、理解、学习情况，以为能够更加合理地安排篮球运动教学内容提出良好的建议。

第三章　高校篮球教学与训练能力的培养

第一节　篮球教学能力的培养

篮球教学训练活动是一个有组织、有规划，使学生掌握篮球基本理论、基本技术和基本技能以及提高和保持运动水平的教育过程。在这个过程中，教育者（教师和教练员）起着主导作用。按照高等院校的教育目标和社会实际的需要，对学生进行教学训练能力的培养，使他们能够发现教学训练的基本规律，运用科学的教学训练方法，把握教学训练的过程，落实教学训练的具体任务，是体育院校篮球教学，尤其是篮球专项教学的一个重要方面。

教学能力，包括编制教学文件的能力和组织课堂教学的能力都是体育院校学生的主要能力，教师应在日常教学中注意培养。

一、编制教学文件能力的培养

在培养学生编制教学文件能力方面，应着重于培养其制定教学大纲的能力、安排教学进度的能力和编写教案的能力。

（一）制定教学大纲的能力

制定教学大纲的能力是首先必须掌握的，要培养这种能力可以让学生了解教学大纲的作用、熟悉教学大纲的结构和内容、懂得制定大纲的要求，然后再在讨论和作业中尝试制定教学大纲。

1. 把握教学大纲的目的任务与要求

教学大纲是教学工作的指导性文件，它是根据教学计划中规定的课程设置要求制定的。大纲以纲要的形式对课程教学的适用对象、任务、内容、知识广度和深度，以及教学形式、考核方法与标准等做出规定。在体育院校中，篮球课程的种类大致有四种，即专修、辅修、普修和选修。每一种又有许多区别，学时数差别很大。不同种类的篮球课程面对的对象也大不相同，有体育教育专业、运动训练专业和民族传统体育专业的学生；也有非体育专业，如新闻、管理、社会体育及保健康复专业

的学生。因而，必须制定不同的篮球教学大纲以针对不同专业的学生，达到不同的教学目的，满足不同的需要。

2. 熟悉教学大纲的结构和内容

教学大纲由三大部分组成，第一部分主要是明确课程的性质和使用对象；第二部分是大纲的主体，它要阐明课程的教学任务、教学内容的安排和时效分配、教学内容的纲要、考核内容与方法标准，以及实施完成教学任务的措施；第三部分主要是列出课程所用教材和参考书目。

3. 懂得制定与执行大纲的要求

制定大纲最基本的要求是从篮球运动的特点和学生的实际出发，以学生为主体，提出篮球课程的教学任务。对教学内容的主次、实践与理论的比例进行科学合理的安排，以符合学生所学专业的需要。因为篮球课程种类不一样，所以不同的大纲既要考虑它本身的完整性，也要考虑它与相应大纲衔接的连贯性。

4. 在讨论和作业中尝试制定教学大纲

组织学生在个人仔细阅读篮球普修课教学大纲的基础上，对大纲的各个部分，特别是教学内容纲要和考核内容、方法与标准进行讨论，要求每名学生都发表自己的看法。也可以在分组讨论的基础上由各组选派代表在全体学生中进行交流，使学生对篮球普通教学大纲有清晰的了解和认识。再给学生布置作业，让他们每人制定一份针对非体育专业学生（可以是体育院校内的，也可以是体育院校外）的篮球课教学大纲。作业之后，互换评议。看看教学任务是否合适，教学形式和时数安排是否合理，教学内容涉及的范围是否符合学生实际需要，考核的方法与标准是否可行。然后，按照制定大纲的要求，再各自进行修改，使学生对大纲制定的过程有进一步的体会。

(二) 设计与安排教学进度的能力

安排教学进度能力的培养，应当让学生了解教学进度的作用和格式，熟悉教学进度的安排方法，懂得安排教学进度的要求，然后再在讨论和作业中练习编写教学进度。

1. 了解教学进度的作用和格式

教学进度是将大纲规定的任务进行合理排序、具体落实到每一次课中的进程性文件。进度反映的是贯彻大纲内容的教学策略，影响着教学任务的完成和教学质量的提高，也是检查教学工作的主要依据之一。教学进度通常有两种表示格式，一种是表格符号式，另一种是顺序名称式。两种格式各有其优点，只要能够表示清楚，便于接受使用即可。

2. 掌握教学进度的安排方法

教学进度应该根据篮球教学的任务，并结合教学对象的特点和教学时间的长短来安排。比较常见的有两种方法：一种是将教学内容穿插起来，其逻辑关系排列成教学进度，体现循序渐进的原则，以利于学生在学习时产生积极的正迁移作用，避免消极干扰，以利教学中练习的组织；另一种是从能力培养的角度考虑，将教学任务分成几个板块顺序，比如，把基本技术和基本战术的学习作为一个板块、把组织教法的学习作为一个板块、把裁判能力的培养作为一个板块等，每一个板块按其独自的特点来安排进度，板块之间也有互相联系的地方。

3. 懂得科学安排教学进度的要求

由于篮球课程的种类不同，时效不同，对象不同，所以在安排教学进度时要从培养对象的实际出发，在不同的篮球课程里，既要有这门课程的完整性，突出这门课程的重点，又要考虑与别的篮球课程在特点、重点和程度上的区别以及衔接。在进度的安排上，应该明确哪些内容是主要的、必须有的，哪些内容是作为补充的，哪些内容是可以选择的，从而体现进度的弹性。实践课内容应体现篮球技、战术之间的联系及组合对抗的特点，理论课内容要和实践课相配合，具有联系和指导作用。要考虑每一堂课的内容数量和新老内容的搭配比例。课的形式可以多样化，把课内课外、校内校外紧密联系起来，使学生的基本理论、基本技术、基本技能的学习和能力的培养锻炼有机地结合起来。

4. 在讨论和作业中练习编写教学进度

在学生懂得了教学进度安排的知识后，给学生一份篮球普修课的教学进度表，让他们按照要求，对教学进度中的内容安排进行综合分析，如内容顺序是否连贯、内容深度是否恰当、纵横搭配是否紧密、重点内容是否突出等。通过分析，使学生对教学进度有更加全面和深刻的印象。然后，布置任务，让学生分别根据自己原先编制的大纲来安排教学进度。再互相交流评议，肯定成绩，指出不足，提出建议，进一步修改完善。

二、组织课堂教学能力的培养

组织课堂教学能力的培养，包括理论课教学能力的培养和实践课教学能力的培养两个方面。

(一) 理论课教学的能力

理论课教学能力的培养，应重视从学生的人文科学和相关学科着眼，从重视专项理论学习着手。有序地提高他们的写作水平、语言表达能力、板书功夫和多媒体

技术方面的能力。

1. 加强理论学习

要使学生切实地掌握篮球运动的基本理论，不论是技、战术的理论，还是篮球运动发展和教学训练或规则、裁判、竞赛的理论。教师讲授理论课时，首先，要启发学生重视对人文科学的学习，对理论学习要开动脑筋，主动思考，大胆质疑提问，积极进行讨论。其次，要引导学生多阅读教材之外的篮球理论性书籍、刊物和其他学科书籍。多关心篮球运动的发展状况，多观看高水平的篮球比赛，把课内学到的理论和课外了解的现状结合起来，扩大自己的知识面，加深对篮球运动的认识程度。

2. 提高写作水平

在掌握理论的基础上，应有意识地布置学生经常写些综述性小文章，也可以培养他们的文字表达能力。可以通过让学生做课堂笔记、文献摘要，写读后感、观后感和写体会与小结的办法提高自己，进而安排专题写作来锻炼他们。同时，应和他们一起分析文章的主题、论点、论据、论述是否明确、充分、有力，探讨文章的结构、条理、措辞是否合理、清楚、贴切，使学生在不断的习作中得以提高。

3. 增强语言表达能力

理论课的教学能力，不只是自己懂得了知识和能够写下来就可以了，还必须通过语言表达出来使别人接受。学生的开口习惯都有，但要在正式的场合，能有条有理地分析讲述问题，就不一定行了。因此，可以通过回答问题、讨论、重点发言的形式，引导学生集中思考、有针对性地讲话。再通过小范围的专题讲述，锻炼学生半脱稿、基本脱稿的发言习惯。然后再和学生探讨如何提高语言表达的技巧，使其更自然、流畅和生动。

4. 重视磨炼板书

理论课的讲述，板书是很重要的辅助手段。板书的作用可以使讲课的内容更清晰地被人接受和记录下来，还可以比语言更明白地表达所讲述的内容，漂亮的板书还能够吸引学生的注意力，提高讲课效率。篮球理论课中的板书不单是文字书写，还要涉及画图。平时通过记笔记、作摘要和写体会、感想等，自然对板书会有帮助。但更有作用的是要通过对学生书写、图画的批改，以及退还重做来促进他们自觉地、有意识地去练，以达到工整、规范的效果。

5. 掌握多媒体技术

随着现代科学技术的发展，篮球理论课的教学应充分运用先进的多媒体教学手段。多媒体教学可以更直观、形象、深刻地使人接受理论知识，提高课堂时间利用率。通过电脑的学习、操作，让学生从文件、图片、动画的反复制作实践中，逐渐熟悉、熟练与掌握，并与专业相结合，从而提高自己的动手能力，丰富篮球理论课

的形式，提高篮球理论课的教学质量。

（二）实践课教学的能力

实践课教学的能力，应注重从学生的示范、讲解、教法、纠错和组织方面着手培养。

1. 规范正确的示范

示范是实践课教学最基本的方法和能力。示范是要把规范正确的动作演示出来，不同于一般情况下动作的自然流露，它对于学生，特别是对初学者的影响是巨大的。进行示范，就必须领会动作的要领，掌握动作的方法，懂得运用的要求。要在平时练习的时候有意识地按照动作要领去做，控制自己的动作，不能随随便便地去做。即使是在打比赛时，也不能马虎，要努力使正确的动作动力定型。同时也可以多让学生做示范，促进他们的重视程度，提高他们的示范能力。

另外，要有一定的模仿能力，以便在教学中更好地进行比较，帮助改正不规范的或错误的动作。

2. 简明扼要的讲解

实践课中的讲解和理论课中的讲解是不同的，在队伍集中时的讲解应是结合动作介绍、示范，抓住重点精讲，使学生把握动作的关键。在练习过程中的讲解应是针对动作进行的情况，只言片语地提示，使做得好的学生加深对正确动作的记忆和巩固强化动作，使做得差的学生改进自己的动作和抑制错误动作的再现。可以在课中锻炼学生的讲解能力，让他们边示范边讲解。也可以让他们对练习者的某项技术进行分析：好在哪里，差在哪里。还可以引导他们在练习过程中对练习者适时地发出提示，教导他们在练习前、中、后相互进行讲解帮助。

3. 适宜有效的教法

要使实践课的教学具有一定的效果，采用适宜的方法来进行教学是非常重要的。掌握技术动作的方法，最基本的是通过反复的、正确的操练。而如何较快较好地达到掌握的目的，就有许多不同的教学方法可以运用到教学中去。要使学生了解常规的和现代的各种教学方法，知道各种教学方法的特点，在实践课中先采用常规的教学方法进行教学，增加体会，积累经验，然后选择某种现代的教学方法来进行教学，接受新观念，适应新需要，并通过自我总结、互相交流的形式取长补短，再去探讨新的方法。在具体的练习中，让学生懂得通过有目的的设计，选择一些练习方法，或者通过调整练习的难度，也可以收到较好的效果。

4. 及时准确地纠正

实践课教学中，能够及时地发现和纠正不规范的动作，也是教学能力的一种表

现。只有对规范动作有清晰的认识，才会对不规范动作有敏锐的反应。只有对动作教法有仔细的研究，才会对不规范动作有得法的矫治。培养学生的纠正能力，要从对规范动作的分析入手，使学生了解动作的各个环节，并且知道哪个环节比较难掌握，哪个环节对其他环节影响较大；了解动作的用力顺序、用力过程和哪一步对动作协调的影响较大；了解动作学习中容易产生的问题，知道应当先解决哪个问题，采用怎样的方法比较合适，然后在课中找些典型的例子让学生来分析探讨，提出改进办法。也可以让学生结成两三人的对子，进行互帮互学，共同提高；特别是要有区别地针对不同个体，采用不同的办法去解决。

第二节 篮球训练能力的培养

训练能力，包括编制训练计划的能力、组织课堂训练的能力和指挥比赛的能力，都是体育院校教师应注意培养的学生基本能力。

一、编制训练计划能力的培养

在培养学生编制训练计划能力方面，应注意让学生从理论上掌握制订训练计划的基本知识，在实践中锻炼制订训练计划的能力。

(一) 掌握制订训练计划的基本知识

让学生掌握制订训练计划的基本知识，应当从了解制订训练计划的基本要求和懂得制订训练计划的基本方法着手。

1. 了解制订训练计划的基本要求

训练计划通常是指按队进行组织实施，为完成一定任务和达到最佳竞技状态，在训练过程中控制、指导、实施及检查训练工作的规划。制订一份合适的训练计划，应当达到这样的要求：

(1) 要充分掌握运动员的情况

训练工作的对象是运动员，运动员的情况各不相同，计划就要以运动员的实际状况为出发点。

(2) 要确定训练的目标和任务

训练的目标有短期的和中、长期的，与之相应就应有短期的和中、长期的训练任务；训练的目标有全队的和个人的，与之相应就应有全队的和个人的任务。

(3) 要符合客观的规律

运动员的生长发育、机能发展、竞技状态形成和认知提高都有它们各自的规律，训练就得顺应这些规律。

(4) 要可行、可检和可调

训练计划是要通过实施才能落实的，应当具有可操作性；实施中的效果如何，应当便于检查；实施中会出现新的问题，应当能够调整。

2. 懂得制订训练计划的基本方法

训练计划是对未来训练过程预先做出的理论设计，制订训练计划通常采用这样的方法：

(1) 划定时间阶段

训练是一个过程，它是围着总的目标或大的赛事进行的，根据这个过程的时间长短，可以把它分为符合竞技状态形成规律的各个训练时期阶段。如通常所见的准备期的全面训练阶段和专项训练阶段，比赛期的赛前训练阶段和比赛阶段以及过渡期的调整阶段。

(2) 分解总体任务

按照时间段的划分，把总体任务也分解到对应的训练阶段中，使各个阶段也有明确的具体任务和要达到的具体指标。如在准备期内身体素质要达到什么水平，专项技能要达到什么程度，形成怎样的整体攻守体系，在比赛期内阵容的配备锻炼要达到怎样的默契程度，参加多少场模拟适应性的比赛，比赛中各项技术指标要达到怎样的水平。

(3) 安排训练负荷

根据竞技状态形成的规律，安排各个阶段的训练负荷，调整强度和量的关系。如全面训练阶段以身体、技术训练的量为主；专项训练阶段则以技、战术训练的强度为主，增加对抗性；赛前阶段以实战演练为主，增加比赛强度。

(4) 确定具体内容

根据不同训练阶段的任务，要定出具体的训练内容，采用的方法、形式和要求。如在投篮技术训练中，采用重复练习的方法，以接球停步起跳的形式，在一个点或几个点连续完成若干次跳投；也可以采用间歇练习的方法，以两人一组相互投、抢、传的形式，持续进行若干分钟跳投。

(5) 锻炼制订训练计划的能力

制订训练计划能力的培养，可以从制订自我训练计划、制订自己队的训练计划和制订带队训练计划着手。

3. 制订自我训练计划

组织学生从自己的具体实际出发，分析存在什么薄弱之处，要解决什么问题，提高什么技术，要达到怎样的目标。然后，利用早锻炼的时间，或者是平时业余的时间，安排一个阶段的训练计划。比如，要提高自己的投篮命中率，可以制订一个每天早操或课后进行一定时间、一定次数或投中一定次数的、以不同形式来完成的投篮练习计划；要提高自己的速度素质，可以制订一个在早操时间的跑步计划，例如如何热身、跑多少距离、以怎样的速度来跑、跑几次、每次间隔多少时间等等。通过一定阶段的练习，检查一下按计划进行训练的效果，看看目标是否达到，幅度提高多少，问题解决得怎样，计划是否可行。

4. 制订自己队伍的训练计划

组织学生根据自己队的实际情况，讨论制订一个训练计划。比如，为了参加学校内的专项比赛，可以制订一个赛前计划，把本队应该加强的、改进的方面，应该采用的办法与将遇到的对手的情况等，反映到计划中。通过总结比赛中取得的成绩和暴露的问题，也可以制订一个比赛后新的训练计划，把以后要继续努力的方向，需要在技术、战术、身体素质方面进行怎样深一步的训练、提高，以及要着重解决的问题等，反映在计划中，以便于对照和修正。

5. 制订带队训练计划

利用教学训练实习，组织安排学生指导学校业余对伍的训练，让他们针对队伍的人员状况、技术水平状况、训练的次数和每次训练的时间、近期面临的任务及训练目标，制订一个训练计划。要在计划中体现出队伍整体发展的想法或思路，根据带队实习的有限时间，如何在技术、战术和身体素质方面有所侧重地抓一些主要环节，解决一些突出的具体问题。在训练的过程中，不时地检查所定计划的针对性、切合实际的情况和执行的结果。同时也及时地对计划中某些方面予以调整，从而提高制订训练计划的能力。

二、组织课堂训练能力的培养

组织课堂训练的能力，主要包括技术训练能力、战术训练能力和身体训练能力的培养。

（一）技术训练的能力

培养技术训练能力，应该注重让学生掌握正确的应用示范了解多种的练习方法和懂得不同的练习要求。

1. 掌握正确的应用示范

训练中的技术示范，不单是一般情况下的规范动作的演示，还应把技术动作放到对抗的实战条件下去演示。正确动作的示范，对于练习者学习规范动作是有帮助的，训练还要使技术动作能够合理地运用，因而应该把篮球技术的示范和应用的时机与条件结合起来。

比如，在进行传球技术示范时，要掌握快攻中第一传、推进传球、最后一传，阵地进攻中外围传球，给插入的同伴传球，给中锋队员的传球，策应传球，掩护传球，突破后的传球等等，并且根据同伴和防守者的情况来决定该不该传，传到同伴什么地方，球应走什么路线，采用哪种传球方法；在进行接球技术示范时，要掌握摆脱接球、抢位接球、静止中接球、行进中接球，了解该怎么跑，跑到什么地方，怎么示意同伴，接球时采取怎样的姿势；在进行防守技术示范时，要根据进攻者的情况来决定选择什么位置，保持多大的距离，采取什么策略，选择怎样的姿势，运用什么动作。要掌握对近球侧、远球侧无球队员的防守选位，对无球队员背插、溜底、空切、掩护的防守移动，掌握对有球队员投、突、运、传及假动作的防守。

篮球的各项技术是相互联系的，训练中的技术示范，还要把技术动作放到变化的实战条件下以组合的形式进行演示，因而也应该知道篮球技术在运用时，要根据对手的行为变化而变化技术的动作和技术的组合。比如，持球时，要根据防守及同伴的情况来选择投篮、运球或者传球；在运用持球突破技术时，要根据防守者的身体重心情况，采用不同的突破方法；而当防守者的动作有变化时，进攻者就可采用突破上篮、突破急停跳投、突破分球等不同的组合技术。同样，防守运球队员时，可不时地采用抢、打球的攻击性动作，在滑步、撤步时随时可能要变向、上步拦阻或起跳。

2. 了解多种的练习方法

技术训练的根本目的是要让练习者提高，提高的过程是一个多次反复实际操作的过程。在这个过程中，采用单调枯燥、一成不变的训练形式，就难以激发练习者训练的积极性，而且会产生厌倦的情绪。掌握多种多样的练习方法手段，有助于从不同的途径以不同的方式达到训练的目标，有助于促进练习者的技术学习和提高。

比如，在传接球的技术训练中，可以让练习者原地两人面对面地练习，也可以让练习者原地三人或五人进行练习。可以让练习者做三人的直线传接球练习，也可以让练习者做三人的绕8字练习。可以在无防守的情况下练习传接球，也可以在有防守的情况下练习传接球。在运球技术训练中，可以组织原地的高低、换手、背后、胯下和后转身的练习，也可以组织行进间各种方式的运球。可以让练习者在无对手的情况下练习运球，也可以让练习者在有对手的情况下练习运球。在组合技术训练中，可以组织摆脱接球—运球投篮的练习，也可以组织摆脱接球—突破分球或突破

急停投篮的练习。可以组织从无球一对一攻守到有球一对一攻守的练习，也可以组织无球一对一攻守转换和有球一对一攻守转换的练习。

在针对不同练习者的训练中，也应采用不同的手法。比如，给以一些外加阻抗力量来训练中锋队员的篮下投篮，用两个人防守来训练后卫队员的运球突破，用改变节奏或加快出手速率来训练小个子队员避免被高大队员盖帽的投篮，用不许运球的限制来纠正队员进入限制区接球后立即放球的习惯。特别要注意的是，应研究和探讨培养个人特殊技术特点的训练方法与手段。

3. 懂得不同的练习要求

技术练习要贯穿于整个训练工作的始终，在技术训练过程中，不同的练习形式，其练习的难度、变化和运用是不同的，因而要求也应有所不同。了解和把握技术练习中各个环节的特点，了解和把握不同技术练习的区别，能够按照训练的要求，有针对性地采用相应的练习形式来组织训练。

比如，在四角传接球练习中，对传接球、跑动的要求就有很大的区别，分别需要在传球的落点、力量、距离，接球的状态、部位，跑动的路线、顺序上有明显的不同。在三传二抢的练习中，要求传球者观察同伴的机会，判断抢球者的意图、动作，及时迅速地做出反应，并采用恰当的动作方法，这样的传球难度就大了。又比如，在两人行进间传接球上篮的练习中，两人基本平行跑动和两人分前后跑动的传接球要求就不同；在后场和在前场、跑动速度快和慢对传接球的要求也不同；尤其在最后一传时，上篮者的速度、两人间隔的距离对传球者把握传球方法、传球速度、传球路线、传球落点的要求更不同。再比如，在防守无球队员的练习中，近球侧和远球侧的选位要求是不同的；防纵切和防背切的堵截要求也是不同的；向强侧溜底线和向弱侧溜底线的要求更是不同的。

(二) 战术训练的能力

战术训练能力的培养，应该注重让学生掌握基本的战术形式、熟悉变化的战术方法和建立灵活的战术意识。

1. 掌握基本的战术形式

战术训练是要把运动员已经获得的技术、身体等训练效果，以一定的攻守组织形式表现出来，或者是以某些对手为目标，有针对性地去抑制对手或攻击对手的组织形式形成过程。战术形式多种多样，但有一些基本的是必须掌握的。进攻的四种基础配合和防守的七种基础配合，是任何形式全队战术的基本方法，快攻和防快攻是其他全队战术的首选形式，攻守2—1—2区域联防和攻守半场人盯人，是其他全队战术的基本形式。

进行战术训练，就要掌握这些基本的战术形式。要了解每一种基础配合的特点和运用时机，了解快攻和防守快攻的结构与各个阶段的任务，了解攻守2—1—2联防和攻守半场人盯人的不同要求与相互协同的规律。同时，要知道通常在什么情况下、什么位置上、什么样的线路，以什么样的动作、节奏和顺序来实现，知道如何运用各种基础配合，如何把全队战术进行分解和结合，如何使全队的战术保持完整和连续。在反复练习和熟练掌握的过程中，要懂得怎样去提高质量，促使运动员在技术上进一步努力，以适应战术训练的需要。要懂得怎样在全队战术中展露和发挥运动员的特点，从而逐渐建立本队的战术风格，形成本队的特色。

2. 熟悉变化的战术方法

战术训练是要以集体的力量和对手抗衡的，掌握了基本的形式，可以进一步拓展去掌握更多的战术形式。掌握的战术形式越多，与对手抗衡的手段就越多。各种战术形式之间是有联系的，它们可以相互转换。每一种战术形式内，也有多种不同的方法，它们是独立的，又是相互联系的，也是可以变化的。熟悉这些具体的战术方法，知道它们可以进行怎样的改变，就能主动适应比赛的需要。

战术训练中，通常都是按照预定的方法、路线、顺序进行，建立基本的定势。然而由于实际比赛中往往不能如愿，所以就必须明白，在预定战术的操作过程中，可能会遇到些什么麻烦，要有些什么变化，怎样主动地去进行变化。例如，在传切配合受阻的情况下，可以朝反方向去给同伴做掩护或换位；在给同伴做掩护不便时，可以利用同伴为自己做掩护；在敌方外围投篮点受到破坏时，就要加强向内线的突破来制造机会；在对方外围转移球范围比较大时，可以突然地采取对底线或边线有球队员的夹击以争取抢断球。

3. 提高自身的战术意识

战术训练的能力不仅是指要掌握多种的配合形式，熟悉不同的变化方法，而且要注意在这个过程中发展战术思维，提高战术意识。

提高战术意识，要建立一个针对性的概念，知道对付不同的进攻或防守应该使用什么形式的战术；知道什么时候、什么阶段采用哪种战术。提高战术意识，也要建立一个整体性的概念，知道如何内外结合、点面并举、扬长避短、主次分明；知道如何保持攻守并重、攻守平衡、攻中有守、守中有攻，提高战术意识，还要建立一个灵活性的概念，知道如何把握节奏，审时度势，抓住时机，出其不意；知道如何因人而变，因地而变，因时而变，先人而变。

（三）身体素质训练的能力

身体素质训练能力的培养，应该注重让学生能够紧密结合专项特征、具体针对

个体特点和合理调节训练负荷。

1. 紧密结合专项特征

篮球运动员的身体训练，是要使队员能够适应比赛的大负荷和剧烈的身体对抗，保证技、战术水平的正常发挥，防止运动损伤。了解和把握篮球运动对运动员身体素质的专门要求和不同的素质训练对篮球运动员的影响作用，在全面发展一般素质的前提下，紧密结合专项素质的需要是最基本的。

比如，在进行速度训练中，要结合篮球运动中多方向的反应启动、变向、不等距离非直线的快跑速度，滑步、后撤速度，防守中突然蹿出去抢断的速度，攻守转换的速度，运、传、投、突和抢、打、盖的动作速度与动作转换速度；在进行力量训练中，要结合篮球运动中启动、起跳、抢位、挡人等突然性的爆发力量，身体接触时肩、背、腰、腿、臂的挤、靠、顶、撑的力量，以及握球、抓球、抢球时的手指、手腕、手臂等的力量；在进行弹跳训练中，要结合篮球运动中运用跳球、跳投、抢篮板球、补篮、扣篮和盖帽等技术时的双脚跳、助跑单脚跳、上步单脚跳和在身体接触中起跳，既要跳得高，又要跳得及时，能够连续跳，能够朝不同方向跳，能够在跳起后伸展躯体，保持身体在空中的平衡；在进行耐力训练中，要结合篮球运动中大强度、短距离、高速度的实际，突出对抗性的耐力和速度性的耐力；在进行灵敏训练中，要结合篮球运动中非单一、非单向反应的实际，注意发展"眼观六路，耳听八方"的视听反应，发展身体，特别是发展背部的位置感受和受力感受能力，使攻守技术动作和战术行为都能够随着对客观情况做出的正确判断而运用和变化；在进行身体训练中，还要结合不同训练阶段的不同任务，有所侧重地安排训练内容。另外，还要考虑如何运用一些特殊的训练方法，以避免或降低专项训练中常见的运动损伤，提高运动员的运动能力，延长运动员的运动寿命。

2. 善于把握个体特点

篮球运动员的身体训练，也要使运动员的身体素质潜能得以最大开发，去适应篮球运动对他们的更高要求。了解和把握运动员个人身体素质的状况，在全面发展的要求前提下，具体针对运动员个体的需要是相当重要的。

比如，针对运动员的年龄情况，灵敏、速度、力量、耐力这些素质分别在什么时候发展比较有利，抓住相应年龄段发展较快的素质来进行训练，可以得到比较明显的效果。针对运动员在比赛中所承担的角色，内线队员要注重发展什么样的素质，外围队员要注重发展什么样的素质，抓住队员位置所需要的素质来进行训练，可以为运动员技术、战术的运用打下良好的基础。针对运动员个人身体素质比较薄弱的方面，或者是某方面素质中比较薄弱的环节，加强在这些方面或环节上的训练，可以对运动员整体素质的提高起到积极的作用。针对运动员在训练、比赛中产生的疲

劳和各种损伤，有目的地进行一些身体训练，可以帮助运动员疲劳的消除，促进运动员损伤的痊愈。

3.合理安排训练负荷

篮球运动员的身体训练，还要使运动员的机体内环境的相对平衡经过破坏而获得新的适应，达到新的水平并产生新的平衡。了解和把握各个训练阶段中身体训练应占的比例和训练中各种练习方法的负荷特征，根据具体的训练目的和任务，对练习的强度、密度、难度、问题时间等进行合理的安排和调节，对于有效地提高训练效率、进入和保持良好的竞技状态是非常有帮助的。

比如，在训练的准备期和比赛期内，身体训练的比例是大不同的。在准备期内不同的阶段，一般身体训练和专项身体训练的比例也是不同的。在力量训练中，要考虑发展哪个部位的力量，用多大的重量，以怎样的身体姿势去进行，要完成多少组，每组重复完成多少次，每组之间间隔多长时间等等因素。要提高运动员的移动速度，可以安排等距离的移动，或者是不等距离的移动；也可以安排变速的移动，或者是变向的移动；完成多少距离的移动，应间歇多少时间，从而保证能继续有效地进行下一次的练习。身体训练中负荷的安排，尤其是与技、战术训练相结合的身体训练，还应该符合篮球运动实际对运动员各种奔跑距离的需要，以及对运动员机体生理负荷强度的需要。因此，应当熟悉技、战术练习对运动员身体机能会产生什么影响。比如，两三人全场快速传接球跑篮往返一次要多少时间，连续的两次、三次要多少时间，不同的次数会使运动员的脉搏达到多少次/分，练习中间歇多少时间可以使运动员维持在一定的强度上。运动员在外围连续一分钟自投自抢和两人连续两分钟或三分钟轮流投抢传的练习，会使运动员的心率达到什么程度。熟悉了诸如此类的练习参数，在进行身体训练时，就能够自如地对训练负荷加以调控了。

三、指挥比赛能力的培养

比赛是队伍综合实力的较量，指挥比赛的能力，对队伍实际水平的发挥以及比赛的最终胜负，有着相当重要的作用。

（一）赛前侦察

比赛要打有准备之仗，能否做到有准备，掌握对方的情况是个前提，不然就难以有的放矢。赛前侦察通常是以直接和间接的方式获得对方信息的准备工作。

从观看对方的训练、比赛或比赛录像，以及和对方直接交过手的比赛中去了解对方的情况，是最常用的。在这个过程中，对方队伍的阵容配备、基本打法、技术特点、活动区域、得分手段、应变能力、薄弱环节等一般都会表现出来，这是最直

观的信息。

从收集有关对方比赛的各种统计资料和各种评述文章报道中去了解对方的情况，也是非常好的赛前侦察。它有助于掌握对方一些规律性的表现和不同角度看问题而得出的分析。

从与对方有关的或熟悉的人员中去了解对方的情况，这也是很好的一种赛前侦察，它有助于掌握对方一些非技术性的内在状态。

了解对方，通过赛前侦察获得的信息固然很重要，但也应注重平时的经常积累，把当前的信息和以往的信息结合起来，能够更好地了解和把握对方。

(二) 赛前决策

一般情况下，队伍的阵容、打法、习惯、特点等情况是比较容易被注意的，这些信息具有相对稳定的态势。还有一些应当引起重视的信息，如队员的身体状态、心理状态以及队伍内部的各种关系状态等，都具有不稳定的态势。成熟的队伍这两种态势的变数小些，成长中的或调整中的队伍这两种态势的变数要大些。进行决策的时候，要考虑这个因素。

先要进行实力对比分析。从总体上做个强弱比较，强弱的差距有多大，这个差距是否可以基本决定比赛的胜负。同时也从各个局部做个比较，哪个方面强于对方，哪个方面弱于对方，哪个方面不相上下。

其次要明确比赛基本策略。以强对弱时，是演练打法，还是培养后备队员。以弱对强时，是保存实力，还是锻炼队伍。势均力敌时，是扬长避短，还是针锋相对。

再者要制定具体比赛方案。根据对方的情况，应以我为主来安排阵容、布置打法。针对可能出现的各种局面，为达到不同的目的，打法上要有多种准备，阵容上要有多种组合。

最后要落实到每个队员。按照部署的方案，使队员明确整体的任务，个人的分工和要求，与其他队员之间的协调合作以及了解自己所要面对的对手情况。

(三) 临场指挥

临场指挥是督促落实和适时调整比赛方案的过程，赛场局势千变万化，不是赛前都能预料到的。因而实施已定的决策，能够看到比赛中出现的问题，抓住一些关键的环节，及时采取相应的办法去解决、调整，是临场指挥中非常重要的方面。

1. 审时度势、随机应变

比赛中要按预定的部署去贯彻，也要按预定的部署去改变，更要按即时的情况去调整。

比如，严谨部署开局。如果是布置先发制人、以势夺人的话，就要注意队伍的积极性、主动性是不是得以充分发挥，气壮不壮，势实不实，收效明显不明显。如果是布置试探、摸底的话，就要看对方的反应表现是不是及时、真实，从而尽快了解对方的阵容、攻守特点、习惯打法等，以便及时组织攻守、争取主动。

比如，准确处理相持的局面。如果是防守的原因，那么究竟是由于某个防守环节上的问题，还是防守整体上的问题。如果是进攻的原因，那么究竟是由于进攻组织的针对性问题，还是个人攻击技术的问题。找准了症结，就要考虑采取相应的措施，设法从某个方面有所突破。

比如，善于把握落后或领先时的可能转机。如果是整体实力不如对方的话，就要考虑如何减慢节奏，拖延时间，努力不使差距扩大。如果不是整体实力的问题，那就要找出问题所在，好好组织阵容，调整打法，树立信心，力争改变落后局面。如果处于优势时应兢兢业业，不松不懈，更重视对手可能性的战术变化，以不失主动和优势。

2. 充分利用竞赛规则

规则是用来规范比赛行为的，人们较多的是从规则不许可的角度出发考虑问题，而不太注意怎么利用规则来为自己队争取有利条件。

比如，运用3分球的规则。在一个队落后的情况下，常常会想通过投3分球得分来加快缩小比分的差距，或通过投3分球来进行最后一搏。在高水平的比赛中，这种情况已屡见不鲜了。NBA的比赛、CBA的比赛，甚至最基层的比赛中都有这样的事例。反过来，在对付3分球打法的问题上，特别是在终场前短暂的时间里，不能只是考虑要干扰对方投3分，完全可以考虑不让对方、破坏对方投3分的办法。

比如，运用5秒钟规则。在持球被严密防守的情况下无法将球传给同伴时，可以通过往对方脚上砸而使球出界，继续保持队的控制球权。在离终场还不到5秒钟时间，可以采取死死抱住球的方法，使本队领先1、2分的局面维持到最后。

比如，利用中篮后端线外掷球的规定。在对方投进篮后进行全场紧逼而本方难以掷球入场的情况下，可以采取把球传给跑到端线外的同伴而自己突然插入场内接球的办法，打破对方的紧逼防守。

比如，利用规则允许范围内的犯规。在自己领先要抑制对方投篮时，可以在对手未出手之前犯规，不让对方有投篮机会。在结束全场比赛仅剩下几秒钟，而本方仅落后2、3分球时，为争取时间不让对方拖延时间时，可以对持球投篮队员或其他进攻队员进行"战术性"犯规，让其罚球，以求从抢篮板球中去获得最后的进攻机会。

3.善于掌握停、换时机

暂停和换人是竞赛规则给予参赛队伍布置、调整、喘息的机会，比赛中应当充分利用这样的机会，同时也要注意掌握运用的时机。用得好，可以为自己改变面貌；用得不好，反而为对方提供方便。

请求暂停能够直接向队员布置新的任务、要求，通过换人也能够传递教练员的意图。要懂得最后2分钟内投球进篮后的暂停，使掷界外球的地点移到中场边线处，可以节约进攻时间。也要有魄力敢于换下作用不大的主力队员，使用体力充沛的板凳队员。

(四)赛后总结

如果说赛前的准备还有点务虚的话，那么赛后的总结是完全务实的。赛后的总结要对比赛过程中技术、战术、体能、作风等各方面进行全面的回顾。要把比赛统计数据与比赛场上的表现结合起来分析，要把赛前的决策与具体的实施结合起来比较，要把胜负的结果与队伍的实际水平结合起来对照。总结是为了进一步提高，因而，从大家的发言中去归纳、综合，从成功里面去提炼经验，从挫折里面去挖掘要害，把总结的东西积累起来，给以后的训练、比赛储备财富。

第三节 高校篮球技术能力的培养

篮球技术是指在篮球比赛中，运动员为达到战胜对手的目的，合理有效地运用各种进攻与防守的专门动作、方法的总称。它是在长期运动实践中积累、发展起来的动作体系，是按特定的顺序和环节组成多种多样的动作方法，其结构是以人体生物学原理及篮球规则为依据，强调实效性并存在个体差异性。

篮球技术动作分类，主要是根据技术动作的攻、守属性和技术动作在比赛中的作用，以及技术动作的结构相类似的特点。按篮球技术动作的攻、守属性分类，篮球技术分为进攻技术和防守技术两大类。

一、篮球运动进攻技术

篮球运动进攻技术有移动，传、接球，投篮，运球，抢篮板球。防守技术有防守基本动作、移动、抢球、打球、封盖、抢篮板球。每项技术又有多种动作方法。

(一) 移动

移动是队员在比赛中为了改变位置、方向、速度和争取高度所采用的各种脚步动作的总称。队员在球场上需要保持一个既稳定又便于移动的站立姿势，以利于迅速、协调去完成各种攻守技术。移动技术动作方法如下所述：

1. 启动

启动是队员在球场上由静止状态变为运动状态的一种起始的动作，是获得位移初速度的方法。在进攻中运用启动摆脱防守和防守中看住对手，保持或抢占有利位置。

动作方法：从基本站立姿势开始，启动时，身体重心向跑动方向移动，以后脚（向前启动）或异侧脚（向侧启动）的前脚掌突然用力蹬地，同时上体迅速前倾或侧转，手臂协调地摆动，充分利用蹬地的反作用力，迅速向跑动方向迈出。启动后的两三步要短促而迅速地连续蹬地，并与快速摆臂相配合，使之能在最短的距离内将速度有效地发挥出来。

2. 变速跑

变速跑是队员跑动中利用速度的变换来争取主动的一种方法。加速跑时，要利用两脚突然短促而有力地连续蹬地，加快跑的频率，同时上体稍向前倾与手臂相应地摆动加以配合；减速跑时，利用前脚掌用力抵地来减缓快跑的前冲力，同时上体直起，保证身体重心的后移，从而降低跑速。

3. 变向跑

变向跑是队员在跑动中以突然改变方向来摆脱防守或堵截进攻的一种方法。变向跑时（以从右向左变方向为例），最后一步右脚着地，脚尖稍向内扣，用前脚掌内侧用力蹬地，屈膝，腰部随之左转，移重心，左脚向左前方跨出，这一步要快，右脚迅速随着跨出，继续加速跑动前进。

(二) 传球

传球是篮球比赛中进攻队员之间有目的地转移球的方法，是进攻队员在场上相互联系和组织的纽带，是实现战术配合的具体手段。传球技术的好坏将直接影响战术质量和比赛的胜负。准确巧妙的传球能打乱对方的防御部署，创造更多、更好的投篮机会。传球的技术动作是多种多样的，既有双手的，也有单手的。双手传球能控制动作的准确性，而单手传球则具有飞行速度快、动作简捷灵活、隐蔽多变的特点。

1. 传球技术的动作结构

传球动作方法是由持球手法和传球动作组成。

(1) 持球手法分为单手持球和双手持球两种。

①单手持球方法：手指自然分开，用手掌外沿和指根以上部位托球，手心空出。

②双手持球方法：两手手指自然张开，拇指相对呈"八"字形，用指根以上部位拿球的两侧后方。

(2) 传球用力方法：传球动作是由全身协调用力，最后通过手腕、手指动作完成的。中、远距离的传球，主要靠前臂的伸、摆和手腕、手指的用力，而手腕、手指用力是传球中最主要的动作。传球时，手腕、手指的翻转、前屈以及手指的用力对球的飞行方向、速度、路线和传球到位有着控制作用。手腕、手指力量作用于球的正后方，则球飞行方向是向前，而且是平直的；手腕、手指力量作用于球的后下方，则球飞行方向是前上方，而沿弧线飞行的；手腕、手指力量作用于球的后上方，则球向下方击地成折线弹出（反弹球）。在球即将离手的一刹那，用力越大，发力越快，即手腕翻转、前屈和手指用力拨球越急促，则作用于球的力量就越大，球飞行的速度就越快，反之球飞行的速度就越慢。故巧妙地运用手腕、手指力量是提高传球技巧的关键。

2. 传球技术的动作方法

(1) 双手胸前传球

双手胸前传球是一种最基本、最常用的传球方法。这种传球迅速而有力，可在不同方向、不同距离中使用，而且便于和投篮、突破等动作结合运用。两手手指自然分开，拇指相对呈"八"字形，用指根以上部位持球的后下方。手心空出，两肘自然弯曲于体侧，将球置于胸前部位。身体呈基本姿势站立，眼睛注视传球目标。传球时，后脚蹬地，在身体重心前移的同时，前臂迅速向传球方向伸直，手腕翻转，拇指用力下压，食指、小指用力拨球将球传出。出球后身体迅速调整呈基本站立姿势。传球的距离越近，前臂前伸的幅度越小。远距离的传球，则需要加大蹬地、伸臂和腰腹的全身协调用力，而且传球距离越远，蹬地、伸臂的动作幅度就越大。

(2) 传球技术的运用

在比赛中，传球经常是在严密防守的情况下进行的，而有利的接球机会，往往是短暂的，持球队员为了不失时机地将球传给处于有利进攻位置的同伴，达到进攻的目的，传球时应注意下述几点：

①传球队员要全面观察场上情况，在后场由防守转入进攻时，要先看前场再看后场，首先争取长传快攻的机会；在阵地进攻时，应先看内线，再看外线队员，首先是争取内线的有利进攻机会。

②持球队员要准确判断，及时捕捉传球时机。当同伴摆脱对手，抢占有利的进攻位置，持球队员要及时地将球传给同伴，要求人到球到。

③当持球队员错过良好的传球时机时，不要停球过长，应在传接球的移动中，继续组织进攻配合，耐心地寻找有利的传球时机。

(三) 运球

运球是持球运动员用手连续按拍借助地面反弹起来的球的动作方法。运球是篮球比赛中持球运动员移动的手段，它不仅是个人摆脱防守进行进攻的方法，而且是组织全队进攻配合的桥梁，并且对发动快攻、突破紧逼防守都起着较大的作用。

1. 运球的技术动作分析

两脚前后开立，两膝微屈，上体微前倾，眼睛平视。非运球手臂屈肘平抬，以便保护球和维持身体平衡。运球时脚步动作幅度和下肢关节的角度随运球的速度和高度的不同而有所变化，速度快时，则脚步幅度大，反之则小。运球时，手指自然张开，用手指和指根以上的部位及手掌外缘接触球（手心空出）。运球动作随比赛情况而有所不同，低运球时以腕关节为轴，前臂做屈伸动作快速拍球，高运球时以肩关节为轴用力拍球，当球从地面反弹起来时，用屈前臂、伸腕和手指的动作缓冲球向上反弹的力量，以控制球的反弹高度、速度和角度。由于手按拍球的部位不同，球向地面的入射角不同，球从地面反弹起来的反射角也不同；由于手按拍球的力量不同，球从地面反弹的高度和速度也不同。在原地运球时，手按拍球的正上方，行进间运球时，手按拍球的后上方；向左、右变方向运球时，手按拍球的左、右两方。

2. 运球的技术动作方法

(1) 体前变向换手运球

体前变向换手运球是运球队员利用突然改变运球方向来突破防守的一种运球方法。这种方法多用于对手堵截运球前进路线。

动作方法：以运球队员右手运球向对手右侧突破为例。先向对手左侧快速运球，当对手向左侧移动堵截时，运球队员突然变向，用右手拍按球的右侧后上方，并靠近身体向左侧送拍球，使球落在身体的左侧前方反弹，右脚迅速向左侧前方跨出，上体左转并前倾探肩，换手拍按球的后上方，加速运球突破。

(2) 背后运球

背后运球，即在身体的后方运球，这样可以用自己的身体作为天然的保护屏障。在实战中，背后运球可以防止对手的抢断，借机可以观察场上的动向。以右手运球，向左侧变方向为例。变方向时，左脚在前，用右手将球拉到身后，迅速按拍球的右侧后方，将球从身后拍至左脚的侧前方，并立即换左手运球，左脚迅速向前跨出，

加速前进。

(3) 胯下运球

胯下运球是指在运球的过程中运球穿越胯下，使对手难以抢断，是一种很有效的运球方式。以右手运球为例，变向时，左脚在前，右手按拍球的右侧上方，使球从两腿之间穿过，右脚向左前方跨出，换左手运球继续前进。

(4) 运球转身

当对手逼近，并堵截运球一侧时，可利用运球转身，改变运球路线以摆脱防守。以右手运球为例，当对方靠近自己右侧时，变向以左脚为中枢脚做后转身，然后换左手运球，从对手的右侧突破。转身时要降低重心，拉球的动作与转身动作一致，才能收到好的效果。

(四) 投篮

投篮是队员将球投入篮筐而采用的各种专门动作方法的总称。它是篮球比赛中有效的得分手段，是一切进攻技术、战术的最终目的和攻守矛盾的核心。因此，正确掌握并熟练运用投篮技术，不断提高投篮命中率，对篮球运动员来说是非常重要的。随着现代篮球运动攻守对抗的日益激烈，运动员身高、身体素质及技术水平的提高，促进了投篮技术的不断发展。

投篮出手部位由低到高，出手速度由慢到快，投篮方式越来越多，命中率也越来越高。投篮的动作方法很多，按照投篮持球方法不同可分为双手投篮和单手投篮两大类；按照投篮前持球置于身体的不同部位可分为胸前、肩上、头上等各种动作方法；按照投篮时队员状态可分为原地、行进间投篮。

1. 投篮技术动作分析

投篮技术是由持球手法、瞄篮点、投篮动作、球的旋转和投篮抛物线等环节组成。

(1) 持球手法

持球是投篮时能否牢固地控制球和完成投篮动作的前提，无论是单手投篮还是双手投篮，持球时五指都应自然张开，掌心空出，用指根及指根以上部位接触球，增大对球的接触面积，以保持球的稳定性，控制球的出手力量和方向。

(2) 投篮动作

投篮是从准备姿势开始，用下肢蹬地发力，腰腹用力向前伸展，手臂向前上方伸直，手腕前屈或翻转，手指拨球的全身综合协调的力量将球投出。在球出手的一瞬间，手指作用于球体的力量大小、方向和作用点等，决定着球的出手角度、速度和旋转。投篮时的伸臂动作应该协调连贯、柔和舒展，使身体各部位肌肉用力协调

一致,以精确地完成投篮动作。通常投篮距离越近,身体综合用力的程度越小,以手指与手腕动作用力为主。远距离投篮时,身体综合用力的要求则越高。

2.投篮动作方法

(1)单手肩上投篮

以右手投篮为例。右手持球于肩上,手腕后翻,前臂与地面接近垂直,左手扶球的左侧。两腿微屈,右脚略前于左脚,身体的质量落在两脚掌上。眼睛注视篮圈前沿或碰板点。手指自然分开,掌心空出,托球的后下部,手腕后屈,小臂向上,用手指和指根将球控制住,球的重心落在食指和中指之间。投篮时,右臂随着下肢蹬伸的力量向上充分伸展,同时左手离开球,最后用手腕屈和手指用力拨球,通过指端将球投出,脚跟稍提起,球出手后身体充分伸展,重心移至前脚掌,食指正对瞄篮点,手心向下,腕、臂放松。

(2)双手胸前投篮

双手持球于胸前,肘关节自然下垂(不要外展),上体稍前倾,两膝微屈,身体重心放在两脚之间,目视投篮目标。投篮时,两脚蹬地,腰腹伸展,两臂上伸,拇指向前压送,两手腕同时外翻,指端拨球,用拇指、食指、中指投出,腿、腰、臂自然伸直。

(3)行进间单手低手投篮

以右手为例,右脚跨出一大步的同时接球,接着左脚跨出一小步并用力蹬地起跳,右腿屈膝上提,同时双手向前上方举球。当身体接近最高点时,左手离球,右手掌心向上托球,并向球篮的上方伸直,接着屈腕,食、中指拨球将球投出。

(五)持球突破

持球突破是持球队员运用合理的脚步动作与运球技术相结合,快速超越防守队员的一项攻击性很强的进攻技术。在比赛中,及时地把握突破时机,合理地运用突破技术,是直接切入篮下得分的重要手段。持球突破还可打乱对方的防御部署,为同伴创造更多更好的投篮机会。突破若能巧妙地与投篮、传球等结合运用,可使突破技术灵活多变,就能更好地发挥突破技术的攻击力。

二、篮球运动防守技术

防守技术是防守队员为阻挠和破坏对手的进攻,合理运用脚步移动和手臂动作,积极抢占有利位置,以达到争夺控制球权为目的所采用的各种专门动作的总称。防守是一项综合的技术动作,主要包括防守无球队员和防守持球队员。

(一) 防守无球队员

在篮球比赛中，进攻队员有五分之四的人始终是处于无球状态，而且无球队员随时都可能变成有球队员，一旦得到球即成为有球队员，因此也就变成了直接得分者。防守队员也是有五分之四的人处于防无球队员状态，就防守的内容和任务而言，防无球队员重于防有球队员；在比赛中，出于无球队员直接得分的威胁较小，所以，防守队员很容易忽略对自己对手的防守，使无球队员出现大量的得球机会，使防守陷入被动。为此，在防守技术教学与训练中，每个防无球队员的防守者都要像防守有球队员一样，高度认真，步步紧逼，防止其接球和进行各种进攻配合。

防守无球队员的基本要求如下所述：

（1）防止对手摆脱，做到以人为主、人球兼顾（针对盯人防守）。

（2）通过绕前、抢位、上步，以及堵、卡、抢、断，不让对手在限制区及其附近范围内接球。

（3）通过积极移动和手臂干扰，不让对手轻易地接球，即使接到球也使其不便做下一个动作。做到内紧外松、近球紧逼。

（4）要做到及时、果断地进行协防配合。

(二) 防守有球队员

只有有球队员才有直接得分的可能，因此，有球队员的最大威胁首先就是投篮得分。但有球队员并不是有球之后就可以投篮，在很多情况下有球队员是投不了篮的，因为其不具备合适的投篮时机。在此情况下，有球队员主要通过传球和运球转移球的方法来创造投篮机会。所以，防守有球队员时，既要防其投篮，又要防传球和运球突破。

1. 防守有球队员的基本要求

（1）要站在对手与球篮之间有利的位置上。

（2）既要挥举两臂防止传、投，又要积极移动堵截运球突破。

（3）不要轻易前扑或上跳而失去重心。

2. 防守技术教学与训练

（1）防守的正确姿势是防守对手的基础，在教学训练中必须加强防守正确姿势的培养，并明确防守正确姿势的内容，即重心、躯干、手臂、下肢、视野等特征要求。

（2）在教学与训练中，应先练习对无球队员的防守，后练习对有球队员的防守。先练习防守的脚步动作，再配合手臂动作练习。防守技术动作要结合个人防守战术

意识进行练习，每个防守动作的练习都应具有明确的目的性。

（3）在防守有球队员的练习中，要根据对手离球篮的远近采用不同的防守策略。进攻队员离球篮越远，防守距离也越远；反之，离球篮越近，防守距离则越近。对篮下高大队员的防守主要采用卡住其脚步活动范围及习惯性的脚步移动路线，对外围远投手要采用前后开步重点防投；对习惯突破的对手要采用平步防守重点防突。

第四节　高校篮球战术能力的培养

篮球比赛是一项集体行为。根据控制论观点，系统大于各部分之和的原理，一个球队的整体力量绝不是每个队员分散力量的相加，而是远远大于分散力量相加。因此，战术组织得是否正确，关键在于它是否充分发挥出每个队员在各方面的最大潜力，是否充分体现出集体的力量。

一、战术基础配合

（一）传切配合

传切配合是持球队员利用传球和切入技术超越防守，并接同伴的回传球进行投篮的一种配合方法。

（二）突分配合

突分配合是进攻队员运用运球技术，突破对手后，遇对方队员补防时，主动或应变性地传球给同伴的方法。

（三）掩护配合

掩护配合是指进攻队员之间合理运用身体挡住防守同伴的对手的移动路线，使同伴借以摆脱防守的一种配合方法。

（四）策应配合

策应配合是进攻队员背对或侧对球篮接球后，以其作枢纽，与同伴相配合或造成各种进攻机会而形成的一种里应外合的方法。

二、快攻

快攻是由防守转入进攻时,以最快的速度、最短的时间在人数上造成以多打少的优势,或在人数相等以及人数少于对方的情况下,趁对方立足未稳,果断而合理地进行攻击的一种速战速决的进攻战术。

(一)快攻的类型

1. 长传快攻

长传快攻是指队员在后场获球后,立即将球传给迅速摆脱对方进行偷袭的同伴的一种配合。这是由一两个进攻队员利用自己奔跑的速度和同伴长传球的速度超越防守来完成的。

2. 短传快攻

短传快攻是队员在防守中获球后,立即以快速的奔跑和短促的传接球逼近对方篮下进行攻篮的一种配合。短传快攻虽然在速度上比长传快攻慢,参加的人数多,但比长传快攻配合灵活而且变化多。

3. 运球突破快攻

在防守中获球后,在不便于传球的情况下,应快速运球推进,创造或寻找配合机会,以提高快攻的速度和威力。这是一种个人攻击在快攻中的积极行动,在推进时,运球和传球要密切配合。注意防止盲目的个人运球,以免影响快攻战术的质量。

(二)快攻的组织结构

快攻是由发动与接应阶段、推进阶段和结束阶段组成的。

(三)运用快攻的时机

(1)抢到防守篮板球发动快攻:当进攻队投篮或罚球不中时,防守队抢到篮板球后发动快攻。

(2)掷后场界外球快攻:当对方违例、失误或投中、罚中后要利用掷后场端线、边线球的机会发动快攻。

(3)抢到或断到球发动快攻:抢到或断到进攻队的球后应立即发动快攻。

(4)中、后场跳球快攻:利用上、下半场开局时的跳球和争球时的跳球获球后发动快攻。

(四)快攻教学与训练

(1)抢篮板球后发动快攻与接应的练习。
①让队员熟练接应第一传跑动路线的练习。
②提高快攻配合意识的练习。
③培养队员在移动中抢篮板球和机动接应的快攻配合练习。
④提高在防守情况下第一传与接应的快攻配合。
⑤加长一传距离与接应的配合。

(2)掷后场界外球的发动快攻与接应的练习。
①加强从边线发球快攻的意识。
②加强从端线发球快攻的意识。

(3)断球后发动与接应的练习,这种快攻经常使对方来不及防守,从而提高反击成功率。

(4)跳球时发动与接应的练习,跳球时的发动与接应,取决于队员与其他队员的默契配合。

(5)快攻配合推进阶段的练习。
①两人交叉跑推进练习。
②运球推进中结合传球练习。

(6)三人交叉推进配合。

(7)快攻配合结束阶段的练习,在快攻结束配合中,队员要保持冷静的头脑,要机智果断地做出传球或投篮的决定,既不要操之过急,又不要错失良机,投篮后必须跟进抢篮板球,做继续攻篮的准备。
①二攻一、三攻二的练习。
②二攻二守的练习。
③三攻三守的练习。
④四守三攻的反攻练习。

三、防守快攻

防守快攻是防守战术中的重要组成部分,防守快攻以积极拼抢前场篮板球为前提,若对方获篮板球后,则应积极堵截其第一传的发动与接应,在逐步退守中,要进行中场堵截,采用"堵中间,卡两边"的办法,并切断队员与接应队员之间的联系,在后场防守中还要掌握以少防多的能力,并在此基础上争取迅速组织阵地防守战术。

(一) 防守快攻的方法

(1) 提高成功率，拼抢篮板球，在防守快攻发动中，提高进攻的成功率和拼抢篮板球不仅可以抑制对方发动快攻的次数，并且对本队由攻转守和组织好防快攻战术起着重要的作用。

(2) 堵截快攻第一传和接应，有组织地堵截快攻的第一传和接应，是制止对方发动快攻的关键。破坏对方发动快攻的路线也取决于封堵一传和接应。

(3) 对方队员抢获篮板球后运用二夹一进行封堵第一传。

(4) 防守快下队员：防守快攻时，除积极拼抢篮板球，堵截第一传和接应外，在退守过程中，还需注意防快下队员。

(5) 提高以少防多的能力。当对方快攻推进时，防守队往往不能及时地后撤防守而形成以少防多的局面。为了防止这种局面的出现，防守队员要积极地移动，运用假动作进行干扰，并选择和占据防守的有利位置，给进攻队员制造种种困难从而造成对方的失误，或延误其进攻速度为同伴争取退守的时间。

(二) 防守快攻的教学与训练方法

(1) 三对三堵截快攻发动与接应的练习，加强拼抢篮板球和堵截快攻发动的意识。

(2) 三对三夹击第一传接应的练习。

(3) 防长传快攻的练习。

(4) 半场一防二的练习，全场一防二的练习，目的是培养防守者积极移动和运用假动作的能力。

(5) 半场二防三的练习，目的是提高相互补位的协同配合能力。

(6) 全场二防三的练习，目的是提高行进间以少防多的判断能力。

(7) 全场三对三，五对五的练习，目的是提高掌握攻守转化速度的能力。

四、半场人盯人防守

半场人盯人防守战术是在篮球比赛中由进攻转入防守时，全队有组织地迅速退回后场，在半场范围内进行盯人防守的一种全队战术，是篮球运动中各种防守战术的基础。半场人盯人防守战术，是以个人防守为基础，综合运用挤过、穿过、换防、关门、夹击等防守基础配合所组成的全队战术。

(1) 防守原则是："以人为主、人球兼顾"，控制对手，强调防守的整体性、攻击性、伸缩性和针对性。

(2) 对持球队员的防守要紧，特别是持球队员在近篮区域，要控制对手的投篮、传球和突破。

(3) 对无球队员的防守，应按照"球—我—他"的选位原则，根据对手距球或篮的远近，抢占有利位置，错位防守，控制对手接球。"近球紧，远球松"，注意相互协防。对手空切时，要按"向球或向篮封堵其前，背篮或背球封堵其后"的原则进行堵截和跟防。

(4) 在个人控制住对手的基础上，要随时观察场上队员的攻防情况变化，准备及时协防、补防、夹击和抢断球，有效地控制防守区域。队员之间要相互呼应，加强联系，密切协作，破坏对方的进攻配合，共同组成全队部署，完成全队防守任务。

(5) 半场人盯人的分工，一般是根据防守的位置、防守能力和身体条件来确定的。如后卫防前锋，中锋防中锋，前锋防后卫，强防强，弱防弱，高防高，矮防矮，快防快，慢防慢等。

五、进攻半场人盯人防守

(一) 进攻半场人盯人防守的基本要求

(1) 思想上要有所准备，沉着冷静。
(2) 队员在场上要保持一定距离或分散队形，拉大防区以便于各个击破。
(3) 根据双方情况，扬长避短，发挥自己优势，有所侧重地组织进攻。控球队员不要急于处理球，特别应注意不要在边、角处停球，应积极组织队友运用传切、突分、掩护和策应等配合，争取局部突破，打乱其防守阵型，寻找战机。

(二) 进攻人盯人防守的练习与提高

(1) 理论上先了解人盯人防守的特点和原则，并在此基础上明确进攻的基本原则和要求等。
(2) 在个人防守技术技能的基础上，先教授进攻半场松动人盯人的战术配合，再逐渐加大难度进行练习。要注重提高防守的伸缩性。
(3) 先在无球状态下练习，然后再结合防守者的移动进行练习和巩固提高进攻的质量。防守者的防守难度应根据进攻者的水平逐渐加大，最后在比赛中检验提高。

六、全场紧逼人盯人防守

全场紧逼人盯人防守战术，是由攻转守时每个队员立即看守住邻近的对手，并在全场范围内紧紧盯住对手，以个人积极的防守和全队的协同配合，破坏对方进攻，

达到转守为攻的目的的一种攻击性、破坏性很强的防御战术。这种战术防守移动面宽，争夺激烈、速度快、强度大、配合意识要求高，能充分发挥队员的特长和有效地制约对方活动，打乱对方部署和习惯打法，造成对方心理紧张和技术失误，从而取得竞赛的主动权。因此它在现代高水平篮球比赛中被视为一种杀伤力最强、谋略性运用效果较好的篮球防守战术体系。

（一）全场紧逼人盯人防守战术的运用时机

（1）突然改变战术，出其不意、攻其不备，希望扩大战果或挽回败局。

（2）身材矮小，但速度快，灵活性较好的球队，与身材高大的球队比赛，为摆脱篮下被动的局面。

（3）对方中投准，控制球的能力和突破能力较差，不善于进攻。

（4）对方体力较差，为消耗对方体力。

（二）全场紧逼人盯人防守战术的基本要求

（1）统一思想，统一行动，积极主动，加强协作。

（2）由攻转守，要迅速就近找人抢占有利的防守位置，紧逼自己的对手，同时注意场上情况，及时协防。

（3）防守无球队员时，以控制对手接球为主，要及时抢占有利的防守位置和距离，迫使对手向远离球的方向移动；当同伴被突破时，要果断地进行堵截和补防。

（4）防守运球的队员，首先不让对方突破，若被对方突破，也要迫使对手沿边线运球并在边角停球，制造夹击机会。防掩护配合时，力争抢过和穿过防守，尽量减少交换防守。

（5）要设法诱使对手长传或高吊球，制造抢断球机会。

（6）每个队员要抢占有利的位置，紧逼自己的对手，人球兼顾，积极阻挠对手移动、接球、运球、投篮等进攻行动，严密控制，使对手被动或造成失误、违例。

（7）全队要相互呼应，前后、左右照应，充分利用堵截、夹击、换防、补防等配合，及时破坏对方的进攻配合，要近球紧逼，远球稍松。

（三）在攻防转换过程中开始进行的全场紧逼

通常在攻防转换的过程中开始进行的全场紧逼有下述两种情况：

（1）在攻进一球或球出界后，让每名球员盯住自己的人。

（2）在被抢到篮板，被抢断或在攻防转换中失误后，每名防守球员只要就近防守对方球员，而不是试图跑开去盯防先前指定要盯的球员。任何错位的发生通常都

是出于立即进行紧逼和防止快攻。如果进攻推进到半场了，防守球员回防时可以在适当的时候换位。

七、进攻全场紧逼人盯人战术

进攻全场紧逼人盯人战术，就是根据全场紧逼人盯人防守的特点，以进攻半场人盯人防守配合为基础，扩大到全场范围内，运用运球突破等个人技术和传切、掩护、策应等几个人之间的配合所组成的一种全队战术。为了能有效地应对全场紧逼人盯人防守，首先要对这种防守战术的特点和规律有充分的了解和认识，并能针对这种防守战术的队员分散、个人防守区域大、不便于协防等弱点，结合本队的情况组织全队进行进攻配合。在转攻时要争取在对方未构成集体防守布局时就迅速发动攻击。要迅速摆脱防守，利用传切、突分、掩护、策应等进攻基础配合，瓦解对方士气，争取进攻的主动权。

（一）进攻全场紧逼人盯人防守的基本要求

（1）当对方采用全场紧逼人盯人防守战术时，首先要保持清醒的头脑，要沉着冷静，不慌不乱，按原定部署抓住战机组织进攻。

（2）进攻队员在场上的位置分布，要注意保持一定的间隔距离，拉开对方的防区，避免对方的协防和夹击。应多采用传切、策应配合。如果采用掩护时，应多做无球队员间的掩护，以免被对方队员夹击。

（3）队员要积极主动迎前接球，接球后要注意保持身体的平衡，以便迅速衔接下一个动作，不要轻易运球。传球时要多用短传，避免横向传球，尽量少用高吊球和长传球。

（4）要掌握好进攻的节奏，队员的动作要突然，争取中路突破，不要盲目运球，运球后要避免在边角处停球。

（5）若被夹击，要注意降低重心保护好球，尽量利用跨步、转身扩大活动范围，及时将球传出。遇到同伴队员被夹击时，要及时接应，帮助同伴摆脱，或及时接球。

（6）根据本队特点，争取从后场开始组织连续配合开展进攻，创造突破机会，造成以多打少的局面。

（二）进攻全场紧逼盯人的方法

1. 固定战术配合

进攻全场紧逼盯人时，由发界外球开始，就要组织固定配合发动进攻，为接应一传创造有利的条件，较容易造成直接得分。

2. 两侧同时掩护进攻配合

3. 运球突破进攻

它是进攻紧逼盯人的一种个人战术行动,在比赛中正确、合理地运用,能有效地压缩防区,及时突破防守,打乱其防守阵型,再局部形成以多打少的局面,或造成直接得分的机会。

4. 掩护进攻配合

当进攻队难以用迅速突破或传切配合摆脱防守时,应有组织地运用掩护配合,借以摆脱防守达到进攻的目的。

5. 策应配合进攻

当持球队员推进到中场附近,不能再继续向篮下移动时,中锋或临近中线或罚球线的队员,应主动移动做策应配合。

八、区域联防

区域联防,顾名思义,乃联合防守之意。它分为站位联防和对位联防,如果与盯人结合,还可以变化成混防(混合防守),联防与盯人的最大不同,就是盯人以盯人防人为最终目的,而联防则以防球为最终目的。把区域联防和人盯人防守两种战术融为一体,比人盯人防守更具有集体性,比区域联防防守更具有针对性。

(一) 区域联防的站位阵型

依据防守队员的站位形式,通常将区域联防分为2—1—2联防、2—3联防、3—2联防、1—3—1联防及对位联防等几种。其中2—1—2联防是最基本的区域联防。

(二) 区域联防的基本要求

(1) 根据区域联防的形式和队员、对手的特点等合理分配防守区域,最大限度地发挥队员在各自防区的作用。

(2) 由攻转守时,除积极阻止对方的攻势外,应有组织地快速退守和及早落实防守位置。

(3) 每个队员必须认真负责各自的防守区域,积极阻挠进入该防区的进攻队员的行动,并根据球的方位调整队形进行联合防守。

(4) 对有球队员应按盯人方法紧逼防守,其余防守队员应积极移动,调整队形进行协防或补防,做到人球兼顾。

(5) 对无球队员的穿插移动,要根据其离球的远近和队友的位置积极抢位、堵截和护送,并及时与队友呼应联系,不让对手向有威胁的区域移动或接球。远离球

的防守队员应起指挥作用。

(6)进攻队员投篮后,每个防守队员都应积极堵位和抢位,有组织地争抢篮板球并及时发动快攻。

九、进攻区域联防

进攻区域联防是针对区域联防的特点、阵型和变化所采用的进攻方法,是篮球进攻战术系统中的重要组成部分。

(一)进攻区域联防的阵型

进攻区域联防的阵型是指针对区域联防的阵型而采用相应的进攻阵型。确定阵型的原则是根据进攻的点、面,合理部署队员占据联防的薄弱地区,避免与防守队员形成一对一的站位,在局部区域形成以多打少的优势,并始终保持攻守平衡。

(二)进攻区域联防的基本要求

(1)多组织快攻。
(2)根据区域联防的阵型,有针对性地落位,重点攻击薄弱区域。
(3)通过多传球、快传球、突破分球等打乱防守队形,寻找战机。
(4)多运用中远距离的投篮逼其扩大防守范围,争取篮下空间。
(5)积极组织前场篮板球争取二次进攻机会,并注意保持攻守平衡,及时退守。

(三)进攻区域联防的教学训练

(1)理论上先明确进攻区域联防的基本原则和要求。
(2)重点选择阵型进行进攻。
(3)根据防守的阵型和敌我双方队员的具体特点,确定进攻战术方法和队员位置分工。
(4)结合区域联防进行进攻练习,注意逐渐提高防守难度。
(5)结合快攻受阻转为阵地进攻时练习攻防。
(6)在比赛中检验提高。

第五节　高校篮球身心素质的培养

一、篮球人才身体素质培养

(一) 篮球力量素质训练

1. 力量素质的种类

按照不同的分类标准，篮球力量素质训练的种类也有所不同，篮球力量能力主要反映肌肉收缩的最大力量、速度力量和力量耐力。

篮球力量素质的训练在篮球运动中占有首要的位置，其力量训练水平的高低会直接影响其他素质的训练。发展和提高力量素质，可以有效预防肌肉拉伤及运动事故的发生，同时能够保证心理素质、拼搏精神方面有所提高。总而言之，篮球运动员的力量素质训练对篮球运动具有十分重要的作用，是提高比赛成绩的重要保证。

(1) 最大力量

最大力量(绝对力量)，是指无论体重大小，身体或身体某一部分肌肉克服最大阻力的能力。最大力量是随着肌肉体积的增加而提高的。

(2) 速度力量

速度力量，是指短时间内肌肉为克服阻力而发挥的强大力量。速度力量是速度和力量相结合产生的特殊力量。通常所说的爆发力就是典型的速度力量，要求运动员在运动时，能够在短时间内发挥出最大力量。肌肉在运动时克服阻力的过程中，阻力越大，速度越慢。

(3) 力量耐力

力量耐力，是指运动过程中能够长时间地保持克服肌肉阻力，并且准确有效地工作的能力。阻力大小会影响运动时间的长短，阻力较小，运动时间才能持续加长，或重复尽可能多地克服阻力的次数。

以上三种力量素质训练中，最主要的是发展速度力量(爆发力)，这也是篮球力量素质训练的核心，另外两种力量素质都要围绕这一核心进行训练。

2. 力量素质训练方法

(1) 一般力量素质训练的方法

肌肉收缩主要表现为四种基本形式，即离心的退让性收缩、向心的克制性收缩、等动收缩与等长收缩。前三种肌肉收缩形式可归为动力性工作，而等长收缩则属于静力性工作。根据肌肉收缩的形式，一般力量训练主要有四种方法：静力性力量训练、动力性力量训练、等动训练和超等长训练。

①静力性力量训练

静力性力量训练又称为等长训练，是肌肉在对抗固定阻力时产生的力量维持和固定肢体于一定的位置和姿势，不会产生明显的位移和运动的一种训练方法。在篮球运动训练中，负重半蹲是运动员常常采用的静力性力量训练方法。

②动力性力量训练

动力性力量训练又称为等张训练，是肌体在等张收缩时所产生的力量使肢体产生位移，从而使人体或器械产生加速运动的一种训练方法。肌肉这种工作形式属于向心收缩工作，长度缩短，在工作的过程中，随着活动肢体关节的改变，肌肉在缩短过程中张力也发生变化。动力性力量练习主要有两种类型：一种是大负荷、少次数，主要用于发展一般力量和爆发力；另一种是小负荷、多次数，主要用于发展力量耐力。

③等动训练

等动训练是在整个关节活动的范围内，肌肉群始终以最大张力收缩，而速度保持恒定的训练方法。等动训练需要专门的器材才能进行，如等动练习器等。

④超等长训练

超等长训练是一种能使肌肉产生牵张反射的力量训练方法。超等长训练对于发展爆发力具有良好的效果，其中"跳深"练习是最典型的训练方法。

（2）专项力量素质训练的方法

①最大力量训练方法

篮球运动最大力量训练主要有以下两种方法：通过增大肌肉生理横断面增加肌肉收缩力量；改善肌肉内协调能力，提高神经系统指挥肌肉工作能力，动员更多运动单位参加工作。在最大力量训练中，应先增加肌肉生理横断面的力量训练，然后进行肌肉内协调能力的训练。

②速度力量训练方法

在篮球力量训练中，速度力量具有速度和力量两方面的综合特征，只有最大力量与速度都提高，才能取得速度力量训练的最佳效果。篮球运动员速度力量的训练方法主要包括两种：负重练习和不负重练习。

（二）篮球速度素质训练

1. 速度素质的种类

篮球速度素质训练中，速度素质的种类可分为三种，即动作速度、反应速度和移动速度。这三种速度素质是相互依存，同时又相互独立的。其中发展动作速度与移动速度的前提是反应速度的提高，动作过程的快慢受动作速度和移动速度的直接影响。

(1) 动作速度

动作速度是指运动员快速完成单个动作或成套动作的能力，如篮球运动员持球突破、防守移动和三步上篮的时间。

各环节中枢神经系统的传递速度对动作速度的影响很大，如兴奋冲动强度大，加之传递速度快，协调性好，即指挥的能力强，动作速度必然快。另外，人体各器官系统的准备状态对动作速度的快慢也有一定的关系。

(2) 反应速度

反应速度是指运动员对种种外界刺激(声、光、触等)快速应变的能力，也就是做出反应的潜伏时间。信号通过神经系统传递的时间长短决定了反应速度发挥的效果。这在运动中又称为反应时长，反应时长反应速度慢，反应时短反应速度快。

(3) 移动速度

移动速度是指在单位时间内移动距离长短的能力，它综合体现了三种速度综合运用的能力，而且受一定因素的影响，如力量、耐力、柔韧性以及动作技术的影响。篮球运动员位移的快慢，往往受起跑的快慢（听到哨声后的反应速度）、跑的动作频率、腿部力量、柔韧性、跑的技术以及后程的耐力等多种因素的影响。

篮球运动三种速度素质的训练直接影响着技战术的发挥效果。因此篮球运动员在进行移动速度训练时，应充分将三种速度素质的训练结合起来。

2. 速度素质训练方法

篮球运动员不能只采取单一的手段进行速度素质训练，要与其他手段结合起来，比如，发展最大力量、速度力量和完善动作技术(启动、滑步和急停等)结合。根据篮球速度素质训练的分类，有以下几种训练方法：

(1) 反应速度训练的方法

运动员在反应速度的训练上，可以与篮球相关专项训练结合起来，在进行反应速度训练的同时要注意几个方面：第一，对各种专项动作能够熟练地掌握，提高人体的积极感知能力，缩短反应时的潜伏期；第二，缩短各环节的运动时间。尤其是关键环节的反应时间，篮球运动员可采用起动跑、运球起动、追逐球等方法进行速度素质训练。发展反应速度的方法主要有以下几种：

①增强完成专项动作的能力，增加技术动作的信息量，提高人体对技术动作的感知能力，培养运动意识，缩短反应时的潜伏期。

②运动员根据动作、声音、哨声和口令等突然发出的信号做出及时的反应。

③运动员可以进行视觉反应的训练，如对移动目标的训练。运动员看到目标后要做出正确的应答反应。

④在练习中通过有意识地增强外部刺激因素，使运动员迅速做出反应。

⑤选择性练习。把几种信号规定好后，发出任何一个信号时，运动员都要做出符合规定的反应。

(2) 动作速度训练的方法

在发展动作速度的训练中，要重点提高关键技术环节的速度。篮球运动员在训练动作速度时要注意几个方面：首先，对单个动作的关键技术和组合动作的衔接上，要反复地加强动作速度的训练；其次，提高动作频率，可采用缩短规定完成次数的时间，或在规定时间内完成动作的次数。篮球运动员动作速度的发展主要包括以下几点：

①减小阻力的训练，如顺风、下坡跑和减轻器械的重量等练习。

②在规定的训练时间和空间上提高动作速度，如进行半场训练，在规定的时间内完成规定的数量。

③尽量以最快的速度完成专项练习，如小步跑、高抬腿跑和后蹬跑等，或进行一些爆发力的专项练习，这些辅助的练习都有助于提高动作速度。

④反复练习单个动作和组合动作的衔接动作，提高动作速度，缩短动作时间。常用的练习方式有快速出手投篮和传球时手指手腕爆发用力。

(3) 移动速度训练的方法

在篮球运动中，影响篮球运动员移动速度的主要因素有运动的频率和技术动作的幅度。因此，应重点抓住运动频率和技术动作幅度的训练。运动频率的训练是在保证一定动作幅度的情况下，通过改进技术，提高素质，在一定时间内尽量多地完成各种动作次数；改进技术动作可以有效地改善动作的幅度，提高肌肉的伸展性、肌肉的力量素质以及关节的灵活性，充分利用运动员的自身条件。

(三) 篮球耐力素质训练

1.耐力素质的种类

耐力素质是指运动员在大强度、长时间的专项运动中抵抗神经、肌肉疲劳的能力。在篮球运动中，耐力素质是运动员必须具备的重要的基础素质。篮球运动员身体素质训练的耐力水平主要取决于：功能系统的机能能力，在比赛中有效地利用机能潜力的能力；疲劳情况下的意志品质。

篮球运动员具有良好的耐力素质，有利于比赛中保持旺盛的精力和斗志，保证篮球技术动作的正常发挥。运动训练过程主要克服因肌肉工作引起的体力上的疲劳。在篮球运动中，耐力素质的提高是影响运动成绩提高的重要因素，一般来说，篮球耐力素质主要有以下几种分类方法：

(1) 从器官系统进行分类

生理学上将耐力素质分为肌肉耐力和心血管耐力两种类型。从供能特征角度进行分类，又可分为有氧耐力、无氧耐力以及有氧和无氧混合耐力。

①有氧耐力

有氧耐力是指供给机体的氧气足够充分的情况下，保持较长时间工作的能力。有氧代谢能力主要可分为氧气的吸收、运输和利用的有关机体特性的综合。篮球运动员进行有氧耐力训练的目的在于提高运动机体输送氧气的能力，促进有机体的新陈代谢，为以后的负荷量增加创造有利的条件。

②无氧耐力

无氧耐力是指供给机体的氧气不足的情况下，保持较长时间工作的能力。无氧耐力工作是在机体长时间处于供氧不足的状态下进行工作，因此进行无氧耐力训练的主要目的就是提高运动员机体承受氧债的能力。

③有氧和无氧混合耐力

有氧和无氧混合耐力是介于无氧供能和有氧供能之间的一种耐力。其特点是持续时间在有氧耐力和无氧耐力之间。

(2) 从训练学进行分类

从耐力素质与篮球运动的关系方面进行分类，可分为篮球一般耐力训练和篮球专项耐力训练两种类型。

①一般耐力素质训练

一般耐力是指一种多肌群、多系统长时间工作的能力。无论专项特点如何，一般耐力素质的训练都有利于耐力效果的提高。但是，由于一般耐力的综合表现形式有所不同，对篮球运动来说，对一般耐力训练的要求也有所不同。因此，篮球运动员应充分将一般耐力和专项耐力相结合进行训练。

②专项耐力素质训练

篮球专项耐力是指运动员根据专项的要求和比赛的特点，运动员长时间的、高强度的工作能力。在篮球运动中，有氧代谢状况、能源物质储存以及支撑运动器官对长时间大强度工作的承受能力，决定了篮球运动员的无氧耐力水平。

篮球运动员在进行专项耐力训练时应注意安排长时间专项对抗练习或加大防守和进攻技术训练强度，以提高在疲劳情况下运用技、战术的能力。

2.耐力素质训练方法

(1) 无氧耐力训练的方法

①非乳酸供能练习法

训练的负荷强度在90%～95%，训练时心率能够达到180次/分钟以上，练习持

续时间是 3~8 秒，重复次数 2~4 次，练习组数 3~5 组。如 30 米快跑，每组 3 次跑 4 组，每次间隔 1~2 分钟，组间休息 7 分钟左右。

②乳酸供能练习法

训练强度一般达到身体负荷的 80%~90%，心率可达到 160~175 次/分钟，一次的训练时间可控制在 35~120 秒，训练 2~4 次，训练 3 组左右，组间休息 15 分钟左右，如 200 米跑 3 次一组，训练两组，每次跑的间歇时间要一致，之后也可逐步地缩短间歇时间。

(2) 有氧耐力训练的方法

①进行连续训练和间歇训练

连续训练和间歇训练的方法要根据运动员的最大摄氧量进行训练。最大摄氧量是有氧代谢能力的基础，是指身体发挥最大功能水平，每分钟摄入并供给组织细胞消耗的氧气量。在进行有氧训练时，可以把最大摄氧量作为确定运动强度的参考指标。对于运动员来说，训练的运动强度相当于 70%~80% 的最大摄氧量。

②运用无氧阈进行训练

无氧阈是由有氧代谢供能逐步过渡到无氧代谢供能的转折点，这一转折点相当于一般人心率在 140~150 次/分钟时的运动强度。即体育锻炼时心率在 150 次/分钟以下，主要是发展有氧耐力；心率在 150 次/分钟以上，则主要是发展无氧耐力。因此，发展有氧耐力的训练，其心率均不会超过 150 次/分钟。

(四) 篮球灵敏素质训练

1. 灵敏素质的种类

所谓灵敏素质，是指运动员能够迅速、准确、协调地在各种突然变换的条件下完成动作的能力。灵敏素质是运动技能、专门的运动感觉和各种素质在运动中的综合表现。篮球运动员的灵敏素质实质上是经过视觉感受在大脑皮层神经过程的转换，在各种突然变化的情况下，运用已形成的技术动作。也就是说，篮球运动员的灵敏素质必须具备快速的反应过程和较准确的运动过程。在篮球运动中，灵敏素质有助于运动员掌握和运用各种复杂的技、战术以及提高场上的应变能力。灵敏素质主要可分为一般灵敏素质和专项灵敏素质两种类型。

(1) 一般灵敏素质

一般灵敏素质是由力量、速度、协调、反应性等多种素质组合而成的，它是专项灵敏素质发展的基础。只有全面增强运动的各种素质，才能提高其灵敏素质，因此要对各方面身体素质的发展重视起来。

(2) 专项灵敏素质

专项灵敏素质，是指运动员在专项运动中，能够迅速、准确、协调地完成各种技战术的能力。专项灵敏素质是通过长期的专项技战术水平的训练，并在一般灵敏素质训练的基础上不断提高和发展的。不同专项对灵敏素质的要求不同，篮球一般要求突然启动、躲闪、迅速改变身体位置、切人、运球过人、跳起空中投篮、争夺篮板球等方面所表现的灵敏素质。

通常情况下，应首先训练篮球运动员的视觉判断能力，其中包括视觉反应能力、掌握动作的能力、节奏感以及平衡能力等。这就要求在进行技战术训练和专项训练过程中，运用特殊的方式，提高反应速度的练习。提高篮球运动员神经系统迅速集中和分散的能力，使大脑皮层的灵活性与神经过程的转换能力都得到进一步提高。

2. 灵敏素质训练方法

在篮球运动中，各种专项技术练习和辅助练习，各种脚步动作的转换练习，传接各种难度的球，抢断球游戏，绕过障碍的接力赛，接地滚球，各种滚翻，手翻，模仿练习和闪躲，以及在快跑中根据信号进行启动、转身跑、后退跑和改变方向跑等，都能够有效地发展运动员的灵敏素质。此外，灵敏素质是综合素质的体现这一特点，应全面地发展篮球运动员的身体素质，重点培养掌握反应能力、动作能力、平衡能力等。主要有以下几种训练方法：

(1) 根据不同信号，运动员分别做快速启动、变速、制动、变向及跳跃、滚动等动作。

(2) 在跑、跳中做迅速改变方向的各种跑、躲闪、突然启动以及各种快速急停和迅速转身等练习。

(3) 固定转换体位的练习，如各种穿梭跑、8字跑和折返跑等，这些练习主要发展人体的基本灵敏能力。

(4) 器械、武术、体操中的一些复杂动作练习，以及速度、动作、力量、高度、方位等经常变化的不对称练习和各种球类活动。

(5) 专门练习，如立卧撑跳转180°连续进行、上步纵跳、左右弧线助跑、单腿起跳、旋转360°连续进行等。

(6) 做复杂多变的综合练习，如用"躲闪跑""之字跑""穿梭跑"与"立卧撑"多项组成的综合性练习。

(7) 进行最有利的篮球专项移动动作的姿势的练习，以提高身体平衡和身体重心的转移能力。如持球的基本姿势，防守的基本姿势，采用交叉步、滑步、抢断球、变速跑、变向跑等发展身体重心的转移能力。

(五)篮球柔韧素质训练

1. 柔韧素质的种类

柔韧素质是指人的各个关节活动幅度的大小及肌肉、韧带、皮肤和其他组织的弹性及伸展能力。其中各关节的活动幅度受肌肉和韧带的伸展能力的影响较大,但关节的活动幅度更受关节结构的制约。

篮球运动是一项综合性很强的运动,它要求运动员技术动作不仅能够充分伸展,而且要收缩自如;动作既要有力,又要协调。为此,要加强各关节的训练,特别是腰、胯、肩、踝关节韧带的训练。发展柔韧素质不仅可以加大动作幅度,使动作更舒展、优美,还能加大动作力量,减少受伤的可能性。因此,运动员必须正确地进行柔韧素质的练习,这对于提高运动技术水平具有更重要的意义。

(1) 从柔韧素质与专项的关系进行分类

一般而言,柔韧素质从其与专项的关系看,通常可分为一般柔韧素质和专项柔韧素质两种。

①一般柔韧素质

一般柔韧素质是指能够适应各项目技战术训练素质的一种能力。可以说它包括机体各关节的活动幅度和肌肉、韧带的伸展性。

②专项柔韧素质

专项柔韧素质是指根据各专项的运动特点,能够使用特殊的柔韧素质的能力。专项柔韧素质是提高技术能力所必须掌握的素质。因为根据专项不同,要求各方面的柔韧素质也不同,在幅度、方向等表现上也有差异。运动员各关节的活动幅度的大小和各部位肌肉、韧带的伸展性都能通过专项运动表现出来。因此,人们才根据专项的不同需要将柔韧素质分工为一般柔韧素质和专项柔韧素质两种类型。专项柔韧素质是建立在一般柔韧素质基础上的,良好的一般柔韧素质有利于专项柔韧素质的提高。

(2) 从柔韧素质外部运动状态的表现进行分类

柔韧素质从其外部运动状态的表现看可分为静力性柔韧性和动力性柔韧性两种。

①静力性柔韧性

所谓静力性柔韧性,是指肌腱、肌肉、韧带根据静力性技术动作的需要,拉伸到动作所需要的位置,并控制停留一定的时间的能力。但是静力性柔韧性的好与动力性柔韧性的好坏没有一定的关系。

②动力性柔韧性

所谓动力性柔韧性，是指肌肉、肌腱、韧带根据动力性技术动作需要，拉伸到解剖学允许的最大限度能力，随即利用强有力的弹性回缩力来完成所要完成的动作。一切爆发力前的动作拉伸，都属于动力性柔韧性。动力性柔韧性建立在静力性柔韧性的基础上，但必须要有力量素质的表现。

(3) 从完成柔韧性练习的表现上进行分类

从完成柔韧性练习的表现上看，柔韧素质又分为主动柔韧性和被动柔韧性。

①主动柔韧性

主动柔韧性是指人主动运动中表现出来的柔韧素质水平。主动柔韧性同时反映了对抗肌的可伸展程度和主动肌的收缩力量。

②被动柔韧性

被动柔韧性则是指在外部环境和外力作用下表现出来的柔韧水平。通常情况下，被动柔韧性要优于主动柔韧性，保持这种微小的差距，说明柔韧性的发展水平很平衡。

除此之外，从柔韧素质在身体不同部位的表现看，柔韧素质又可分为上肢柔韧性、肩部柔韧性、下肢柔韧性、腰部柔韧性等。

2.柔韧素质训练方法

篮球运动员进行柔韧性训练的主要目的是改善肌肉的伸展性和弹性，提高运动技术的动作灵活性和动作幅度，预防和减少运动损伤现象的发生。柔韧性训练的常用方法主要包括主动训练法、被动训练法和混合训练法三种。

(1) 主动性训练法

主动性训练是指通过人体肌肉快速收缩所获得的惯性，达到让肌肉的各个放松部位获得牵拉和伸展的目的。

①通过肢体的各种摆和振动，如各种绕环、踢腿、推墙等，增强拉伸肌肉和韧带的效果。

②发展小肌群力量，使放松的对抗肌和参加完成动作的肌群协调配合，并利用惯性，最大限度地提高关节的柔韧度。如在进行手腕力量训练时,使手背肌群放松，并使手背肌群牵拉，爆发性惯性越大，肌群拉伸越大。

(2) 被动性训练法

通过身体的辅助器材、重力和同伴的协助，使肌肉韧带托长的锻炼方法称之为被动性训练方法。

①采用负重和不负重的悬垂练习。例如，利用器械的重力悬垂，把重物放在直角压腿的膝关节下，拉长大腿的后群肌肉；利用身体的重力做单杠、双杠、肋木上

正反肩关节的悬垂练习；轻负荷的提拉，下放时对脊柱后群肌有拉长作用。

②采用两人互助的手段，维持某一动作姿势。例如，一人平躺在地上挺直，抬举双腿放在另一人肩上，用臂或肩向前下方推压，进行直角压腿练习。

(3) 混合性训练法

混合训练法是指在自主肌肉收缩和外力作用的共同影响下，共同加大拉伸效果。例如，直角悬垂压腿，既利用上体的重力下压，又通过腹肌的收缩加力，让腹后肌群拉长；负重仰卧起坐的前压腿练习，对脊柱腹后肌群、后群肌肉和韧带的牵引作用良好。

二、篮球人才心理素质培养

(一) 一般心理训练的方法

1. 表象训练

篮球运动员的表象训练是运动员有目的地、积极地回忆已经形成的动作表象，并将动作进行重复、回顾、改正和发展，能够创造出新的动作。它具有将原有的暂时神经联系恢复，引起相应的肌肉活动，产生正确的动力定型效应，从而使动作的熟练掌握加快和难度动作的回忆作用加强。篮球运动员在进行表象训练时要保持高度集中的注意力，每次表象训练的时间最多不要超过5分钟。

2. 专门化训练

篮球运动员的专门化感知觉是运动员篮球专项运动的某些特殊心理感受知觉。主要包括球感和时空感等。

(1) 球感

长期从事篮球运动，会使运动员产生一种专门化的知觉，而这种知觉就是球感。球感是一种复合知觉，它从侧面反映了运动员的各方面的身体素质，这种知觉只能在长期反复的训练中获得。因此，球感的好坏，是由能否坚持长期触球训练决定的。

(2) 时空感

篮球运动的时空感主要表现在运动员对时间、空间的判断能力。时间、空间感觉是紧密联系的。只有获得较强的时空感，运动员才能在比赛中获得主动权。篮球运动对预测反应、视动反应、选择反应等时空感训练有更高的要求，要求广阔的视野，对方位感和知觉都有较深的感受，对人和球的速度、移动、距离、方向等都要有准确的判断和把握。

3. 集中注意力训练

篮球运动员集中注意力训练主要有以下几种方法：

（1）集中注意形象训练方法：篮球运动员回忆日常技术动作的训练，并使注意力始终集中在动作形象上。

（2）集中注意内向训练方法：篮球运动员对自身内部的某种生理因素做出选择，并使之成为注意对象，进行指向和注意集中训练。

（3）集中注意自身动作训练方法：篮球运动员对自身的肌肉动作进行选择，并训练自己的注意力。

（4）集中注意模仿接近专项技术动作训练方法：运动员使自己的注意力稳定在单个或连续动作上。

4. 篮球运动员意志的训练

篮球运动员的意志训练是训练过程中刻意让运动员解决困难，达到对运动员心理状态的调节并从事预定项目活动的目的。培养意志品质，主要是通过克服实践中所遇到的种种困难来实现。进行意志训练，可运用以下几种方法：

（1）鼓励法

公开表扬训练中意志力表现顽强的运动员，并以其为榜样，以此激励队员去学习、仿效，从而培养运动员坚强的意志品质。

（2）刺激法

在篮球运动训练计划中，可以进行一些大负荷运动量的训练，使运动员能够在大强度训练下接受困难的挑战，只有这样才有利于增强运动员克服困难的勇气和信心。特别应在运动员疲劳状态下进行，对运动员的意志品质培养有积极的促进作用。

（3）强制法

教练员的命令、训练规定要求及竞赛规程中的规定等内容，不管运动员的想法，必须去完成。在这一过程中，逐渐培养顽强的意志品质。当然，在进行意志训练的过程中，只有运动员具有了培养意志的要求和愿望之后，各种客观外界的训练才能收到效果。

（4）篮球运动员意识的训练

篮球运动员的意识训练是一种形成运动技能的综合心理训练方法。它主要有以下几个步骤：

①建立正确概念，运用直观教学手段进行。

②肌肉控制，通过想象的方法，有顺序地控制肌肉部位进行放松。

③精神集中，在脑中清晰地产生动作结构，并停留一段时间。

④表象与运动器官的连接，视觉表象中将每一个动作都与自己机体中完成此动作的关节、肌肉的感觉相联系，直到两者的感觉相一致。

⑤对训练效果进行检查。

(二)比赛心理训练的方法

1.赛前心理调节的方法
(1)自我认知训练

篮球运动的自我认知训练,主要方法就是自我灌输法,其主要步骤是:暗示自己有足够的自信和实力去参加比赛;自己的技战术水平和体能状况足以使自己超水平发挥;自身战胜对手的方法;不受任何外部环境的干扰。

(2)心理适应训练

篮球运动中的心理适应性训练是一种促进参赛主体与其竞赛环境之间保持心理协调的心理训练方法。主要方法有:熟悉场地、设备的训练;适应生活的训练;适应裁判的训练;适应观众的训练;适应比赛气氛的训练。

(3)模拟训练

篮球运动中的模拟训练是在对比赛环境条件及对手特点进行了解和分析后,安排相同情况下的适应性训练。提高篮球运动员的临场适应性是模拟训练的主要目的,运动员可以通过模拟训练在头脑中建立起合理的动力定型结构,来应对比赛中随时改变的临场情况,充分发挥自己的技战术水平。其中模拟训练的具体做法有以下几个方面:

①模拟赛场气氛

在比赛过程中,现场观众的气氛往往会影响运动员的注意力,造成运动员注意力分散、比赛紧张。因此,要多制造比赛的气氛。如采用放观众噪声录音的形式,模拟比赛现场气氛,让运动员提高适应比赛的能力。

②改变赛场局势

随着篮球技战术水平的不断发展,场上的实际情况越来越复杂,经常会出现一些难以预测的情况,这就要求运动员有能够适应比赛现场局势的能力。可在平时的训练中有目的地改变赛场局势,如设计出教学比赛,先由一方大比分领先,然后将比分进行调换,或者当与对方同处高比分时,立即宣布最后1球决定胜负等。通过这种方法,可提高运动员稳定的心态和随机应变的能力。

③模拟对手

收集对手比赛的资料,如通过观看对手比赛的录像等,之后模拟对手的技战术打法,进行模拟比赛,让运动员适应比赛对手的节奏和特点,使运动员更有信心战胜对手。

(4)心理调节训练

篮球运动的心理调节训练是一种有意识调节运动员赛前不良心理状态的训练方

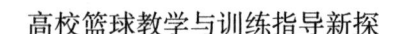

法，主要有以下几种方法：

①催眠放松训练

在比赛的隔日或当天由心理学专家将运动员引导至催眠状态，使运动员从赛前情绪紧张不安和恐惧感中解脱出来。

②赛前谈话

通过教练员与运动员的交谈，明确运动员比赛的目的和意义，鼓励和激发运动员赛前心态，提高亢奋的情绪，增强其参赛信心。

③生物反馈训练

篮球运动的生物反馈训练是一种借助电生理遥测，反映运动员的活动信息，并及时反馈给运动员，然后根据初期测定结果，按照塑造成型原则进行反应期训练以及脱离生物反馈仪的训练，提高调解自身情绪的能力，从而消除赛前过度紧张、焦虑等心理训练的方法。

④心理自我调节

如采用最舒适的放松姿势，通过对话，放松肌肉，调节植物性神经系统机能，以缓解赛前动机过强、神经高度紧张、过度兴奋等不良心理状态。

2.赛中心理调节的方法

(1)呼吸调整法

篮球比赛中，运动员通常会产生紧张的心理状态，会伴随着胸闷气短，呼吸急促、不均匀的症状。此时可采用吸气时肌肉紧张和呼气时肌肉放松相结合的交替呼吸法，达到消除紧张的目的。

(2)集中注意力法

当篮球运动员在比赛时遇到诸如观众、裁判、对手或同伴等劣性刺激时，要立即找出适合于自己集中注意力的对象，排除所有外界刺激，运用深呼吸和使肌肉紧张起来的方法，把注意力完全集中于将要进行的比赛中去。

(3)思维阻断法

比赛中，篮球运动员会因消极的思维而产生情绪紧张的心理状态，并且自己也察觉到时，可以采用积极思维来消除消极意识。例如，运动员由于开赛后的一次失误而不断出现消极思维时，运动员自身又能够意识到这种情况，此时运动员可以利用各种积极的方法，来消除消极的思想。

(4)自我暗示法

运动员在比赛时，如果出现情绪不稳定的状况，可以通过自我心理暗示的方法进行调节，如"我要冷静""我状态很好""我一定能够做好这个动作"等。达到稳定情绪，排除周围环境对自身的影响。

(5) 教练员榜样

篮球比赛时，教练员应冷静处理场上发生的不可预知的情况，做到临危不乱。从运动心理学角度来说，比赛的关键时刻，运动员也越容易出现紧张情绪。运动员总会在此刻向教练员投来探寻和求助的目光。此时教练员的一切身体动作和表情都会向运动员传递思想。一个鼓励性的语言表情，也会使运动员信心倍增；而一个无可奈何地摇头，就会使运动员失去比赛的信心。而且，教练员应有效地利用暂停、休息和换人等途径，根据场上的细微变化发挥自身的调控作用。

(6) 自我宣泄法

当情绪过度紧张时，可通过握拳、擦脸、跺脚等动作及喊声，并伴之一定的自我暗示，将紧张情绪宣泄出来，达到情绪稳定的目的。

3.赛后心理调节的方法

(1) 放松训练

放松训练是通过语言暗示，引起被训练者的肌肉放松，进而调节植物性神经系统的机能，使精神和肌肉都得到放松。随后再运用一定的语言进行自我动员，使其有亢奋的精神状态，进入最佳竞技状态。

放松训练的具体方法有：闭目静坐，全身上下逐级放松；深呼吸，做到呼吸均匀；连续20分钟后，慢慢睁开双眼。每天1～2次，饭后两小时后进行，此法对促使运动员心理能量的恢复有最佳的效果。

(2) 冥想训练

运动员在绝对安静的环境中，闭上双眼，仰卧平躺，把注意力从比赛中完全脱离出来并创造出轻松、舒缓的想象环境。每天早晚各一次，每次15～20分钟。这种方法可以加快恢复神经系统活动，对运动员的知觉力、反应力和灵敏性有很好的帮助，对强化抗外界干扰能力以及稳定情绪具有重要作用。

(3) 激情疏通训练

采用谈话、书写等形式给运动员提供合理宣泄自己内心过度愤慨、气愤、恼怒等不良情绪的渠道，解除其心中的抑郁。

(4) 弱化兴奋度训练

如赛后组织轻松、愉快的活动，消除因激烈竞赛在大脑皮层中的强痕迹作用，缓解大脑疲劳，降低兴奋水平，逐渐恢复正常心理状态。

第四章 高校篮球技术教学指导

第一节 高校篮球技术的概述

篮球技术是篮球比赛的基本手段，它不仅是篮球运动员竞技水平的体现，而且也是衡量一个球队水平高低的主要标志，是决定比赛胜负的重要因素之一。在篮球运动发展过程中，技术的发展是最活跃、最积极和最有推动力的根本因素之一。并且篮球运动的每一次变革、每一次飞跃都与技术的发展密切相关。篮球技术经历了由低级到高级、由简单到复杂、由低强度对抗到高强度对抗的演变历程，是推动篮球运动发展的原动力。在篮球比赛中，任何战术意图和战术方法的实现，都取决于队员是否熟练而准确地掌握相应数量的篮球技术，并能创造性地运用，而技术的创新又必然促进战术的发展，从而推动篮球运动不断地发展。只有经过千锤百炼的各种技术动作，才能在比赛中表现出运动员的技术。根据篮球运动攻守的特点，我们将篮球技术分为进攻和防守两大类。进攻技术有移动、投篮、传接球、运球、突破和抢篮板球；防守技术有移动、个人防守、断球、打球、抢球和抢篮板球。

一、篮球技术定义

在长期的篮球技术教学、训练、比赛实践过程中，人们对篮球运动中技术概念的理解经历了由深入浅、由感性到理性、由片面到全面的认识过程。现在被大家所普遍认同的是篮球技术是运动员为完成进攻与防守所采用的动作方法的总称，是篮球运动员竞技能力水平的重要决定因素。其包括移动、接球、传球、运球、投篮、抢球、打球、抢篮板球等动作方法，以及由多个动作组合所形成的动作体系。篮球运动的各种技术动作，都有着符合人体运动力学基本原理的标准技术及规范的技术要求，合理的、正确的篮球技术还要符合篮球竞赛规则的要求。但对每个运动个体来说，要依据运动员个人的生理学特点，选择和掌握具有个人特征的运动技术。

二、影响篮球技术提高的主要因素

篮球运动中技术发展是一个实践的过程，其受到多方面因素的影响和制约，比

如运动员综合素质，竞赛规则的变化，攻守对抗的激烈程度，比赛与交流，市场经济效应以及理论水平的发展与现代科技等。

(一) 运动员综合素质因素

运动员的综合因素发展直接推动着技术的变化和提高。比如，运动员身高的增长，身体素质、智力与心理品质、意志品质等综合素质的提高，都是篮球技术提高的基础。而良好的身体素质是运用技术的基础，身高是发展高空技巧的有利条件。身体素质与身高的结合，尤其是高大运动员与速度和灵活性的统一是现代篮球运动发展的必然趋势，历史资料显示现代篮球运动员的身高、体重指标和速度、力量等各项素质与20世纪50年代相比有了巨大的变化，这些变化为技术的发展奠定了扎实的物质基础，从而使比赛场上的攻守速度、弹跳高度、对抗强度与初期的篮球比赛相比产生了巨大的飞跃，高空接力扣篮、快攻扣篮、篮下对抗扣篮等一系列高难度技术动作应运而生。与此同时，人的主观因素的发展同样也为技术的发展开创了广阔的空间，运动员的知识水平、战术能力、心理品质等方面在几十年技术的发展演变过程中都获得了巨大的发展，人们对篮球运动规律认识的进一步深入都集中地反映到了篮球比赛中。

(二) 比赛规则的不断完善

篮球竞赛规则不断修改、完善，对篮球技术的发展起着促进作用。1936年国际篮联正式统一了篮球竞赛规则之后，每4年要修改一次，主要目的是限制不合理技术的发展。比如：限定空间、篮下、提高技术难度；限定时间、减少停顿次数、提高比赛速度和观赏性，篮球比赛3秒、5秒、8秒、24秒等时间规定出现与变化，减少了队员的停顿次数，提高了比赛的速度，带动了攻守技术向快速方向发展，提高了观赏性，使比赛更加精彩；现代篮球比赛场中设置的24秒计时器、比赛时钟的毫秒精度和电子录像的配合使用，可以使比赛最后的结果分秒不差；对犯规次数的限定也提高了防守技术水平。

(三) 攻守对抗的激烈程度

篮球比赛是进攻与防守的激烈对抗，攻、守对立统一规律决定两者的互相依存、互相制约和互相促进。为了更好地使篮球比赛对抗激烈、高潮迭起、快速多变，吸引更多观众欣赏和更多的身体接触与对抗，促使攻、守技术向更富有攻击性色彩的方向发展，提高人们的竞争意识和表现意识，人们在教学、训练、比赛实践中，更加注重组合技术动作的训练与强化，从而提高在对抗条件下完成动作的能力。20世

纪70年代以后，进攻和防守战术经过训练都达到了一个新水平，移动进攻要求个人进攻技术向全面、快速、对抗和高空作业技巧化方向发展；综合多变防守战术的广泛运用，促进个人防守更具攻击性和破坏性，防守水平有很大提高，各项篮球技术得到了发展与提高。

(四) 训练方法手段的变革

训练方法手段的改进与提高，增加运动员掌握技术动作的数量、增强技术动作间的衔接和熟练程度，使原有的技术动作产生变异和变化。篮球运动是一项集体的比赛项目，它所经历的教学、训练和比赛是在教师和教练员的指导下，在科研人员的辅助下科学地进行的，比如现代科技在篮球运动中的运用，如专业人员运用人体生理学理论与方法，运用计算机等先进设备对篮球技术进行分析、评价研究，对篮球技术的发展和提高也起到巨大的推动作用，同时伴随世界经济的发展，体育运动文化的广泛，不同篮球技术风格、特点、打法的出现，使教练员、运动员开阔了眼界，增进了了解。他们相互学习，相互借鉴，从而使人们在训练方法和指导思想方面获得了质的飞跃。教师、教练员、科研人员以新的思想方法、理论为指导，从教学到、训练，从改进到完善，从研究到创新，不断地提高训练的质量和效率，从而使篮球技术的发展不断取得新的推动力。

第二节　高校篮球进攻技术教学

一、移动

移动是篮球技术中攻防技术运用的基础。移动技术是队员在比赛中为了改变速度、方向和高度所采用的各种脚步动作方法的总称。在篮球比赛中，各种攻防技术动作的完成与运用，都需要脚步动作的配合。所以，要求篮球运动员在比赛中，积极快速地移动，合理运用各种脚步动作，充分占据有限的地面与空间，争取掌握攻防的主动。因此，在篮球技术教学与训练中，特别要重视移动技术的教学。

(一) 移动技术的分类

移动技术作为完成各项技术动作的基础，在篮球比赛中被广泛运用。移动技术的分类如图4—1所示。

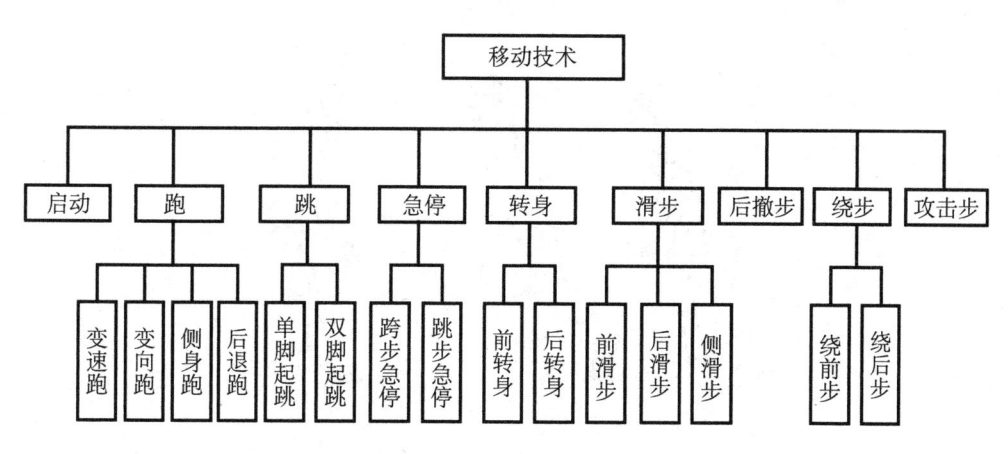

```
                          移动技术
   ┌──────┬──────┬──────┬──────┬──────┬──────┬──────┬──────┐
  启动    跑    跳    急停   转身   滑步  后撤步  绕步  攻击步
```

图4—1 移动技术分类图

（二）移动技术教学步骤

（1）移动技术教学顺序是：基本站立姿势、启动、跑、急停、转身、跳、滑步，其主要是遵循先易后难、先攻后守的顺序。

（2）移动技术的教学与练习步骤：应先在原地练习，让学生体会动作方法和难点，然后在慢跑中学习掌握正确的动作方法，在掌握各种移动技术之后，要结合一对一的攻守对抗练习，培养、提高学生运用移动技术的意识和能力。

（三）移动技术动作方法

1. 启动

启动是队员在球场上由静止状态变为运动状态的一种动作，是获得位移初速度的方法。突然、快速的启动既是进攻队员摆脱防守的有效方法，也是防守队员抢占有利位置、防住对手最有效的方法之一。

动作方法：从基本站立姿势开始，向前启动时，上体前倾，重心迅速前移，后脚前脚掌用力蹬地，结合手臂协调摆动，向前迈出第一步（如图4—2所示），启动后的前两三步步幅要小而快。向侧启动跑时，异侧脚前脚掌内侧蹬地，同时上体迅速前倾或侧转向跑的方向移动重心，手臂协调地摆动，充分利用蹬地的反作用力，迅速向跑的方向跑进。

图 4—2 起跑示意图

动作要点：身体重心迅速前移，猛蹬地，步幅小而快。

2. 跑

跑是为了完成攻守任务而争取时间的脚步动作，具有快速、突然、多变之特点。比赛中常用的跑有以下几种形式：

(1) 变速跑

变速跑是一种典型的利用节奏变化快速突破防守的移动步法，是队员跑动中利用速度的变换争取主动的一种方法。

动作方法：加速跑时，两脚要突然短促而有力地连续蹬地，同时上体稍向前倾，加快跑的频率；减速跑时，前脚掌用力抵地来减缓前冲力，同时上体直起，保证身体重心后移。

动作要领：掌握快慢节奏，速度变化明显。

(2) 后退跑

后退跑是队员在球场上背对前进方向的一种跑动方法。是队员在由攻转守时，为了观察场上情况而采用的一种跑步方法。

动作方法：后退跑时，脚跟提起，两脚提踵，用前脚掌交替蹬地提膝向后跑动，此时上体放松直起，两臂屈肘相应摆动，保持身体平衡，两眼平视场上情况。

动作要领：脚跟提起，上体放松，前脚掌用力蹬地。

(3) 变向跑

变向跑是队员在跑动中利用突然改变方向完成攻守任务的一种方法。变向跑常与变向后的快速跑结合运用，借以甩开防守，达到接球、抢位的进攻目的。

动作方法：在跑动中，向左变向时，右脚前脚掌落地（脚尖稍向左转），并且用前脚掌内侧用力蹬地，屈膝、腰部随之左转，上体向左前倾，快速移动重心，左脚向左前方跨出，然后加速前进（如图 4—3 所示）。而向右变向时，动作则相反。

图 4—3 变向跑示意图

动作要领：前脚掌内侧用力蹬地，重心转移要快，右脚上步快。

(4) 侧身跑

侧身跑是上体侧向跑动方向，脚尖对着跑进方向的一种跑动方法。队员向前跑动中为了观察球场上的情况，摆脱防守接侧向传来的球经常采用的一种跑动方法。

动作方法：在向前快速跑动中，头和上体向球或目标侧转，两脚尖要朝着移动方向，既要保持奔跑速度，又要完成攻守的动作。比如做切人时，面向球侧肩转体，用肩压住防守队员接球或护球，加速超越防守（如图 4—4 所示）。

图 4—4 侧身跑示意图

动作要领：上体前倾自然侧转，脚尖朝前，身体重心内倾。

3. 跳

所谓跳是在球场上争取高度及远度的一种动作方法。跳的方式一般有两种，分别是双脚跳和单脚跳。

(1) 双脚起跳

动作方法：起跳时，两膝弯曲降低重心，上体前倾，然后两脚用力蹬地，伸膝、提腰，两臂迅速向前上摆，使身体向上腾起。上体在空中要自然伸展，收腰，下肢放松。落地时，用前脚掌先着地，并屈膝缓冲身体下落的重力，保持身体平衡，以便衔接下一个动作。双脚起跳多一般在原地运用，也可以在上步、并步、跳步和助跑情况下运用。

(2) 单脚起跳

动作方法：起跳时，起跳腿微屈前送，脚跟先着地，并迅速屈膝过渡到前脚掌用力蹬地，同时提腰摆臂。另一腿快速屈膝上提，当身体达到最高点时，摆动腿自然伸直与起跳腿合并。落地时，双脚要稍分开，注意屈膝缓冲，以便衔接其他动作。单脚起跳一般运用在助跑情况。

4. 急停

急停是队员在跑动中突然制动速度的一种动作方法，它也是各种脚步动作衔接和变化的过渡动作。急停的动作主要有两种，分别是跨步急停和跳步急停。

(1) 跨步急停（两步急停）

动作方法：在快速跑动中，跨步急停时，第一步跨出要稍大，用脚外侧着地，屈膝，同时上体稍后仰，重心后移。然后，再跨出第二步，脚着地时脚尖稍向内转，用前脚掌内侧蹬地，两膝弯曲，身体稍有侧转，微向前倾，重心移至两脚之间。两臂屈肘并自然张开，帮助控制身体平衡。

(2) 跳步急停（一步急停）

动作方法：队员在中慢跑时，用单脚或双脚起跳（一般离地面不高），上体稍微后倾，两脚同时落地，约与肩同宽，前脚掌用力抵地，屈膝降重心，重心落在两腿之间，两臂屈肘微张，以保持身体平衡。

5. 转身

转身是队员以一脚蹬地向前或向后跨步的同时，另一脚做中枢脚进行旋转而改变身体方向的一种动作方法。转身时，重心移向中枢脚，另一只脚的前脚掌蹬地，同时中枢脚以前脚掌为轴用力碾地，上体随着移动脚转动，以肩带腰向前或向后改变身体方向，转身后，重心要转移到两脚之间。

转身可以分为前转身（见图4—5）和后转身（见图4—6）。前转身是移动脚蹬地在中枢脚前方（身前）进行弧形移动；后转身是移动脚蹬地在中枢脚后方（身后）进行弧形移动。

图 4—5　前转身示意图

图 4—6　后转身示意图

6. 滑步

滑步是防守队员移动的主要动作方法。它易于保持身体平衡，可向任何方向移动。滑步可向侧、向前和向后进行滑动和做后撤步来阻截对方的移动。滑步可分为侧滑步、前滑步和后滑步三种。

（1）侧滑步

从基本站立姿势开始，两脚平行站立，两膝较深弯曲，上体微向前倾，两臂侧伸身体不要上下起伏，重心保持在两脚之间，眼要注视对手。向左滑步时，右脚前脚掌内侧蹬地的同时，左脚向左侧跨出，左脚落地，右脚向左脚靠拢半步落地，腰胯用力，保持低重心的水平移动。向右滑步时，动作方法相同，移动方向相反。

（2）前滑步

动作方法：两脚前后站立，后脚的前脚掌内侧蹬地，前脚向前跨出一小步的同时，后脚前脚掌内侧用力蹬地向前滑动，并保持身体前后开立姿势。

（3）后滑步

后滑步的动作与前滑步相同，只是移动方向是相反的。

二、传接球

传接球是篮球运动中的重要技术之一，也是篮球比赛中运用最多的一项基本技术。传接球是指在篮球比赛中进攻队员之间有目的地支配球、转移球的方法。它是

进攻队员在场上相互联系和组织进攻的纽带,也是实现战术配合的具体手段。因此传接球技术的好坏,直接影响战术质量和比赛的胜负。

(一)传接球技术分类

传接球技术可分为传球技术和接球技术,但是无论是传球技术还是接球技术,又都有单双手之分,具体分类如图4—7所示。

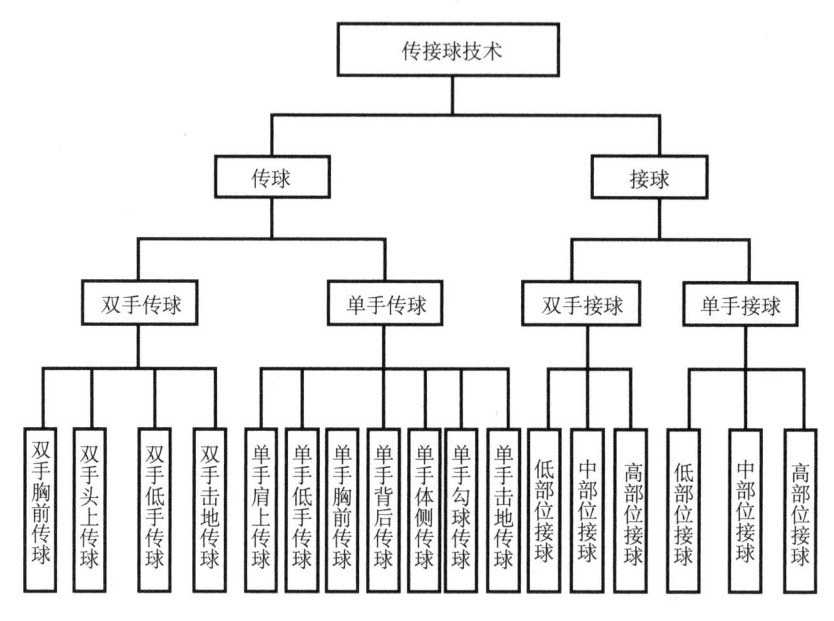

```
                        传接球技术
                   ┌────────┴────────┐
                  传球               接球
              ┌────┴────┐       ┌────┴────┐
            双手传球   单手传球  双手接球   单手接球
```

双手传球：双手胸前传球、双手头上传球、双手低手传球、双手击地传球

单手传球：单手肩上传球、单手低手传球、单手胸前传球、单手背后传球、单手体侧传球、单手勾球传球、单手击地传球

双手接球：低部位接球、中部位接球、高部位接球

单手接球：低部位接球、中部位接球、高部位接球

图4—7　传接球技术分类

(二)传接球教学步骤

传接球技术的教学,首先通过讲解与示范的方法使学生初步掌握原地传接球的动作方法,然后逐步过渡到行进间传接球的教学;然后在掌握动作规范的基础上进行移动传接球的教学,再进行与其他技术相结合教学,最后再进行有防守情况下的练习,从而达到提高在实战中的运用能力之目的。

(三)传球技术动作方法

1.传球技术的动作方法

(1)双手胸前传球

双手胸前传球是篮球比赛中一种最基本、最常用的传球方法,运用这种方法传出的球迅速有力、到位率高、方向准确,可在不同方向、不同距离中运用,而且便于和投篮、突破等动作结合运用。

动作方法：两手手指自然分开，拇指相对呈"八"字形，持球的两侧用指根以上部位持球，掌心空出，两肘自然弯曲于体侧，并将球置于胸腹之间的部位，身体成基本站立姿势。传球时，发力于脚趾，后脚前脚掌蹬地，身体重心前移的同时前臂迅速向传球方向伸出，拇指用力拨球，手腕前屈，食指和中指用力拨球将球传出。球出手后身体迅速调整成基本站立姿势。传球距离近，前臂前伸的幅度就相对较小。远距离的传球，则需加大蹬地、伸臂和腰腹的协调用力。传球距离越远，蹬地、伸臂的动作速度越快，如图4—8所示。

图4—8　双手胸前传球示意图

(2) 单手肩上传球

单手肩上传球是单手传球中一种最基本的方法。这种传球力量大，出球方向多，速度快，常用于中、远距离传球，在发动长传快攻时运用较多。

动作方法：右手传球时，左脚向传球方向迈出半步，右手托球，同时将球引到右肩上方，肘部外展，上臂与地面近似平行，手腕后仰。左肩对着传球方向，重心落在右脚上，右脚蹬地，向左扭腰转肩，带动右前臂迅速向前挥摆，并扣腕拨球，通过食指、中指用力拨球将球传出，要有明显的屈腕鞭打动作。球出手后，右脚随着身体重心前移，保持基本站立姿势，如图4—9所示。

图4—9　单手肩上传球示意图

(3) 单手体侧传球

单手体侧传球是一种近距离隐蔽传球的方法。主要用于近距离的外线队员向内线队员传球。与跨步、突破等假动作结合运用效果较好。

动作方法：两脚开立，双手持球于胸前。右手传球时，左脚向左侧前方跨步的

同时将球引至身体右侧呈右手单手持球，出球前的一刹那，持球手的拇指在上，手心向前，手腕后屈。臂向前做弧线摆动，手腕前屈，用食、中指的力量将球拨出，出球部位在体侧。

2. 接球技术的动作方法

接球是篮球运动中的重要技术之一，是获得球的动作。其目的是获得球和控制球，是抢篮板球和抢断得球的基础。在激烈对抗的比赛中，同时也是衔接运球、投篮、传球等技术的关键，主要接球技术分为双手接球和单手接球两种。

(1) 双手接球

双手接球是一种最基本的接球方法，也是在篮球比赛中运用最多的动作方法之一。接球时，两眼注视来球，两臂伸出迎球，手指自然分开，两拇指相对呈"八"字形，掌心斜向前呈半圆形，以掌外侧小拇指一侧斜对球，两臂伸出主动迎球，两眼注视来球，当手指触球时，两臂随球后引缓冲来球的力量，两手握球于胸腹之间。保持身体平衡，做好传球、投篮或突破的准备。

(2) 单手接球

单手接球控制范围大，能接不同方向的来球，特别是接高空球和距身体较远的来球有较大优势。但是单手接球不如双手接球牢稳，因此，在一般情况下应尽量用双手接球。

如用右手接球，右脚向来球方向迈出，两眼注视来球。五指自然分开，掌腕微屈成勺形，接球臂向来球方向伸出。当球触手指时，手臂顺势随球下引并向内收，另一手迅速跟上护球，双手将球拉至胸腹之间，保持持球姿势。

三、运球

运球是指运动员用手连续拍按从地面反弹起来的球的动作过程。运球在一定程度上反映着运动员控制球和支配球的能力。娴熟的运球不仅是个人摆脱、突破防守的进攻手段，也是组织全队战术配合的桥梁，并且对于发动快攻、突破紧逼防守都起着极大作用。

不过，运球的最终目的是为了争取时间和创造战机，因此，在训练和教学的过程中，教师在教给学生主球技术的同时，还应教给学生适时而恰当的选择运球时机。

(一) 运球技术分类

运球技术动作方法很多，主要分为原地运球和行进间运球两大类。具体分类，如图4—10所示。

```
                              ┌─── 高运球
                    ┌── 原地运球 ──┤
                    │         └─── 低运球
                    │
                    │         ┌─── 运球急停急起
  运球技术 ──────────┤         ├─── 体前变向运球
                    │         │
                    └── 行进间运球 ┼─── 运球转身
                              ├─── 背后运球
                              └─── 胯下运球
```

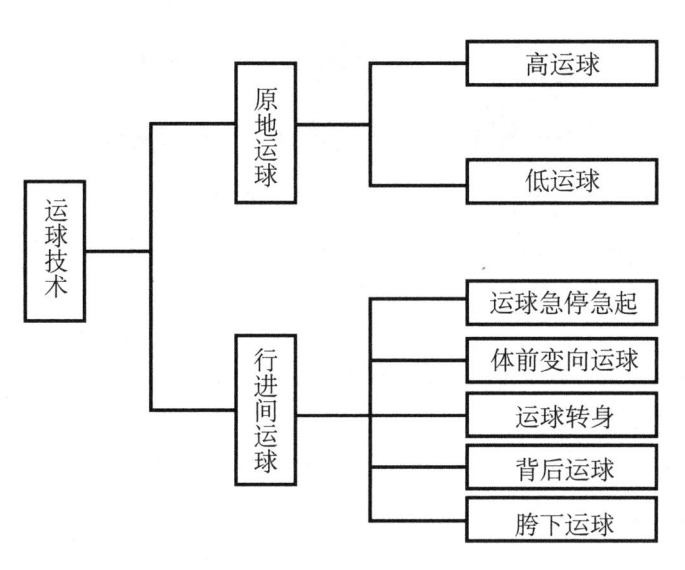

图 4—10　运球技术分类

（二）运球的教学步骤

运球技术的教学步骤一般应先教原地运球、行进间高与低运球、运球急停急起、体前变向运球、背后运球、运球转身和胯下运球。

教师要向学生讲清运球的目的和作用，以及运用的时机、动作方法、动作要领和关键环节，指导其掌握正确的运球技术。

（三）运球基本动作

身体姿势：两膝保持相应的弯曲度，上体稍微前倾，抬头，注意观察场上的情况。上肢动作：以肩关节为轴，上臂带动前臂发力，肘关节自然放松，运球手五指自然分开，扩大控球面，用手指、指根以上部位及手掌的外缘接触球，掌心内凹，按拍球时手心空出。按拍球的部位由运球的方向和速度来决定。按拍球部位不同，球的落点就不同，球的入射角与反射角也不同。按拍球的力量大小，决定着球从地面反弹的高度与速度。

1. 低运球

运球行进中遇防守队员时，减速弯腰屈腿，身体重心下降，屈腕并用手指和指根部位短促地按拍球的后上部，使球控制在膝关节高度，从防守人的一侧超越，继续前进，如图 4—11 所示。

图 4—11　低运球示意图

2. 运球急停急起

运球急停急起是在对方防守较紧时，利用速度的变化摆脱对手。在快速运球中突然急停，使身体重心下降，手按拍球的前上方，使球停止向前运行，目视前方，两脚用力蹬地，上体迅速前倾起动，同时手按拍球的后侧上方，人、球同步快速前进，如图 4—12 所示。

图 4—12　运球急停急起示意图

3. 体前变向运球

体前变向运球是在快速运球推进中运用，当对手堵截运球前进的路线时，突然向左或右改变运球方向，从而摆脱对方防守。

动作方法：以右手运球为例，运球队员从防守队员左侧变向突破时，先向其右侧做变向运球假动作，当对手移动堵截运球时，突然用右手按拍球的右侧后上方，使球经自己体前向左侧前方反弹。同时左脚迅速随球向左侧前方跨步，上体同时向左扭转，身体重心要降低，侧肩贴近防守者，将球压低。当球反弹至腹部高度时，右脚蹬地迅速前迈，左手拍球的后侧上方，超越防守，如图 4—13 所示。

图 4—13 体前变向运球示意图

4. 运球转身

当防守队员采用紧逼防守，离运球队员距离较近时，可用运球转身来突破防守。

当对手逼近不能用体前变向运球突破，而且距离又较近时，迅速上左脚，微屈膝，重心移至左脚，并以左脚前脚掌为轴做后转身，右手将球拉至身体的后侧方，并按拍球落在身体的外侧方，然后换左手运球，加速超越防守，如图4—14所示。

图 4—14 运球转身示意图

5. 背后运球

当对手堵截运球一侧，距离较近，不便于运用体前变向运球时，可采用背后运球，改变方向突破防守。

在跑动中背后向左变向时，右脚向侧前方跨出，右手拍球的前上方，将球按拉

到身后。当球反弹至身后腰部高度时,右手直臂按拍球的右侧后上方,使球向左脚的侧前方落地,随即迈左脚,球反弹后换左手继续向前推拍球,加速超越防守。

四、投篮

所谓投篮是进攻队员将球投入对方球篮而采用的各种专门动作方法的总称。投篮是篮球比赛中唯一的得分手段,投篮得分的多少直接决定着比赛的胜负,而一切进攻技、战术运用的最终目的都是为了创造更多更好的投篮机会,是整个篮球技术体系的核心。因此掌握和运用好投篮技术,不断地提高投篮命中率,对于学习篮球运动技能具有十分重要的意义。

（一）投篮技术分类

投篮技术动作方法很多,可分为原地投篮、行进间投篮、跳起投篮、扣篮和补篮等,具体分类如图4—15所示。

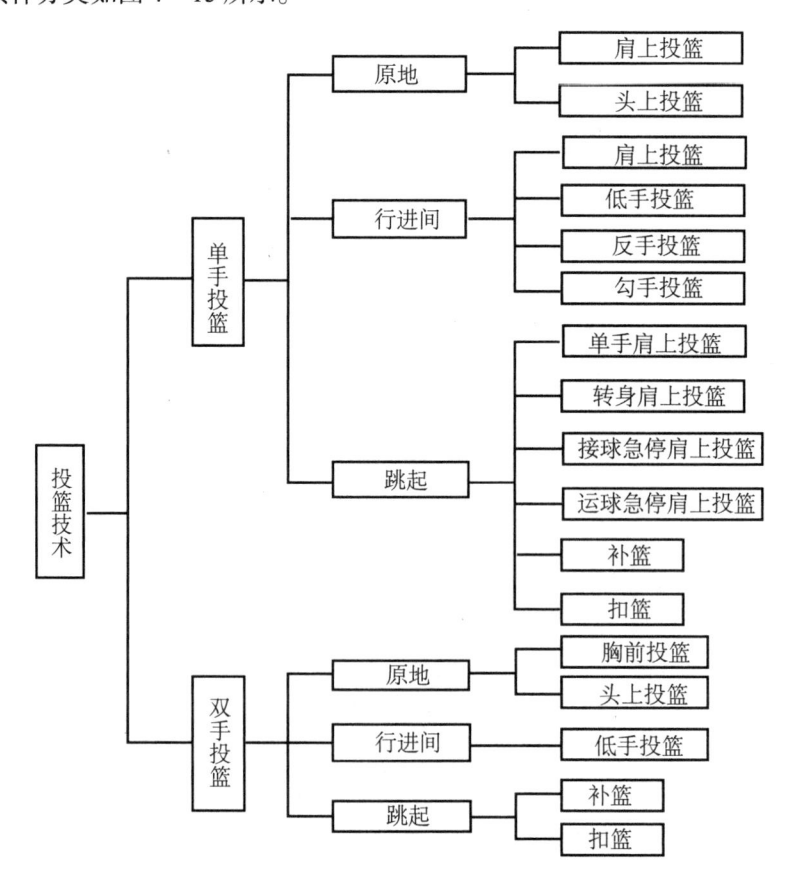

投篮技术
- 单手投篮
  - 原地：肩上投篮、头上投篮
  - 行进间：肩上投篮、低手投篮、反手投篮、勾手投篮
  - 跳起：单手肩上投篮、转身肩上投篮、接球急停肩上投篮、运球急停肩上投篮、补篮、扣篮
- 双手投篮
  - 原地：胸前投篮、头上投篮
  - 行进间：低手投篮
  - 跳起：补篮、扣篮

图4—15　投篮技术分类

（二）投篮技术的教学步骤

1. 投篮技术的教学，首先应先教原地投篮，接着教行进间单手肩上投篮、单手低手投篮，再教原地跳起投篮。

2. 通过讲解、示范使学生建立完整正确的投篮技术概念，掌握正确、规范的投篮手法以形成技术动作定型。然后在掌握了基本手法和步法的基础上逐渐增加练习的次数、距离、难度、强度、密度等并在攻守对抗条件下提高投篮的命中率。决定投篮命中率的因素很多，它包括心理因素、持球方法、瞄篮点、协调用力、出手角度和出手速度、出手动作、抛物线、球的旋转、入篮角以及外界因素影响等诸多环节，各环节又相互联系和相互影响。所以，投篮动作要做到身体各部分协调配合和各技术环节连贯正确。特别是良好的心理因素对提高投篮命中率起着至关重要的作用。

（三）投篮技术方法

1. 原地投篮

（1）原地单手肩上投篮

原地单手肩上投篮是行进间投篮和跳起投篮技术的基础，是比赛中最常用的投篮方法。它以出手点高，便于结合其他动作，不易被封盖等优点，因此在篮球比赛中被广泛使用。

动作方法：(以右手投篮为例) 双手持球于胸前，肘关节自然下垂，两脚前后或左右开立，两膝微屈，重心落在两脚之间，屈肘，手腕后仰，掌心向上，五指自然分开，持球于右眼前上方，左手扶球侧，上体放松并稍后倾，目视瞄篮点。投篮时，下肢蹬地发力，上肢随着蹬地向前上方伸臂，两手腕同时外翻，手腕前屈，拇指用力拨球，通过食、中指端将球投出。球出手时身体随投篮出手方向伸展，如图4—16所示。

图4—16 原地单手肩上投篮示意图

(2) 原地双手胸前投篮

原地双手胸前投篮是篮球运动中较早的投篮方法之一，这种投篮方便跟其他技术结合。而且能充分发挥全身的力量，适用于中、远距离，一般女子运用这种投篮较多。

动作方法：两手持球于胸前，手指自然分开，拇指相对呈"八"字形，用指根以上部位握球的两侧后下方，手心空出，两臂自然屈肘，肘关节下垂，两脚前后或左右开立，两膝微屈，重心落在两脚上，眼睛注视瞄准点。投篮时，下肢蹬地发力，两臂向前上方伸直，前臂内旋，拇指下压，手腕前屈，食、中指用力拨球，通过指端将球投出。球出手时身体随投篮出手方向自然伸展，脚跟微提起，如图4—17所示。

图4—17 原地双手胸前投篮示意图

2.行进间投篮

(1) 行进间单手肩上投篮

行进间单手肩上（高手）投篮是比赛中广泛应用的一种投篮方法。一般多在快攻或突破篮下时运用，称为跑动中投篮。行进间单手肩上投篮优点是出手点高，易用身体保护好球。

动作方法：以右手投篮为例，在快速运球或跑动中，右脚向前跨出一大步的同时接球，左脚迅速跟上跨出一小步，同时用全脚掌着地，迅速过渡到前脚掌起跳，右腿屈膝上抬，两手持球上举至肩上头侧，腾空后，右臂向前上方伸展，腕、指动作同原地单手投篮。投篮出手后，两脚同时落地，两腿弯曲，以缓冲落地的力量，如图4—18所示。

图4—18　行进间单手肩上投篮示意图

(2) 行进间单手低手投篮

行进间单手低手投篮的投篮动作多在快速跑动中超越对手并接近篮下时运用，具有速度快、伸展距离远的特点。

动作方法：以右手投篮为例。右脚跨出一大步的同时接球，左脚接着跨出一小步并用力蹬地起跳，右腿屈膝上提，双手向前上方举球。当身体接近最高点时，左手离球，右手外旋，掌心向上，托球，并充分向球篮的上方伸直，接着屈腕，食指、中指用力拨球，通过指端将球投出，如图4—19所示。

图4—19　行进间单手低手投篮示意图

3. 跳起投篮

跳起投篮，简称跳投。其具有突然性强、出球点高和不易防守的优点，可与传球、运球突破等动作结合，可在原地、行进间急停或背对球篮接球后转身等情况下运用。

动作方法：以右手投篮为例，两手持球于胸前，两脚左右或前后开立。两膝微屈，重心落在两脚之间。起跳时两膝适当弯曲，接着前脚掌蹬地发力，向上迅速摆臂举球并起跳，双手举球于肩上或头上，左手扶球左侧。当身体接近最高点时，左手离球，右臂向前上方伸展，手腕前屈，食、中指拨球，通过指端将球投出。

4. 扣篮

扣篮是直接将球由上向下灌入篮内的一种投篮方法，它是投篮技术发展中的又一重要标志，它改变了投篮的一般规律。由于它投篮出手点接近球篮又高于球篮，又有最佳的入射角，所以无须考虑抛物线这一因素。在世界强队比赛中，扣篮得分所占的比例越来越大，扣篮方式随着实践发展而多样化。有原地扣、行进间扣、单手扣、双手扣、正手扣、反手扣、凌空接扣等。由于扣篮是直接将球由上向下灌入篮圈，因此有出手点高、球速快、攻击性强、难封盖、准确性高等特点，但也是难度较大的投篮方法，必须有很好的身体素质，特别是弹跳力和控制球能力，这里主要介绍两种方式：

行进间单脚起跳单手扣篮：以右手为例，行进间右脚跨出的同时接球，紧接左脚迈出一小步制动并用力蹬地向上跳起，上体充分伸展，高举手臂将球举至最高点，超过篮圈的高度并有适宜的入射角时，用屈腕的动作，将球自上而下地扣入篮圈之中。球离手后特别要注意对身体的控制和落地屈膝缓冲。

行进间单脚起跳双手扣篮：双手持球，双脚用力蹬地向上跳起，同时将球上举，充分伸展身体，双手举球至最高点，当球举过篮圈高度时，双手屈腕，将球自上而下扣入篮圈。球离手后注意控制好身体平衡，落地屈膝缓冲。

5. 补篮

补篮是指投篮未中，球刚从篮圈或篮板弹出时，在空中运用单手或双手将球拨入篮圈的投篮，补篮是一种无明显持球动作直接用力投篮的方式。补篮时，队员应根据腾空后，人、球、篮的相对位置、高度、角度以及防守情况，灵活地选择补篮的方法。以下是两种基本补篮方法：

单手补篮：以右手为例，当球从篮圈或篮板反弹时，要准确地判断球的反弹方向，及时起跳，手臂向球的方向伸出，当跳至最高点、手臂接触球的一刹那，在空中用手指手腕的力量将球投入篮圈。

双手补篮：球反弹方向在头的正上方时多采用双手补篮。起跳后，双手触球后可用拨球的方式将球投向篮圈，其他动作与单手补篮基本相同。

五、抢篮板球

篮球比赛中双方队员在空间争抢投篮未中的球称为抢篮板球。其分为抢进攻篮板球和抢防守篮板球。当进攻队投篮未中，自己或本方队员争抢在空间的球，称为抢进攻篮板球或前场篮板球。对方投篮未中，防守队员争抢在空间的球，称为抢防守篮板球或后场篮板球。篮板球的争夺是攻守矛盾转化的关键，是增加进攻次数的有力保证，它对比赛的胜负起着至关重要的作用。

（一）抢篮板球技术教学步骤

抢篮板球技术的教学顺序是：移动，抢占位置，判断起跳，抢球。

教学与训练中，首先要使学生明确抢篮板球的重要性，在进行抢篮板球技术训练中要注意培养学生勇猛顽强的战斗作风和积极拼抢的意识，养成每投必抢的习惯。然后可采用分解教学的方法，先练习原地起跳、抢球，再练习移动抢位、挡人、起跳抢篮板球的完整技术，并逐渐加大难度，最后在对抗的条件下练习或在比赛中进行抢篮板球练习。同时要在掌握投篮不中时球的反弹、落点规律的基础上，提高抢进攻篮板球时的冲抢意识和抢防守篮板球时的挡抢意识。

（二）抢篮板球技术动作方法

1. 抢进攻篮板球

抢进攻篮板球是进攻队的一个重要进攻环节，是争取继续控球权的重要手段，也是争取获胜的主要途径之一。进攻队员抢篮板球时一般处于防守队员的外侧，需要移动和摆脱对手，因此，抢进攻篮板球时要突出一个"冲"字。

动作方法：篮下进攻队员抢篮板球时，当同伴投篮的时候，靠近球篮的进攻队员要及时判断球的反弹方向，然后先向相反方向的侧前方跨步，做身体虚晃的假动作，诱开身前的防守队员，利用绕跨步挤到对手的前面或侧前面，抢占有利位置，借助跨步或助跑起跳，至最高点补篮或抢篮板球。处于外线位置队员抢篮板球，当同伴投篮时，如进攻队员面向球篮，则首先要观察判断球的反弹方向、速度和落点，突然起动冲向球反弹方向进行补篮或抢获篮板球。以从防守人身后左侧冲抢为例，进攻队员面向球篮时，右脚向右侧跨步，向右侧做假动作，随后以左脚为支撑脚右脚向左跨出一小步，重心移至左脚，同时右脚立即向前跨步绕前，挤靠防守人，跳起抢篮板球或补篮。

总之，进攻队员抢篮板球要准确判断时间，绕步冲阻，及时起跳，补篮或组织第二次进攻。

六、持球突破

持球突破是持球队员运用脚步动作和运球技术快速超越对手的一项攻击性很强的技术。良好的突破技术能打乱对方的防守部署，创造更多的攻击机会，若能巧妙地与投篮、传球假动作有机地结合起来，能使进攻战术更加灵活、机动。因此，在持球突破技术的教学和训练过程中，教师不仅要教给学生规范的技术动作，而且要重视培养学生的突破的意识和临场观察判断能力。

（一）持球突破技术教学步骤

在持球突破技术教学中，教学时应先教交叉步持球突破，再教同侧步持球突破，避免两种突破方法相互混淆。

在具体教学中，教师应首先通过形象的讲解，正确的示范，使学生建立正确的动作概念，不要在细节上花费过多精力，以免因过强或过弱的刺激引起泛化现象，应强调掌握动作的主要环节，以取得重点突破的效果。同时，教学步骤和方法应遵循由易到难、由简到繁的原则。先学单个技术动作，再学组合技术动作，最后在消极防守和积极防守中学会运用。在练习中还应学会两脚都能做中枢脚，同时防止带球走违例。

（二）持球突破技术动作方法

1. 交叉步持球突破

交叉步持球突破是在离防守队员较近时采用的方法，因为交叉步持球突破更容易护球，也可减少走步违例，所以初学者运用较多。

动作方法：以左脚为中枢脚为例，两脚左右开立与肩同宽，两膝微屈，重心控制在两腿之间，持球于胸腹之间。突破时，右脚前脚掌内侧迅速蹬地，将重心移至左脚，同时向左前方跨步，上体左转探肩，将球引于左侧，在左脚离地前，用左手推球于防守者的右侧，同时左脚全力蹬地，加速超越防守队员。若在突破中能有机地结合投篮、虚晃、传球等假动作，成功率更高。

2. 同侧步持球突破

同侧步持球突破，一般在离防守人较近，利用防守队员失去身体重心，尤其是向一侧失去重心过多时运用。

动作方法：以左脚为中枢脚为例，突破前，两脚左右开立稍大于肩，两膝微屈，重心控制在两腿之间，持球于胸腹前。突破时，左脚掌内侧蹬地，右脚迅速向防守人左侧方迈出，脚尖向前，上体稍右转，同时探肩，重心前移，在左脚离地前，用右手推拍球于迈出脚的侧前方，左脚迅速蹬地并向右前方跨出，加速运球超越对手。

第三节　高校篮球防守技术教学

防守技术是防守队员为阻挠和破坏对手的进攻，合理运用脚步移动和手臂动作，积极抢占有利位置，以达到争夺控制球权的目的所采用的各种专门动作方法的总称。因现代篮球比赛中特别强调攻守平衡，对一个高水平的篮球队来说，谁具备攻守平衡能力谁就能取得胜利。

防守队员要积极地抢占合理的位置，干扰、破坏对手的进攻行为，争夺控制球权，同时，还要想方设法破坏对方的战术配合和限制对方的进攻速度。防守对手是个人防守技术，也是集体防守战术配合的基础。因此，必须高度重视个人防守技术的教学训练，促进防守和进攻技、战术的全面提高。

一、抢防守篮板球

防守队员抢篮板球要突出一个"挡"字，利用自己占据篮下或内侧位置挡抢篮板球。

首先篮下队员抢篮板球时，当进攻队员投篮的时候，根据对手移动的情况和位置运用上步、撤步和转身等动作把进攻队员挡在后，并抢占有利位置。因距离抢篮较近，攻守距离也近，一般多采用后转身挡人。挡人抢位动作应是低重心，两肘外展，抢占空间面积，保持最有力的起跳姿势。挡人主要是为了延误对手抢位起跳，所以转身挡人动作完成后，应迅速起跳抢篮板球。也可以适时合理地运用直接冲抢篮板球的方法，获球后，最好能在空中将球传给同伴，完成发动快攻的第一传；如没有机会，落地后应侧对前场，观察情况，迅速传球发动快攻或运球突破摆脱防守后及时将球传给同伴，要充分发挥篮板球的攻击作用，不能只是消极地保护球。

二、防守有球队员

防守有球队员的主要任务是尽力干扰和破坏其投篮，堵截其运球突破，封锁其助攻传球。并积极地运用抢、打、断球的技术，从而达到控制球权的目的。

(一) 防守有球队员的基本方法

1. 防守的位置与距离

防守有球队员时，防守人应站在对手与球篮之间，使对方、自己和球篮保持在一条直线上。一般来讲离篮远则远，离篮近则近。同时还应根据对手的进攻技术特点以及防守战术的需要调整防守距离。

2. 防守动作

由于场上的情况是千变万化的，防守时应根据持球队员的进攻特点、意图及球篮距离不同，防守有球队员的技术动作也有所不同。从脚步动作来讲通常防守有球队员有以下两种防守方法：

第一，平步防守。两脚平行站立，两手臂侧伸不停挥摆。这种站位防守面积大，攻击性强，便于向左、右移动，适合于贴身防守运球突破。在对手运球停止时，封堵传球以及进行夹击防守配合时均可运用平步站位防守。

第二，斜步防守。两脚斜前站立，前脚的同侧手臂上伸，另一臂侧伸，两膝弯曲，降低重心。这种方法便于前后移动，对防投篮比较有利。不论采用什么防守方法，都要积极移动，当对方持球或运球突破时，应迅速后撤堵截其突破路线，迫使对手处于被动。当对手做各种假动作时，要能判断真假，不要被其迷惑而失去合理的防守位置。当对手投篮时，要准确地判断其起跳时间，及时起跳进行封盖。

三、防守无球队员

在篮球比赛中，防守队员绝大部分时间是防守无球队员。防守无球队员的主要任务是，不让对手在有效攻击区内顺利接球，随时准备抢断传向自己对手或穿越自己防区的球，并快速地进行反击。

（一）防守位置

正确占据有利的防守位置，是防守成功的重要条件。选择防守位置要做到"球、人、区"兼顾原则。也就是说防守队员要根据对手、球篮和球的位置与距离，以及对手的身高、速度、进攻特点、战术需要和自身防守能力来选择防守的位置和距离。选位于对手与球篮之间偏向有球一侧的位置上。

（二）防守姿势

正确的防守姿势能保证扩大控制面积和及时向不同方向移动。选择防守姿势与对手和球的距离远近有关。

强侧防守：防守距离球较近的对手时，经常采用面向对手侧向球的斜前站立姿势。靠近球侧的脚在前，屈膝，重心在两脚之间，便于随时启动，堵截对手摆脱防守后移动接球的路线。伸右侧手臂，拇指朝下，掌心向球，封锁传球路线，干扰对手接球。

弱侧防守姿势：防守距离球较远的对手时，为了便于人球兼顾和协防，经常采用面向球、侧向对手的站立姿势。两脚开立，两腿稍屈，两臂伸于体侧，掌心向着

球的方向。密切观察球、人的动向，并随着球或人的移动而不断地通过滑步调整自己的防守位置。

（三）脚步动作

防守时，防守队员要根据球和人的移动，合理地运用脚步动作来保证及时占据有利的防守位置，争取主动。在与对手发生对抗时，重心下降，双脚用力扒地，两腿弯曲，扩大站位面积，上体保持适宜紧张度，在发生身体接触瞬间提前发力，主动对抗。合理使用手臂动作干扰对手视线，以扩大防守空间，保持身体平衡，快速移动，抢占有利位置。

第五章　高校篮球战术教学指导

第一节　高校篮球战术的概述

一、篮球战术的概念

篮球战术是篮球比赛中队员和队员之间有策略、有组织、有意识地协同运用技术进行攻守对抗的布阵行动，是以篮球技术为基础，在一定的战术指导思想和战术意识支配下的集体攻守方法。方法是行动的内在要求，形式是行动的外部表现，而队员的能力是战术行动的实质。由于篮球竞赛是在一定时间与空间内以球为争夺物进行攻守对抗的竞技活动，随着球权的控制与争夺，双方不攻即守，攻守交替、攻守转换，由此有进攻战术和防守战术之分，而且组织形式多种多样，方式方法千变万化，争夺范围时小时大，在实践中不断发展、创新，经过人们的总结、整理，从而构成比较完整的篮球战术体系。

篮球战术是篮球运动的重要组成部分，是比赛中发挥集体力量和个人作用的手段。篮球战术的目的是把队员组织起来，保证整体实力和特长的发挥，制约对方，掌握比赛的主动，争取比赛的胜利。

二、篮球战术的特征

篮球战术作为双方队员在比赛中的对抗行动表现出的特征是：

（一）目的性和针对性的统一

任何战术组织和运用都具有明确的制胜目的，都要从本队的实际出发，根据队员的身体、技术等条件，正确选择符合本队水平的攻守战术形式和方法；同时战术的运用又必须采取针锋相对的方法去制约和限制对方，而且还要根据比赛情况的变化及时加以调整，才能争取比赛的主动权，进一步去夺取胜利。所以说战术的目的性和针对性的统一，是篮球比赛的显著特征之一。

(二) 原则性和机动性的统一

任何战术行动都是在同对手的制约和反制约、限制和反限制中进行的。因此，一方面，队员必须在统一的思想支配下，协调地行动，发挥集体的优势和力量；另一方面，由于比赛形势错综复杂、瞬息万变，就要在行动上有统一的原则和要求，又要允许队员个人有机动灵活的变化，才能把握战机，克敌制胜。所谓"阵而后战，兵法之举。运用之妙，存乎一心"，正是这一特征的运用要求。

(三) 多样性和综合性的统一

篮球战术的特点表现为进攻战术手段的多元机动和防守战术方法的综合运用。由于篮球比赛日趋激烈，促使战术发展和更新，内容与形式不断丰富。为了完成比赛中的战术任务，对付不同形式的攻守战术和适应各种临场情况，必须掌握多样化的战术形式与方法，才能争取主动。战术的综合运用表现有两个方面：一方面反映在战术行动上的统一，即进攻与防守的统一（即在进攻行动中包含防守的成分，防守行动又蕴含进攻的意图）、配合行动与个人行动的统一、技术与战术的统一；另一方面表现在战术运用上的综合，即用一种进攻战术对付多种防守战术（如移动进攻法）和利用混合防守、综合防守对付不同特点的进攻战术。因此，战术行动的多样性和综合性的统一，是现代篮球战术的基本特征。

三、篮球战术在比赛中的相关因素

对立统一规律是篮球比赛和篮球战术组织运用的理论基础，进攻与防守这一对基本矛盾贯穿在比赛的全过程之中，当然也表现在双方运用战术的较量之中，它们相互对抗、相互制约、相互促进、相互发展。在实施战术的过程中，必须明确一些具有密切联系的关系，诸如战略与战术、战术与技术、战术与谋略、意识与行动等。

(一) 战略与战术的关系

战略和战术是否得当，在很大程度上决定着篮球比赛的胜负。战略是对比赛全局的策划与指导，是领导比赛的艺术；而战术则是比赛中所采取的具体行动，是队员作战的才能。虽然它们都是研究解决比赛的理论与实践问题，但各自研究的范围和内容有所不同。从整个比赛全局来看，战略占主导地位，它决定比赛的最终目标，而战术则应服从于战略。但战略目标的实现又取决于战术任务完成的质量。因此，两者既是从属关系，又是依存关系，相辅相成。

(二) 战术与技术的关系

技术是战术的基础，是实施战术的手段。队员掌握的技术越全面，特长越突出，战术的实施就越有保证。篮球战术依赖于一定数量与质量的技术，没有技术就没有战术。另外，战术又是技术运用的组织形式，也为技术的发挥创造条件。由于战术的需要，某些特定的战术必然要求有相应熟练而准确的技术，甚至需要技术的创新来实现。它们之间是内容与形式的辩证关系，不断地指导着实践。战术运用的实质是在比赛中通过组合与配合的方法去创造机会或是相互帮助，而机会的把握和协同的动作都是要通过队员的技术来实现的。从这个意义上讲，战术对于确定球队的发展方向、风格和特点，推动球队技术的进步，都起着重要的作用。

(三) 战术与谋略的关系

篮球比赛中的谋略是指具体的计策计谋，是体现队员篮球意识中施计或应变的思维活动，也是在比赛中对战术运用的速决方案，它是队员智慧的瞬间表现，化谋略为正确的行动去战胜对手，争取主动，这对完成具体的攻守任务和整个比赛获胜的目标而言，两者是紧密联系、缺一不可的。对抗出智慧、对抗出谋略，竞技篮球比赛本身就是智慧的竞争。再好的战术若由无谋、无术的人去运用，也不可能在复杂对抗中取胜。

(四) 意识与行动的关系

篮球战术意识与战术行动有着密切的关系。战术意识应理解为队员在篮球比赛中对战术运用规律性的认识与正确行动，它是篮球意识的核心。战术意识越强，实现战术的可能性越大，越能在比赛中根据对具体情况的观察及时做出正确的判断和应答，能动地、果断地配合同伴或独立地完成本队的战术意图。战术意识是队员在篮球运动实践中逐步积累与丰富起来的，行动则是队员在场上的运动行为。从战术角度而言，战术行动反映着队员的竞技能力和经验，行动反过来也促进意识的培养。在比赛中意识支配行动，行动反映意识，两者辩证统一，意行于比赛中一瞬间。

由此可见，篮球战术是篮球运动员的运动意识＋谋智＋身体及其机能活动能力(意志、作风、素养、素质)＋技巧＋协同配合＋应变能力的综合体，是产生战斗力的方法。

第二节　高校篮球战术的结构原理解析

篮球战术结构是指战术行动的各个组成部分的搭配。篮球战术是由技术、阵势和方法三个基本要素构成的。但由于战术行动是以人为主体的对抗活动，以动作表现于运动过程，因此，在比赛中也就必然受内在的指导思想和战术意识的支配。可见，指导思想与战术意识也应包括在战术结构之中。

一、战术指导思想

战术指导思想是教练员制订战术计划、确定战术方案、形成战术特点的理想模式和行动的准则。战术指导思想是篮球战术的核心，比赛中战术能否奏效，关键在于指导思想是否正确。正确的战术指导思想来自对篮球运动规律和客观实际的正确认识和把握。战术指导思想有两种不同层次的含义：一种是比较持久的、贯穿于训练和比赛活动全过程的指导原则，称之为长期性战术指导思想，例如"积极主动、勇敢顽强、快速灵活、全面准确"等；另一种则是近期的、比较有针对性的、主要是在一个赛季或者一次重大比赛前所提出的战术方法的原则，例如"稳扎稳打、以快制高、以外制内、内外结合"等。确立本队的长期的战术指导思想，是球队建设的重要任务，它可以使教练员有计划、有步骤地进行战术训练，从而形成自己的战术风格和体系。战术指导思想是战术内容的核心和前提，对于本队战术的形成和运用具有重要的指导意义。

二、战术意识

战术意识是人在战术活动中形成心理反应的高级形式，是人脑对战术活动的应答和反应，是运动员根据比赛场上出现的情况而产生的思维和反应，并通过具体的行动表现出来。战术意识是"战术思维"能力的反映，它是运动员在参加篮球实践活动中逐渐积累和丰富起来的，从而能够在比赛中自觉地、能动地按照战术意图和比赛实际情况，支配和控制自己的比赛行动。篮球比赛中，战术意识具有定向、抉择、反馈、支配等作用，队员的战术意识越强，实现战术的可能性也就越大，从而越能反映运动员的战术能力和行动效果。

三、基础技术

技术是战术的基础，队员和队员之间有目的、有意识地在球场一定区域、条件和时机运用技术才能构成战术。技术越全面、熟练、准确和实用，战术的实现越有

保证。技术和战术两者之间紧密相连，而且常常作为同一现象存在于比赛之中。运动活动理论认为：动作和行动是构成比赛活动的基本要素，动作是构成行动的最基本的元素。也就是技术是构成战术行动的基本元素，没有技术也就没有战术。

四、基本阵势

阵势是指战术活动中具有稳定的形态和行动的方式。战术阵势是战术行动的外部表现，一种战术阵势反映一定的战术内容，所以阵势是战术的基本要素之一。每一种战术形式都有专用的词予以命名，具有比较明确的概念、相对完整的活动过程和稳定的时空特征。例如：8字进攻法，表现出队员移动路线的特点和进攻的连续性；区域联防的"2—1—2""2—3""3—2"等阵势，用来对付不同特长的进攻。战术阵势可以从对抗范围、攻守节奏、对抗程度上去理解，如全场的、半场的，速度快的、速度慢的，紧逼的、松动的，积极的、消极的等等，从而体现出各种攻守战术的特点。

第三节 高校篮球战术的分类体系解析

篮球战术体系是指由相互联系、相互制约的攻守战术构成的一个整体。

篮球战术，随着篮球技术的发展、比赛规则的演变、竞赛制度的改革、运动员体能体质的提高，不断由简单到复杂，由低级到高级，通过队员在比赛中激烈的攻守对抗实践，人们不断地进行总结与创新，把在篮球竞赛中所展开的一系列有目的、有成效的个人和集体的行动加以归类，构成了一个内容丰富、阵势多样、结构完整的篮球战术体系。

一、篮球战术体系的结构

根据篮球运动的对抗特征，通常将篮球战术分为进攻与防守两大系统（20世纪90年代开始，篮球战术发展分为进攻、防守与攻守转换三大系统)，再根据参与战术行动的区域与人数，可将其分为个人行动、配合行动和整体行动三个层次，从而把战术方法和阵势构成一个完整的系统网络。将复杂的、多种多样的战术，按性质、区域、人数特点和作用相似地加以归类，明确各自隶属关系，并加以网络化，可对篮球战术体系的结构有一个直观的了解。

二、篮球战术体系的内容

根据篮球战术体系的三个层次，可分别扼要列出篮球战术的具体内容如下：

（一）个人行动

个人进攻行动：摆脱、切入、助攻、突破、攻篮等。
个人防守行动：防守无球队员、防守有球队员等。

（二）配合行动

进攻基础配合：传切、掩护、策应和突分配合等。
防守基础配合：抢过、穿过、绕过、交换、关门、夹击、补防等。

（三）整体行动

全队进攻战术：快攻、阵地进攻（进攻人盯人防守、进攻区域联防、进攻紧逼防守等）。
全队防守战术：防快攻、阵地防守（人盯人防守、区域联防、紧逼防守、综合防守等）。

每一种攻守战术中，由于运用目的、区域、范围、阵势的不同，每种类型还包含许许多多具体的、不同形式的战术配合，各有其原则、方法、要求及变化。

第四节 高校篮球战术的设计与运用

篮球战术设计实际上是指一个队所选择与运用的战术打法。各队在选择与运用某种战术时，都会有其不同的原则、内容与形式，战术设计也就是部署与实施的具体方案，并反映出本队的技术水平与风格。战术设计是每名教练员必须认真解决的主要问题，必须周密思考和精心策划，与队员一起讨论、实践、修正、创新，以符合实际，发挥队员特长，满足战术打法的设计要求，并在比赛中验证所确定的战术打法的实效性和优越性。

一、篮球战术设计的依据与原则

篮球战术设计的依据主要是：第一，符合现代篮球战术发展的方向；第二，符

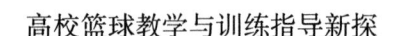

合本队的战术指导思想；第三，符合本队技术水平实际。依据以上三点设计本队篮球战术的打法时，还必须遵循以下几个原则：

（一）长远性和近期性相结合的原则

所选择并设计的战术打法要和本队长远的奋斗目标、指导思想联系起来，和阶段性、年度性的训练计划与近期的比赛任务联系起来，要有逐渐形成本队打法与风格的思考。

（二）均衡性和连续性相结合的原则

篮球战术打法的设计，要从整个比赛攻守动态的过程来考虑，例如从攻守过程的整体出发，在战术开始发动到结束的转换过程中，对队员位置的分布和移动的原则、各个环节之间的关系、强侧与弱侧、主攻与辅攻、内线与外线、快与慢、配合与配合等，都要注意攻守相对地平衡，以便于转化；要注意衔接与变化和具体实施中的连续性，要能有序而不乱，有变而不慌。

（三）原则性和机动性相结合的原则

原则性在于坚持以自己的战术指导思想所设计的打法和贯彻所选择的战术方法的实质，任凭千变万化都要以本队战术打法为主，而辅以其他一些应变的措施，机动灵活地运用。所谓机动性是指要发挥队员在比赛中的主观能动性，能根据具体情况，采取应变的或创造性的打法来完成战术的任务。机动作战并非个人随心所欲，而是融于战术的原则性之中，以求实效。

（四）针对性与优化性相结合的原则

战术设计应有明确的目标，既要攻守相对，又要针对对手，在战术结构与环节上要以己之长攻彼之短。同时，在阵容结构上要优化组合，既要使全队竞技实力得以发挥，又要能有效地制约对方；既要有突破一点带动全局的设计，又要有各种各样的搭配，随机应变，出奇制胜。

二、篮球战术设计的程序

（一）确立战术理念

战术理念是教练员的战术思想的精髓，是带有个性篮球思维的特点，每位教练员都应根据当代篮球运动的竞技特征和规律，把握前沿趋势，与自己的执教实践融

为一体，形成自己的现代篮球战术的新理念，这种带有个性理念的意识再从本队的实际出发，具体地明确球队的战术构建的指导思想，进而符合实际地确定行之有效，能最大限度发挥全队成员技艺、体能等综合潜能的战术模式。

(二) 提出战术模式

战术设计的第一步是提出战术模式构想。教练员根据本队确立的战术指导思想，对所选择的战术打法提出初步设想。这是一个对战术配合的选择、组合的认识过程，对于本队战术的形成具有主要的影响。要研究战术的实质与原则，要结合实践经验，紧密联系本队的技术水平与特长进行阵容的优化组合搭配，相应地提出实施战术打法上的方案、变化和要求，还要认真分析战术打法的可行性。

(三) 制定战术环节

制定战术环节是战术打法设计的重要步骤。每一种攻守战术都是由繁简不同的战术环节构成的，战术打法设计得好坏取决于战术环节的要求是否明确、合理。因此，必须细致周密地考虑，诸如基本阵势、全队移动路线、基本配合、队员位置职责、球的支配、攻击时机、打法变化、攻守转换等等。

为了保证战术打法的质量，在整个战术中还要注意攻守平衡、主攻辅攻、内外结合、快慢结合、配合衔接等问题，同时还应提出应变的方案与措施。

(四) 战术设计的方法与要求

在战术打法设计上，首先是教练员要认真构想，提出战术打法模式，详细制定战术环节与要求。然后要依靠教练员班子和队员，共同进行认真细致的研究与分析，并求得统一认识。总之，战术要贯彻本队的战术指导思想，要有自己的特点，要符合本队的实际水平，使之有利于在训练与比赛中去实施，在实践中进行检验，并进行修正与完善。战术打法设计正如《孙子兵法》所说：一曰度、二曰量、三曰数、四曰称、五曰胜。只有经过预测、分析、计算、权衡后，才能用优势兵力去争取比赛的胜利。

三、篮球战术的运用

(一) 篮球战术运用的指导思想

篮球比赛变化多端，即所谓"兵无常势"。所以，在战术运用中，要正确认识与处理战略与战术、技术与战术、战术与谋略、意识与行动等几个关系。要运用"两

点论"去认识比赛中的复杂多变,诸如进攻与防守、快攻与阵地进攻、内线与外线、正面与侧面、左翼与右翼、区域与盯人、紧逼与松动、扩大与缩小、高度与速度、分散与集中、常规与特殊等等,从中找出规律,更好地在比赛中审时度势,捕捉战机,争取时间与空间的主动。同时,还要注意矛盾的主要方面与次要方面,分清主次和相互关系,以及在一定条件下主次之间的相互转化。要贯彻本队的战术指导思想,从实际出发,以己所长,攻彼之短,充分发挥队员的主观能动性,机动灵活地运用战术。打出风格,打出水平。

(二)篮球战术实施的过程

篮球战术实施,不论是在进攻或防守过程中,都是由开始组织、配合攻击、结束转换三个阶段构成。

开始组织阶段:是指在上一回合攻守结束后,下一回合的开始阶段。主要是双方各自转入有组织的攻守,根据所运用的战术,迅速组织形成一定的队形和阵势,过渡到配合攻击阶段。

配合攻击阶段:主要是有组织地通过队员之间的协同动作进行攻击或制约对方的行动。进攻以投篮为目的,防守以争夺控制球权而展开对抗,各种攻守战术行动的具体内容包括运用的配合方法、主攻的方向和防守的突破、攻击时机的捕捉、配合的变化、帮助与合作等。

结束转换阶段:主要是在完成攻击的同时,如何转入下一回如何迅速有效地连续展开攻守对抗。从这个角度来讲,投篮不是进攻战术的最后结束,获球也不是防守的最终目的。抢篮板球应是攻守战术方法的重要组成部分,获球只是攻守转换的信号。与此同时,全队整体行动中还要注意保持攻守平衡,以利组织下一次的攻守行动。

不论是进攻还是防守的各个阶段的行动程序,在比赛中并不是一成不变的。由于比赛情况的复杂多变,时机的出现有其必然性和偶然性,个人与集体对抗的积极性、本方与对方的失误等都有可能出现直接攻篮或获球而导致攻守的变化。因此,为了更好地实现战术意图,控制比赛进程与节奏,达到实效的目的,明确所运用的战术方法在攻守过程中如何实施、如何应变,是十分必要的。

(三)做好赛前战术准备

赛前战术准备是教练员经过认真分析思考,根据本队与对方的具体情况,有针对性地找出比赛中实施某种战术的方案,这是教练员带队参赛中不可缺少的环节。赛前战术准备的主要任务和内容是确定战术方案、进行战术部署和对队员进行适当

的心理调整。

1. 确定战术方案

确定战术方案的目的是使队员知道在比赛中如何去实施所选择的战术打法。打法的确定来源于周密的调查研究和合理地组织力量，发挥优势，力争胜利。

2. 进行战术部署

在确定战术方案的基础上，需要进一步进行战术打法的部署，宣布上场阵容（主力阵容）及一般替换原则，明确主要的战术打法，提出关键环节和具体要求，分析比赛中可能出现的各种情况，指出应变的战术变化，明确比赛过程的不同阶段、不同态势中战术运用的策略和有关注意事项，以及如何把握战术变化的原则和时机等等。

3. 心理状态调整

心理状态调整的目的在于帮助队员以最佳的心理状态投入比赛，为此要进行激发积极的比赛动机和竞争精神的心理动员，针对比赛过程的不同心理反应加以适当调整，使其心理上具备承受各种压力的能力。

4. 战术运用的原则性与灵活性

每名队员在战术运用中都要坚决贯彻战术指导思想和教练员的意图，必要时要规定战术纪律，以达到统一思想、统一行动的目的，既要强调以整体战术行动为主的原则，又要以临场情况为依据允许个人果断地行动，要把原则性和灵活性结合起来，充分发挥个人与集体两个积极性。特别是现代篮球比赛对抗激烈，情况复杂，具有较大的随机性。

第五节　高校篮球战术的教学与训练

一、篮球战术教学与训练的任务

篮球战术教学与训练是整个篮球教学训练整体内容中的一个重要组成部分，是为比赛所进行的战术准备过程。篮球战术教学训练的主要目的，是在比赛中能有效地和有组织地进行攻守对抗，争取比赛的胜利。

篮球战术教学与训练的主要任务是培养学生或运动员的专门素质和意识，获得篮球战术知识，掌握篮球战术方法，具备篮球战术实践运用能力。

战术意识是参加篮球实践活动重要的前提，它涉及的范围较广，诸如有关比赛规程、规则和组织等方面的知识，比赛阵势、攻守配合方法及其变化方面的知识，

个人在战术行动中合理运用技术等方面的知识，战术、技术、身体素质和心理素质之间相互关系方面的知识，侦察、分析和运用战术等方面的知识等。总之，篮球知识面越广，篮球实践磨炼越多，战术意识也必然越强。换言之，需要日积月累，不断加以充实。

战术方法是指篮球攻守战术体系。任何一个球队都必须掌握一定数量的攻守战术方法，并能在比赛中加以运用。掌握篮球战术方法与学习运用技能的原则是一样的，既要建立在理论准备的基础上，又要经过多次重复的练习。要特别重视战术的实际操作。同时，必须发展观察、判断、理解、分析和协作等能力。

战术运用能力是指运动员根据比赛条件，为了完成个人的和集体的战术任务而具有体能、心理素质、技术动作和战术方法等等的能力。

在完成上述篮球战术训练任务中，必须明确：战术配合方法本身就是技术合理运用的组织形式，不论运用什么样的战术，即便是最简单的战术，也必须通过技术去实现。战术训练与技术训练联系最为密切，战术只不过是攻守对抗中运用技能的一种艺术。从竞赛的角度来看，它的整个活动都是两队的个人与集体之间多变的技术性和战术性紧密相结合的组织形式。

二、篮球战术教学与训练的原理和方法

篮球战术教学与训练的基本规律、理论基础及教学训练步骤、基本原则的实践，与技术教学训练基本类同。必须考虑两方面的结合，即集体与个人相结合、模拟性与可变性相结合。篮球战术训练是围绕本队能在比赛中争取胜利而进行的相互配合、彼此帮助、协同行动的准备过程。所以在整个教学与训练中要始终贯穿着正确认识集体与个人相互作用的关系，要加强集体的使命感、责任感和荣誉感的教育，从而促使运动员对自己严格要求，在技术上精益求精，不断适应战术的需要。而队员之间的同场切磋、相互合作和彼此默契，是共同完成战术训练任务的保证。在这一过程中，既要培养运动员的集体主义和爱国主义的精神，又要激发运动员在战术实施中发挥个人主观能动性的作用。另一方面要正确处理战术模拟范例（典型模拟的方法）与应变（完成战术任务的战术可变性）的关系。学习战术的范例要有渐进性，要联系实际进行分解与完整的训练，对所选择的某个战术的范例，必须明确目的，掌握其合理的规律配合方法与基本要求。不要只限于固定的阵形、位置、路线和方法等方面，而要领会该战术的特点、本质和比赛中变化方法的可选择性。同时，要加强对运动员战术思维和意识的培养，使其在对抗中能适应情况的变化，提高应变能力，以便更好地控制比赛，灵活而有效地运用战术。其间，必须注意到战术训练不仅要重实际操作，而且要在这个过程中对运动员战术思维进行训练。战术思维形式

与实践形式之间是相互联系的，但也要认清它们之间存在的区别，培养运动员在比赛中具有迅速观察、善于分析、有智有谋和果断抉择的思维方法。战术意识和战术行动在攻守对抗中是密切联系的，意领于行，行反映着意，意行合一表现于对抗的一瞬间的正确意识指导下的正确决策行动。

篮球战术教学与训练方法的基础，是根据篮球运动的运动规定发展趋势、相关学科的影响和比赛的特征，以及运动员实际水平，以教育、训练学的一般原理为指导而确定的。主要的步骤：首先是采取无防守的训练，以解决掌握战术方法问题；其次是有假设对手的训练，这是为了改进战术配合的时间感和节奏感，促进和发展运动员的视觉、动觉和用力感等；再次是配合训练，是为了掌握战术配合的基本行动程序，在同伴之间积极的合作下，正确掌握协同行动的时机意识规律，明确配合行动的目的；最后是对抗训练，是用来进一步掌握与运用战术方法，提高对抗意识，提高意志品质，培养在有对手干扰破坏的情况下发挥个人与集体的作用。在对抗训练中，可以增减难度。模拟比赛训练和进行战例分析，应采用循序渐进、先分后合等训练方法，以增强运动员完成战术行动的信心，克服困难，掌握行动的时机与变化等，不断提高竞技能力。教练员要及时予以提示，帮助分析和纠正错误，提出解决问题的方法，来提高运动员的战术训练水平。

（一）篮球战术教学与训练的步骤和方法

篮球战术教学、训练的任务，是使队员掌握战术知识与方法，学会在比赛实践中运用。由于篮球战术内容丰富，方法比较复杂，因此，战术教学训练与技术教学训练应注意有机统一结合。其基本的教学原则，教学训练的步骤、方法与基本技术类同，只是形式内容要求有区别。

1. 建立战术概念，掌握战术方法

通常战术教学初级阶段，一般采用完整和分解结合的方法进行。第一，建立完整的概念。第二，掌握局部战术配合方法。第三，掌握全队战术方法。

2. 掌握攻守转换和战术综合运用能力

通常在掌握两个或两个以上全队攻守战术方法的基础上，结合比赛的攻守转换进行各种战术组合的练习，提高运用战术的应变能力。

3. 在比赛中运用战术，提高应变能力

在比赛前应明确指导思想，确立基本打法，再提出战术要求。比赛中应进行具体指导，比赛后要认真总结成功的经验，指出失败的原因，以改进和不断提高运用战术的能力。

(二) 个人战术行动的教学与训练

个人战术行动是指队员在比赛中根据本队的战术方案和整体及个性特长,结合对方的特点和临场变化而采取的有谋略的、有实效的组合成自己所承担的战术方案,它是以个体独立作战的形式表现于比赛之中,也是队员"综合能力"的体现。

个人战术行动是整体战术行动的组成部分,任何战术方法中的每个环节的衔接和效果,都取决于个人行动的质量,它影响着战术配合的运用和整体战术的实现。比赛中的一切个人战术行动,都是在几个人战术配合和整体战术配合的基础上去完成攻守任务,但是每个攻守回合又是千变万化的,要允许队员从实际出发有谋略地应变战术方案执行的方法,从而把主观意图与客观情况统一起来。个人战术行动的应变要服从和有利于全队任务的完成。所有战术方案都不是万灵妙方,不能以固定的战术模式去束缚队员,要在贯彻战术部署的原则下发挥队员的主观能动性。只有把原则性与灵活性结合起来,约而不死,活而不乱,才能创造性地去完成攻守任务。

1. 个人战术行动的原则

个人战术行动是队员在比赛中对复杂多变情况果断做出应答性的技能与技巧。这个瞬息过程,要通过队员观察与分析,综合成总的反馈信息,要体现在队员行动的具体动作上。个人战术行动质量取决于战术意识、反应和动作技能,它们是队员行动的基础。个人战术行动的原则:一是要有全局的战术观点和意识,二是要及时正确地判断,三是要果断地决策和合理地动作。

2. 个人战术行动的训练内容与方法

个人战术行动的教学训练要与几个人配合战术行动、整体战术行动的教学训练结合进行,尤其要重视在集体与整体的背景下进行,因为任何战术行动都与技术运用不可分割,个人战术行动也是不断提高技术运用能力的过程。在某种意义上说,战术教学训练实际上是一个个人战术行动的培养和塑造过程。反过来说,个人战术行动的内容融于整体战术行动和几个人配合战术行动之中,更存在和反映于技术运用之中。总之,在个人战术行动的教学训练中,应遵循一般运动教学训练规律和原则,培养战术意识和提高运用战术的机敏性,改进与强化技术运用能力,并使三者有机结合,相辅相成。

3. 个人战术行动的教学训练要求

个人战术行动作为队员对篮球比赛复杂多变情况迅速做出应答的运动活动能力,是需要在运动过程中通过不断的渗透和潜移默化的熏陶学习而获得的。因此,必须在教学训练中采取相应的方法和要求去进行培养。首先要重视有谋略地组合运用技术动作能力的培养,要把技术训练中的攻与守、意与形、位与向、时与空、动与静、

快与慢、分与合、真与假等方面在意识与行动上形成整体，要与比赛技术和各种战术行动的具体方法联系起来，以丰富队员的战术知识，提高他们的思考与计谋。

(三) 基础战术配合行动的教学与训练

基础配合战术行动是指两三名队员之间有目的地以各种形式的攻守基础配合方法为基础，扬长组合成的某些协同配合的行动和运用过程。它是整体战术行动的重要组成部分，是攻守过程中有效地为主动协同创造机会，应答比赛实际情况的运动行为。通过基础战术配合方法的教学与训练，对培养队员的战术意识、协同观念和组织整体战术行动都将起着重要的作用。

1. 基础战术配合行动的层次

基础战术配合行动，实质是争取比赛主动，协同行动，创造机会攻击对手，是队员之间高度协作关系的体现。基础战术配合行动是两个层次的协调机制，一是战术形式的操作层次协调，二是队员之间的心理层次协调，二者彼此联系，不可分割。

操作层次上的协调：通过战术配合方法的教学与训练，经过反复练习，相互协同配合达到一定的熟练程度，这是战术配合明显的外部结构，也是战术配合训练最主要的内容。

心理层次上的协调：是队员之间心理相容的一种表现。相容的人际关系是以彼此之间情感和谐、认识协调统一、行动合作一致和配合默契。

在篮球运动教学训练和比赛中，这两种协调是缺一不可的。如果参与战术配合的队员之间缺乏心理上和感情上的必要联系，只重视操作层次上的协调，是不能适应比赛复杂多变的情况的。

2. 基础战术配合行动的内容

基础战术配合行动方法种类很多，进攻基础战术配合有传切配合、掩护配合等，防守基础战术配合有抢过配合、穿过配合、绕过配合、关门配合、夹击配合、补防和交换防守配合等，其中不少配合又有许多不同的种类和变化的方法，它们都来自比赛实践经验的积累与总结所形成的、行之有效的具体方法。因此，在教学训练中应分清主次，突出重点。

3. 基础战术配合教学训练的要求

在基础战术配合的教学训练中，要遵循突出重点、由易到难和循序渐进的原则。同时要重视战术配合的意识培养和协同运用个人技术能力的培养，尤其要特别重视配合时机、配合位置、配合方法，以及应变配合观念的培养。在掌握了基本配合方法后，要及时结合实战对抗，以培养与提高实战能力，为学习整体战术配合打下基础。

(四) 整体战术行动的教学与训练

整体战术行动是指篮球比赛的战术活动过程中，全队整体组合运用的战术配合行动，它在某种意义上反映了队的风格和竞技实力。整体战术活动必须建立在明确、统一、符合实际的战术指导思想的目标上，实施整体战术配合要严格要求，相互协调，方法运用上要机动灵活，表现出整个战术行动是有组织进行的。

1. 整体战术行动组织过程

篮球比赛是双方攻守交替和不断转化的对抗过程。整个战术行动不论是进攻与防守，都是在快速、多变的运动中，一般都由开始组织、配合攻击、结束转换三个阶段组成。一个完整的战术行动过程，可以说是一个非常复杂的思维过程，应具备对抗、全局、动态、时空和协同等观念。

2. 整体战术行动的快攻

快攻是进攻中力求先发制人的最锐利的武器，是建立在快速决策、快速移动和快速配合中攻击得分策略基础上的最好手段。快攻教学训练中应思考的几个问题是：

（1）有明确统一的快攻战术指导思想，树立快的意识，培养快的作风与配合行动。

（2）要善于主动创造和捕捉快攻的时机，如加强拼抢防守篮板球、抢断球、跳球、抢发界外球等。

（3）重视阵势、布局与推进的层次，攻击中要保持有气势、有组织、有顺序、有重点、有模式、有应变、有节奏、有节制、有实效的结果。

（4）创新与完善结束快攻的得分手段。

3. 整体战术行动中的阵地进攻

阵地进攻在进攻战术中的全局时间部署上占有重要的地位，由守转攻首先应积极争取快攻，但如遇对方堵截破坏，则应掌握节奏，有机衔接地转入阵地进攻。在阵地进攻中，整体战术行动需要周密地组织实施，在教学、训练中应注意：

（1）明确落位阵势。是指全部队员转入阵地进攻时的落位队形。阵地进攻阵势的确定与队员条件（特别是中锋队员的特点）和本队进攻的打法有关。阵势只是相对形态，在实施过程中是绝对不固定的，因此，要思考随机应变、扬长避短和避实就虚，有利于配合的攻击实效性和连续性，有利于保持攻守平衡。

（2）阵地进攻打法繁多，但绝无万能的打法。只有结合自己的队员特点，合理地组合阵容，设计优势打法，主动诱引和捕捉对手的防守漏洞，才能创造更多的进攻机会。

（3）明确投篮攻击点和主要投篮攻击手。作为整体战术行动，设计打法时要选

准攻击点，确定投篮攻击的区和点。如在半个球场，可分为正面、左翼、右翼、左角、右角，要确保本队的主要投篮手有更多、更好的投篮机会。

阵地进攻中攻击点要力求全面、多人、多点、多位，否则难以实现战术的灵活性。当然，战术变化的灵活机动不只是攻击点的变化，还有战术形式、方法、活动区域和人员组织的多种变化。但在阵地进攻中，攻击点毕竟是技术变化的核心问题，攻击点要全面，如内外结合就是很好的证明。由此，在战术实施中明确每名队员的职责也很重要，如主攻、辅攻、助攻，或是组织者、接应者、策应者等，要合理地组织力量，保证攻击点的实现，更好地发挥战术的功能。

（4）善于将各种战术阵势与打法有机衔接与应时变化。阵地进攻中所采用的战术配合都不是孤立地进行，往往是两个、三个，甚至更多的人组成某种配合行动，并在运用中随机配合，临时应变组成某些特殊形式的配合行动。因此，必须在战术打法设计中考虑它们之间的衔接：一环扣一环，不断调整位置和阵势，不断重新组合，保持主动，迫使对方防不胜防。

（5）善于掌握节奏，控制时间。在阵地进攻中，队员行动的节奏和配合的时间，关系到配合成败，队员善于在不同阶段时间内变化各种行动的速度节奏，就能摆脱防守，争取时间与空间的主动。

（6）注意阵地进攻中攻守保持相对平衡。平衡就是为了保持主动和创造优势，解除后顾之忧。就比赛而言，始终处于由平衡—不平衡—平衡的动态之中。如果说进攻是为了得分，那么防守则是为了胜利，为了获得冠军。

综上所述，阵地进攻中整体战术行动是一个有组织的、动态的、变化的过程，需要精心设计、组织与实施，队员在行动上更要相互协同创造机会，发挥整体的优化作用。

4. 整体战术行动的教学训练提示

整体战术行动在很大程度上反映整个训练水平，因此，既要重视不同攻守战术方法的操作训练，又要注意培养战术意识，提高队员战术素养和加强集体主义观念，不断提高战术教学训练质量。整体战术行动的教学训练，是在个人及几个人战术配合行动教学训练基础上进行的。在方法上也必须遵循一般教学训练原则，先在消极对抗的条件下熟悉全队战术阵势、配合路线与协防方法，再在积极防守条件下提高战术运用能力。在战术训练实施中，必须从整个攻守进程来组织操作过程，做到攻守并重，提高攻守转换意识和速度，使攻守能有组织地顺利平衡进行，特别是要注重转换攻守战术配合之间的衔接。战术训练的负荷一般小于技术、身体训练的密度和强度。特别应增加对抗训练的次数和时间，重视充分调动每名队员的积极性，完善他们的战术思维，提高分析、操作、应用和解决战术问题的能力。

第六章　高校篮球游戏教学指导

第一节　篮球运球类游戏教学指导

运球技术是篮球运动基本技术之一，是刚刚接触篮球的人首先要练习的技术，也是一个进行篮球运动所必备的技术。因此，为了提高篮球运球技术的教学效果，高校体育教师可以将篮球的运球技术设计成游戏模式，以提高学生参与基本技术练习的兴趣。

一、胯下左、右运球教学指导

胯下左、右运球游戏能够有效提高高校大学生的控制球的能力，在篮球教学中运用较多。

（一）场地器材

篮球场地1块，每个学生一个篮球。

（二）游戏方法

队员两腿前后开立成弓箭步姿势。两手交换运球，使球从两腿之间的地面向左右反弹。如图6—1所示。

图6—1　胯下左、右运球教学指导

(三) 游戏规则

两眼不注视球，30秒内运球次数多为胜。

二、胯下前、后运球教学指导

与胯下左、右运球一样，胯下前、后运球游戏也可以有效提高高校大学生的控制球的能力。

(一) 场地器材

篮球场地1块，每个学生一个篮球。

(二) 游戏方法

两腿左右开立，两手分别在身前和身后交替运球，如图6—2所示。

图6—2　胯下前、后运球教学指导

(三) 游戏规则

游戏规则同胯下左、右运球，两眼不注视球，30秒内运球次数多为胜。

三、胯下"8"字形运球教学指导

胯下"8"字形运球游戏可促进大学生熟悉球性，培养学生在腿间控制球的能力。

(一) 场地器材

篮球场地1块，每个学生一个篮球。

(二) 游戏方法

两腿左右开立，双手持一球，放到两腿间，两手交换在腿间"8"字形围绕，反复进行，如图6—3所示。

图 6—3　胯下"8"字形运球教学指导

(三) 游戏规则

第一，学生两脚平行或前后开立稍大于肩，下蹲头部抬起。双眼只盯住球者一次罚 2 个俯卧撑。

第二，目标是在 30 秒内做 35 次以上。失败者接着练习，不准停球。

第三，根据学生水平，可逐渐减少运球次数。如开始可以运 3~4 次绕 1 圈，直至减到运 1 次绕 1 圈。

四、双手同时运两球教学指导

双手同时运两球游戏能够有效提高大学生双手运球和控制球的能力。

(一) 场地器材

篮球场地 1 块，篮球若干，至少每个学生 2 个篮球。

(二) 游戏方法

两脚左右开立，稍分前后，膝微屈，两手各持 1 球。练习时，两手同时放球，按同一节拍两手运两球，如图 6—4 所示。

图 6—4　双手同时运两球教学指导

(三) 游戏规则

第一，学生两手必须同时运两球。
第二，学生运球时必须用手指、手腕控制球。
第三，学生运球中失误丢球时，拾起球继续进行。

五、死球拍"活"教学指导

死球拍"活"游戏旨在提高大学生手指、手掌控制球的能力。

(一) 场地器材

篮球场地1块，每个学生一个篮球。

(二) 游戏方法

身体自然下蹲，将两球平稳地放在地面上，两手触击球的上部，用手指和手掌前部连续拍击球的上部，使球由静止状态反弹起来，原地运2个球。如图6—5所示，依次反复练习。

图6—5 死球拍"活"教学指导

(三) 游戏规则

第一，游戏过程中，学生只能用手指、手腕的力量快速拍按球，使球变"活"，不得把球拿起来。

第二，同队学生间已把球拍"活"的学生不能去帮未把球拍"活"的同伴把球拍"活"。

第三，不得以任何方式干扰对方拍"活"球。

第四，游戏中，违反上述规定者，视为犯规。凡犯规者罚其把球连续拍"活"3次。

六、运球追逐教学指导

(一)场地器材

篮球场地1块,篮球2个。

(二)游戏方法

学生两人一组,每个学生1球,按既定路线相互追逐,追上得1分。然后恢复到原来的位置上,换另一只手运球追逐,这样重复练习。在规定的时间内,得分多者获胜。

(三)游戏规则

第一,运球者只能在圈外运球追逐,不得踩线或进入圈内。凡出现1次踩线或进入圈内就算被对方追拍到1次。

第二,运球失误时要把球捡起来在失误处继续,此时追拍到前方者无效。

第三,必须用规定的手运球,否则追拍到前方者无效。

七、变向运球接力教学指导

(一)场地器材

篮球场地1块,篮球2个。

(二)游戏方法

第一,将学生分成人数相等的两队,分别面向场内站在同一端线的两个场角上,排头各持一球。

第二,游戏开始,排头学生运球起动,在第一个障碍物前做变向换手运球,在第二个障碍物前做背后运球,在第三个障碍物前做后转身运球。

第三,运球分别到另一端线的两个场角,返回时仍按原路线和方法进行,并以手递手的方式把球交本队的下一个学生。

第四,直至全队每个学生轮完一次,速度快的队获胜。

(三)游戏规则

第一,运球中必须有一只脚踏入罚球圈或踏到边线中点或前场场角,方能继续

向预定方向运球前进，否则判为犯规。

第二，凡是被判犯规者，其所跑次数无效，判其在本队最后重跑一次。

第三，交接球必须以手递手方式进行，否则判为犯规。

八、运两球接力教学指导

(一) 场地器材

篮球场地 1 块，篮球 4 个。

(二) 游戏方法

学生分为人数相等的两队，各队成纵队站在同一端线外面面向场内，排头学生手持两个球。游戏开始，排头学生左、右手各运一个球到中线，然后把两个球放在地上擦地面推回，推球时手不离球、球不离地。返回端线把球交给下一个学生，照上述方法继续进行，直至全队做完，速度快的队获胜。

(三) 游戏规则

第一，运球时，如有一球滚离，必须拾回，在失误处继续运两球，实际运球距离不能减少。

第二，返回推球时双手均保证不能离开球，与此同时两球均要保持不能离地。

第三，必须有一脚踩中线才能返回。

第四，如果出现违反上述规则中的一条即可视为犯规，判其重运球一次。

九、运球障碍接力教学指导

(一) 场地器材

篮球场地 1 块，篮球 2 个。

(二) 游戏方法

在场地的两个半场的左右两侧各放一个标志物，学生分为人数相等的两队，面向标志物在同一端线后成一路纵队站立，排头各手持一个篮球。游戏开始，从排头起每个学生按图示路线依次把球运至立柱以规定动作做运球突破，返回时按原路线和动作进行，并以手递手方式将球交给下一个学生，直至全队每个学生轮一次，最先轮完的队获胜。

(三) 游戏规则

第一，以手递手的方式把球交给下一个学生，否则判为犯规。
第二，按照规定要求在立柱前运球并做突破动作，否则判为犯规。
第三，运球至前场后，必须保证有一只脚踩端线才能返回，否则判为犯规。
第四，犯规者的运球被视为无效运球，必须重跑一次。

十、行进间运球转身教学指导

行进间运球转身游戏练习能够提高学生在行进间运球转身的能力。

(一) 场地器材

篮球场地1块，篮球若干。

(二) 游戏方法

从篮球场端线开始，左、右手各运一球，向前移动。根据信号做前转身、后转身运球，然后继续快速运球前进。如图6—6所示。

图6—6 行进间运球转身教学指导

(三) 游戏规则

第一，行进间运球不允许走步违例，转身时不能夹球跑。
第二，违例者，原地纵跳5个。

十一、行进间背后变向运球教学指导

行进间背后变向运球游戏能够提高学生隐蔽变向运球能力。

(一) 场地器材

篮球场地1块，每个学生两个篮球。

(二) 游戏方法

在行进中左、右手各运一个球。听到信号后,一个球从背后转移到另一只手,另一个球从身前转移到另一只手,继续运球前进。如图6—7所示。

图6—7　行进间背后变向运球教学指导

(三) 游戏规则

第一,双手必须同时向下推球和运球。
第二,变向时注意按拍球的部位,动作要协调、连贯,身体要自然。
第三,运球失误,拾到球继续练习。

十二、运球绕场跑教学指导

(一) 场地器材

篮球场地1块,篮球2个,障碍架4个。

(二) 游戏方法

将学生分成4个小组站好。各组1号拿球,听到哨声后逆时针方向运球绕场地跑,跑完一圈后把球交给2号,2号也运球绕一圈把球交给3号,依次类推,看哪个队先完成接力赛。

(三) 游戏规则

学生必须运球绕障碍架绕场跑,否则要返回重做。

第二节　篮球传球类游戏教学指导

一、三角传球教学指导

(一) 场地器材

篮球场1块，平整的空地1块，每3个学生1个篮球。

(二) 游戏方法

将学生以3人一组分成若干小组，两个组交错站位。学生相距3~4米，每个学生持一球，①传②，②传③，③传①，❶传❷，❷传❸，❸传❶，如此反复进行，先失误队为输队。如图6—8所示。

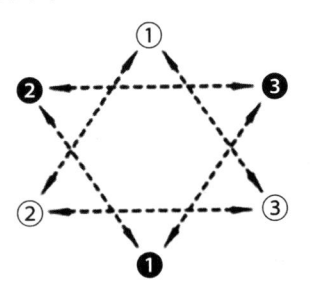

图6—8　三角传球教学指导

(三) 游戏规则

第一，传、接球方式根据教师要求进行。
第二，必须站在三角形的顶点上进行传、接球，不准踩线或过线。

二、两人传三球教学指导

(一) 场地器材

篮球场地1块，篮球每两人3个。

(二) 游戏方法

学生分为两人一组，相距4~5米，面对面站立。两人用3个球做原地的单手体侧传接球，要让球不停运转直到规定时间，累加其传球次数，次数多者获胜。

(三）游戏规则

第一，计算传球次数以开始手持两球的学生传球次数为准。
第二，传球失误时从失误处继续累加下去。
第三，3个球要始终保持运转，不能有明显停顿。

三、两传一抢教学指导

（一）场地器材

篮球场地1块，篮球每3个学生1个。

（二）游戏方法

学生分为三人一组，其中两人为传球人，相距大约3米，相对而立，第三人为抢球者，站在两个传球人中间。游戏开始，两传球人以各种方式相互传接球，不让中间的抢球者抢到球。位于中间的抢球者则以快速地来回移动抢截两传球人传出的球，如果其中一个传球人的球被抢球者的手摸到，则两人互换角色继续。

（三）游戏规则

第一，两传球人不得拉大传球距离，接球后中枢脚不得移动，违者算犯规。
第二，不得传高吊球，否则算犯规。

四、双人蹲跳教学指导

双人蹲跳游戏主要目的在于提高学生的协调性及下肢力量，培养学生相互协作的能力。

（一）场地器材

篮球场地1块。

（二）游戏方法

在场地上画两条相距5米的平行线，分别为起跳线与折回线。将学生分成人数相等的两队，各成两路纵队站在起跳线后。每队由第一组开始，两人背对背下蹲，并以两肘相拐，准备做蹲跳。如图6—9所示，游戏开始，听到口令后，两人同时协调用力向折回线跳进，跳过折回线后，再迅速跳回。以先跳回的组为胜，胜者得1

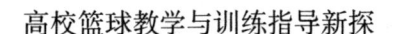

分。游戏按照上述方法依次进行，最后以积分多的队为胜。

图 6—9　双人蹲跳教学指导

(三) 游戏规则

第一，蹲跳时两人不得站起。
第二，必须两人都跳过折回线，才能折回。

五、传球比准教学指导

(一) 场地器材

篮球场地 1 块，篮球若干个。

(二) 游戏方法

在篮球场的一个半场罚球线两端画两个直径为 2.5 米的圆圈，学生分成人数相等的两组站在篮球场后场端线后，每组派一个同学站在圆圈内，端线后的学生每个学生一个篮球向圈内的同学传球，接球人不能出圈接同组的长传球，在圈内接住一个球计 1 分。每组轮完一遍后得分多的组获胜。

(三) 游戏规则

第一，圈内接球人出圈接住的球无效。
第二，传球人不能越过端线传球。

六、传球比多教学指导

(一) 场地器材

篮球场地 1 块，篮球 1 个。

(二) 游戏方法

学生分为人数相等的两队，比赛以中圈跳球开始，在整个篮球场内得球一方在本队学生之间连续传接球 15 次不被对方抢断，即得 1 分。如传接球未到规定次数而被对方抢断或自己失误，则取消已传次数，直到该队重新获得球再从头计起。在规定时间内得分多的队获胜。

(三) 游戏规则

第一，有球一方只能传球，不得运、投、带球走，否则算违例。

第二，抢断球时不得有犯规动作，否则抢到球无效，球交对方在犯规处重新开始比赛。

第三，同队之间传接球已超过规定次数，而球尚未被对方抢去，可继续传接得分。

第四，同队两人间传接球不得连续进行，否则所传违例。

七、传球追逐教学指导

(一) 场地器材

篮球场地 1 块，篮球 2 个。

(二) 游戏方法

学生分为人数相等的两队，相互交错站成一个圆圈，圆圈的直径约 10~12 米，每队各出一人手持一球背对背站立在圆圈中央。游戏开始，圆圈中的学生按同一方向传球给本队每一个人，该队的每个学生接球后又把球回传给圈中人，连续进行，两队所传的球互相追逐，超越对方的队获胜。

(三) 游戏规则

第一，任何人不得故意干扰对方传球，否则算失败。
第二，圈中人只能在中圈内移动和逐一把球传给本队学生。
第三，传球失误或违例均算该队失败。

八、胯下传接球教学指导

(一) 场地器材

篮球场地1块,篮球每个学生1个。

(二) 游戏方法

两人背对背站立,两脚与肩同宽平行开立,其中一人两臂自然伸直持球于体前,开始时,将球传在两人两脚之间的地面上,使球从地面反弹起来,穿过胯下到另一人体前,使其双手在体前能将反弹过来的球接住。如图6—10所示。

图6—10 胯下传接球教学指导

(三) 游戏规则

第一,身体保持正直,两脚不要移动。
第二,两眼平视前方,不要看球。
第三,动作要连贯,中间不要有停顿。

九、跳起传接球教学指导

(一) 场地器材

篮球场地1块,篮球每个学生1个。

(二) 游戏方法

两人面对站立,相距3米左右。练习时,持球者用双手或单手将球弧线传给对

方，使球向对方头前上方落下，接球者跳起在空中用双手或单手接球，并在空中用双手或单手回传球，练习一段时间和一定次数后，两人交替练习。如图6—11所示。

图 6—11　跳起传接球教学指导

(三) 游戏规则

第一，传球不要过低，要有一定的弧线。
第二，如果跳起后不能把球传出而着地，则视为带球跑违例。

十、传球摸人教学指导

(一) 场地器材

篮球场地 1 块，篮球 1 个。

(二) 游戏方法

参加游戏者分散在场内任意跑动，指定两人传球，在不准走步、运球的情况下，传球人通过传球去追逐并及时用球去触及场上跑动的人，被触及者参加到传球人的行列，最后看谁没被触及。

(三) 游戏规则

第一，徒手学生不准超出规定的场地线，否则算被触及。
第二，传球人只能用传球去"触及"徒手学生，否则无效。

十一、传球接力教学指导

(一) 场地器材

篮球场地 1 块，篮球 4 个。

(二) 游戏方法

全体学生分为人数相等的四个队，分别站立在半场的两边线、端线、中线后，四队均面向场内站立，每队各由一人手持一球面向本队站立于罚球圈内。游戏开始，圈中的学生按规定动作把球给本队第一人后，即跑回本队队尾，接球者马上起动把球运至圈内，再按同样的规定动作把球传给本队第三人，自己回到队尾，如此循环下去直至全队每个学生做一次，先做完的队获胜。

(三) 游戏规则

第一，传接球失误，由失误的两人回到原处重做一次。
第二，传球或接球都不能越线，否则犯规者必须重做一次。

十二、打"龙尾"教学指导

(一) 场地器材

篮球场地1块，篮球1个。

(二) 游戏方法

全体学生分为人数相等的甲、乙两队，甲队首先围成一个直径约10~12米的圆圈，乙队在圆圈内排成纵队，后面的人抱着前面人的腰组成"龙"，排头的学生为"龙头"，排尾的学生为"龙尾"。游戏开始，圈外的人相互传球，捕捉时机用篮球掷"龙尾"，"龙头"则带领全队迅速奔跑、躲闪或用手挡、打来球，以保护"龙尾"不被球击中。若"龙尾"被击中则到排头担任"龙头"，圈外的人再继续快速传球打断"龙尾"。直到规定时间停止，计算被击中的"龙尾"有多少人。然后与圈外的甲队互换角色，再进行同样的时间后，游戏暂停，计算双方被击中的"龙尾"数，数量少者获胜。

(三) 游戏规则

第一，圈外人不得缩小圆圈的直径以进入圈内打"龙尾"，否则打中无效。
第二，圈内的"龙"必须保持纵队队形，不能断开，"龙尾"也不能缩在队伍内，否则算被对方打中。
第三，只准打"龙尾"腰部以下的部位，否则打中无效。

第三节　篮球投篮类游戏教学指导

一、包、剪、锤教学指导

包、剪、锤游戏目的在于提高学生投篮时的弹跳力及灵敏性。

(一) 场地器材

场地1块。

(二) 游戏方法

将学生分成人数相等的两组，成两列横队左右间隔1米，两组相距2米对面站好，如图6—12所示。教师有节奏地喊"1、2、3"。当喊"1、2"时，都用力向上跳，喊"3"时落地成下列三种姿势：两脚并拢落地，代表锤子；两脚前后分开落地，代表剪子；两脚左右分开落地，代表包袱。根据两脚落地的姿势判别胜负，锤子胜剪子，剪子胜包袱，包袱胜锤子，胜得多者为胜。

图6—12　包、剪、锤教学指导

(三) 游戏规则

第一，必须按教师口令做。如果动作过慢，则判为犯规。
第二，跳得尽量高些，在未进行比赛前，可以先做几次，动作熟练后再比赛。

二、三分领先赛教学指导

(一) 场地器材

篮球场地1块，篮球若干个。

(二)游戏方法

把学生分为人数相等的两队,在两个零度角三分线外投篮,比赛的顺序是甲1、乙1,甲2、乙2,先进5个球的一方获胜。

(三)游戏规则

在玩三分领先赛游戏时,学生要按顺序进行比赛,中途不得交换位置。

三、连续跳投教学指导

(一)场地器材

半块篮球场地,篮球每个学生1个,标志物2个。

(二)游戏方法

在半场的三分线内与端线相距约2米处放一标志物,把学生分为人数相等的甲、乙两队,各成纵队面向球篮站立于三分线外的左、右两侧,排头不持球,其余的学生每人持1球。游戏开始,各队排头向同侧标志物的方向做侧身跑,跑至标志物外接本队学生传来的球急停跳投,无论投中与否均去抢篮板球并返回本队队尾。如此连续不断进行,直到在规定时间,命中次数多的为胜队,或完成规定的命中次数,先完成的队获胜。

(三)游戏规则

第一,必须依次传、投,超越顺序的人投中无效。
第二,必须在标志物外跳投,在标志物内投中无效。
第三,传接球失误,由失误者把球捡回再排列到队尾,不得原地重新投,否则投中无效。

四、"织布机"教学指导

"织布机"游戏旨在发展学生肌肉的弹性,培养其快速的协调能力。

(一)场地器材

篮球场地1块。

(二) 游戏方法

学生面对面手拉手，一人全蹲，一人站立。教师发出口令后，下蹲者迅速站起，站立者迅速下蹲，形成一蹲一起的有节奏的起伏。在规定的时间内看哪一组蹲起的次数最多、最协调为胜。如图6—13所示。

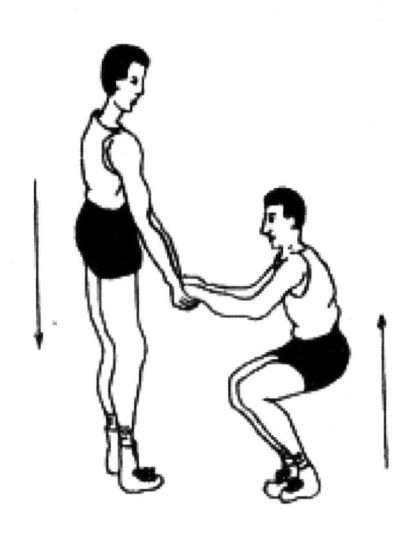

图6—13 "织布机"教学指导

(三) 游戏规则

第一，要求全蹲，且下蹲时不得提脚跟。
第二，如果两个学生同时上下做蹲、起，则判失败，不计分数。

五、行进间运球投篮教学指导

行进间运球投篮游戏能够提高学生运球上篮的能力，增强身体的协调性。

(一) 场地器材

篮球场地1块，篮球每个学生2个。

(二) 游戏方法

从篮球场端线开始，左、右手各运一球到篮下，一手持球，一手行进间上移，然后单手抢篮板球运到对面端线。如图6—14所示。

图6—14 行进间运球投篮教学指导

（三）游戏规则

第一，停球或运球失误者，必须从端线蛙跳到中线。
第二，运球投球不中者，从端线蛙跳到中线。

六、换球上篮接力教学指导

（一）场地器材

篮球场地1块，篮球4个。

（二）游戏方法

把两个篮球分别放在中线上。把学生分为人数相等的两队，分别成横队面向场内站在两端线外，排头手持一个球。游戏开始，两队排头运球快跑至中线，放下手中的球，捡起地上的球快速运球上篮，投中后按原路线运回中线换球回运到起点处，将球交给下一个学生，每个学生按同样的方法依次进行，直到全队每个学生做完一次，先完成的队为胜方。

（三）游戏规则

第一，在端线手递手交接球后才能起动，否则此次运球上篮无效，该学生应在本队最后重做一次。
第二，每次投篮必须投中才能返回。没投中，可采用任何方法补中。
第三，还可把上篮改为运球至罚球线投篮，不进补中。

七、抢投 30 分教学指导

(一) 场地器材

篮球场地 1 块，篮球 4 个。

(二) 游戏方法

把学生分为人数相等的四个队，每两队用一副篮筐，各队在距篮圈 5 米的 45°角纵队站好，排头各持一球。游戏开始，各队从排头起做原地跳投一次，罚球一次，自投自抢，无论投中与否，都要把球传给下一个学生，依次按同样方法进行。按跳投投中得 2 分、罚球投中得 1 分的分值累计，直到投满 30 分，以完成的快慢排列名次。

(三) 游戏规则

第一，严格限制投篮距离，跳投时的起跳点不能越过规定范围。
第二，不得故意干扰对方投篮。

八、攻守投篮教学指导

(一) 场地器材

篮球场地 1 块，篮球 2 个。

(二) 游戏方法

将学生分为人数相等的两队，双方各有一个学生手持球站在本方半场的端线外准备发球。游戏开始，当裁判员鸣笛后，各自发球开始比赛，两队同时在场上传球、运球、突破，力求将球投入对方篮内得分。同时又要设法阻截和防止对方将球投进本方篮内，并积极抢断对方的球，组织反攻。在规定时间内，进球多者获胜。

(三) 游戏规则

比赛中出现犯规、违例、传球出界等情况时，均判对方在犯规、违例方的半场发界外球。

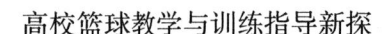

九、上篮积分赛教学指导

(一) 场地器材

篮球场地 1 块, 篮球 2 个。

(二) 游戏方法

将学生分为两组, 一组手持球站于中线与边线交接处, 另一组站于罚球线上。游戏开始, 持球的人传球至罚球线学生, 然后起动接回传球上篮, 上篮结束到罚球线, 罚球线上的学生跟进抢篮板球, 抢完篮板球手持球站到中线。上篮投中得 2 分, 不中则要补中, 补中得 1 分, 在规定时间内先得到 50 分为胜利队。

(三) 游戏规则

接球后直接上篮, 不得运球, 否则投中的球无效, 重新开始。

十、投篮升级比赛教学指导

(一) 场地器材

篮球场地 1 块, 篮球 2 个。

(二) 游戏方法

在距投篮区 5.5 米处, 设 0°角、45°角、90°角、45°角、0°角五个投篮点。把学生分为人数相等的两队, 分别成纵队站立于左、右两边的 0°角上, 排头各持一球。游戏开始, 两队自排头起依次按规定要求进行投篮, 逐一投完五个点, 最先回原起点的队获胜。

(三) 游戏规则

进行该游戏的学生必须要投中才能到下一个点投篮。

第四节　篮球综合类游戏教学指导

一、身体素质游戏教学指导

（一）你抓我救教学指导

1. 场地器材

篮球场地 1 块。

2. 游戏方法

设定球场的中圈为"禁区"，选出参加游戏中的 5 人为追逐者，其余人作为被追逐者将在场内随意地跑动。追逐者把抓到的被追逐者送到"禁区"内。没有被抓到的被追逐者可设法避开守在"禁区"旁边的追逐者去营救"禁区"内的学生。直到所有被追逐者全被抓完送进"禁区"，或"禁区"内的被追逐者全被营救完为止。另换一批追逐者和被追逐者开始继续游戏。

3. 游戏规则

第一，在"禁区"外的人用手拍"禁区"内的人的手掌为营救成功。

第二，在"禁区"外的人在营救"禁区"内的学生时又被追逐者抓到，同样要进入"禁区"内等待同伴的营救。

第三，进入"禁区"内的人不得自行离开。

第四，追逐者只有抓住被追逐者才算抓到，仅仅拍到无效。

（二）抬"木头人"教学指导

1. 场地器材

篮球场地 1 块，垫子 2 个。

2. 游戏方法

第一，在球场的中线外并排放置两张体操用的垫子，两垫子相隔约 6~8 米。把学生分为人数相等的两队，分别成纵队站立于球场中线的另一侧，正对各自的垫子，两队排头首先跑至垫子上仰卧挺直，称为"木头人"。

第二，游戏开始后，两队在起点上的第一人迅速起跑至垫子上用两手托头把仰卧在垫子上的同伴抬成直立，并迅速以同样的方法在垫上仰卧。被抬起的人则快速回到本队拍击下一人的手后，排回本队队尾。

第三，被击掌的学生又快速跑到垫子上托起仰卧在垫子上的学生……如此反复进行，直到最先仰卧在垫上的学生把本队最后一个学生抬起并一同返回本队为止。

先完成游戏的队获胜。

3. 游戏规则

第一,"木头人"只有被抬起成直立后方能跑动,不得自己爬起来,否则为犯规。

第二,抬"木头人"者只有把学生抬起后方能躺下,否则为犯规。

第三,起点处的学生只有在被击掌后方能启动,否则为犯规。

第四,凡被判犯规者,必须重做一次。

(三) 突围教学指导

1. 场地器材

篮球场地1块。

2. 游戏方法

第一,把参与者分为人数相等的甲、乙两队。先由甲队学生相互握手腕站成一个圆圈,把乙队全体学生围在圆圈内。

第二,游戏开始,乙队学生要设法从圈内挣脱出圈,甲队学生要设法组织防止对方从圈内向外突围。

第三,到规定时间为止,双方交换圈内外角色。一个回合后计算双方突围的人数,突围人数多的队获胜。

3. 游戏规则

第一,圈内的学生只能使用巧法而不是用手拉开对方握住的手腕突围,否则算犯规。

第二,圈外的学生可用握住的手拦住对方,但不可以松手抓对方,否则算犯规。

第三,若圈外学生犯规,算对方突围成功。若圈内学生犯规,则突围无效。

(四) 两人三腿教学指导

1. 场地器材

篮球场地1块。

2. 游戏方法

第一,把全队分成两人一组的若干组,两人成以下姿势分别站在球场的同一端线后:两人肩并肩,相邻的手相互搂住同伴的后颈,两腿分开,上体前倾,外侧手从相邻的两腿后面紧紧拉住,形成两人"三"条腿。

第二,听到出发的信号后,各组以此三条腿走路的方式向前行进。

第三,游戏过程中,根据到达场地另一端端线的先后顺序排列名次。

3.游戏规则

第一,两人在相邻的两腿后紧拉的手不得脱离,否则要在原地接好后方能继续前行。

第二,以两人的三条腿到达场地另一端端线后方为到达终点的标志。

二、心理素质游戏教学指导

篮球运动是一项高强度、竞争激烈的球类运动,对学生的心理素质要求较高,尤其是要求学生必须具备高度集中、具有一定广度和持续性的注意力,同时要求学生在训练和比赛中必须保持一定的肌肉紧张和精神紧张,以便于保持良好的竞技状态。这里主要针对篮球运动中学生的注意力和放松游戏进行具体阐述。

(一)反动作教学指导

反动作游戏能够培养学生注意力的集中。

1.场地器材

篮球场地1块。

2.游戏方法

将学生分为甲、乙两队成两列横队站立,全体一起做与教师发出的口令相反的动作。

3.游戏规则

教师发出的口令应清晰准确,凡做错者扣一分,规定时间内扣分少的一队获胜。

(二)发电报教学指导

发电报游戏能够培养学生注意力的集中。

1.场地器材

篮球场地1块。

2.游戏方法

第一,将学生分为人数相等的两队,成纵队,队间间隔3~5米,学生间隔一臂背向教师站立。

第二,游戏开始,两队排尾的学生到教师面前接收"电报"内容,并迅速跑回原位置,用小声向他前一个同伴口述"电报",按队列依次传到最前一人,最前面一人迅速跑到教师面前复述"电报"。

第三,速度快、复述正确的队获胜。

3. 游戏规则

传者和听者都不得缩短间距或转头去听。"电报"内容只能按队列逐一传送，不得"越位"。一方的"电报内容"被对方或被第三人听到，算"电报"被截获而失败。

(三) 猜领袖教学指导

猜领袖游戏有助于让学生学会放松。

1. 场地器材

篮球场地1块。

2. 游戏方法

第一，全体学生围成一个圆圈面向圆心站好，选出一名"猜者"离开队伍并背向圆圈，另指定圈内一名动作引导人为"领袖"。

第二，游戏开始，猜者走进圆圈内，"领袖"以动作引导全体学生做放松动作，在"猜者"不觉察的情况下迅速变化动作，其他学生随之变换动作……"猜者"猜出谁是"领袖"。

第三，猜中由"领袖"代替猜者，猜不中罚其带全体学生做两节放松动作，每节做两个八拍。

3. 游戏规则

第一，"领袖"必须不断变换动作，动作必须和放松动作有关。

第二，其他学生不得对猜者有暗示，眼睛不得直盯引导人。

第三，违反规定者做"猜者"。

(四) 报球名教学指导

报球名游戏有助于让学生学会放松。

1. 场地器材

篮球场地1块。

2. 游戏方法

第一，所有学生围成一个圆圈，面向圆心站立。从圆圈中的任一人开始，依次报各种球名，同时以放松的动作模仿相应的打球动作，以此类推。

第二，其他学生也必须跟随报球名的学生的动作一起做。

3. 游戏规则

第一，一次游戏中10个以内的球名不得重复。以放松动作模仿相应的技术动作时，至少要做一个八拍。

第二，游戏参加的人数最好不要超过15人。

(五) 报数教学指导

报数游戏有助于让学生学会放松。
1. 场地器材

篮球场地1块。
2. 游戏方法

让学生围成一个圆圈面向圆心站立，指定一人开始，按顺序报数，报到3或3的倍数时，不报数而用哈哈一笑代替，做错者需要做一节放松徒手操。
3. 游戏规则

第一，按常规报数，不得抢报或停顿。

第二，放松运动的徒手操必须做两个八拍以上，且不得重复前面的人已做过的动作。

第七章　高校篮球心理能力教学指导

第一节　高校篮球意识的基本内容

一、篮球意识的概念及作用

(一)篮球意识的概念

所谓"篮球意识"，是指篮球运动员在从事篮球实践活动中经过大脑积极思维过程而产生的一种正确反映篮球运动规律性的特殊机能和能力。它是篮球运动员在长期篮球运动实践活动的认识过程中提炼积累起来的一种正确心理和生理机能的反射性行动的总称。简而言之，是篮球运动员对篮球运动比赛规律客观现实的主观反映。

篮球意识被认为是篮球运动员最宝贵的"精髓"，是比赛中指导正确行动的"活的灵魂"。

篮球意识的形成有它一定的规律，需要经过较长时期科学的、系统的训练，并在无数次激烈的篮球比赛实践风雨的吹打磨炼下，不断地积累知识和经验而逐步形成。它随着运动员篮球技能的形成而产生，也随着篮球技术、战术的发展而提高，并形成自己的特点、规律和构架。可见，实践是"正确篮球意识"的源泉，"正确篮球意识"的形成是从感觉阶段的概念、判断到推理阶段的决断过程。反映到心理学上，就是从感觉到知觉的过程。运动员在比赛中行动的正确与否，绝大部分情况下取决于感觉、知觉和思维加工的正确与否，思维加工认识正确，形成的意识就强。回顾国内外许多优秀的篮球运动员，在比赛中所表现的那种超群才干，无不充分体现他们具有良好的"正确篮球意识"。

(二)篮球意识的作用

球场上运动员一切正确的行动都是运动员在自身正确意识指导下的客观反映，具体作用如下：

1.支配性作用

具有正确篮球意识的运动员，通常在训练和比赛中，就能以正确的潜在意识支

配自己的合理行动，决断应变时机，自觉主动并创造性地根据已经变化或预测可能变化的情况，及时调整自己的思路与决策，从而更有针对性地、有效地发挥自己和全队的特长，表现出高度意识化的主观能动性作用和对篮球技术、战术与谋略运用的放大性作用，达到在激烈复杂的比赛对抗下始终把握全局的主动权。

2.行动选择作用

运动员在比赛过程中，某一时刻所意识到的攻守对抗情况不是笼统的，而是依据比赛分层次、分轻重缓急和有选择的。一般情况下，运动员首先意识到当时的攻守对抗态势，在纷杂的情况中重点意识到与自身行动意向最为密切的信息，进而做出准确的判断和选择，为选择攻守目标的个人战术行动做出正确的定向。

3.行动预见作用

篮球意识不但是对比赛对抗现实情景的主动反应，而且可预见到攻守态势的下一步发展和某种可能。通过对攻守态势发展和可能的预测，来决定采取的个人战术行动，进而实现对技、战术行动的主动调节。

二、篮球意识的特点

（一）潜在性

人的有目的、有意识的行动，是通过大脑思维对客观事物的反应，通过感觉、表象、判断而决定的。篮球运动员在比赛场上的行动，实质上是对比赛中出现的各种复杂情况，通过本身具有的篮球意识的推理、判断而决定行动的。运动员篮球意识的形成，是随着他在长期篮球实践活动中积累知识和经验的过程而发展起来的，并以观念的形式存在于头脑中，平时看不见、摸不着，具有潜在性。而在篮球比赛中，运动员所具有的篮球意识就会由潜在变为显形，并自觉地对运动员的行动起指挥作用。

（二）能动性

篮球意识的能动性表现在篮球运动员在行动前主动地反映攻守情况，并在意识的支配下积极地、创造性地调整自己的战术行为，既能使己方最大范围地限制对方的优势发挥，又能最大范围地充分发挥自身的技术优势、体能优势和其他方面的优势，并可使运动员在自己处于相对弱势的情况下，通过意识活动将自己的局部或个别环节上的优势放大，从而战胜在整体上比自己强大的对手。

(三) 连续性

篮球比赛中的进攻和防守行动极少是单一性的，而常常表现为连续的、不间断的攻守行动。运动员在比赛中的各种行动，都是在篮球意识支配下进行的。因此，运动员在连续的行动过程中，必然会产生连续的意识活动，以支配不间断的行动。一次战术行动的结束，往往就是下一次战术行动的开始，运动员进行思维和决策，必然要在获得特定的战术行动决策信息的基础上，经过分析判断方能最后做出决定。信息是思维过程得以进行的基本资料，没有各种信息，思维难以进行。这就要求运动员"意在动前，意在动中"，不间断地思维决策。因此，篮球运动员的意识活动具有连续性的特点。

(四) 瞬时性

篮球比赛中，运动员的各种攻防行动常发生在转瞬之间。这就要求运动员的意识活动必须敏捷，即从观察、判断、思维到决策等一系列意识活动必须瞬间完成，否则，将会贻误战机。特别是在激烈对抗的情况下，运动员往往是运用直觉思维的形式来进行意识活动的，直觉思维具有非逻辑性、突发性、下意识性等特征，这些都表现出篮球意识的瞬时性特点。

三、篮球意识的形成过程

篮球运动员在比赛中的意识活动过程，实质是一个对比赛情景认识的过程。在这个过程中，运动员的篮球意识表现为意识和行动的相互作用。首先，是运动员的自我意识活动。时刻意识到自己在全队中的地位和作用，同时必须意识到在攻守双方对抗中以我为主的战略思想，还要意识到自己在对抗中所处的位置、条件和应该采用的行动方法，这是意识对行动实施调节作用的前提。其次，是意向指引下的积极行动。运动员在主观意向的指引下，意识活动时刻都在主动获取攻守情况变化和行动结果的反馈信息，进而在战术思维的参与下，选择更为有效的行动方法。当所采取的行动奏效时，效果信息将使意识得到进一步强化和提高。

(一) 在训练比赛现实中的观察感知

感知是运动员意识到比赛现实客观存在的前提条件，没有感知就不可能产生意向和思维。篮球运动员主要是通过视觉观察的感知来获得场上信息。通常优秀篮球运动员都具有良好的观察能力，他们的视野范围超过普通人，这是多年训练实践反复磨炼的结果。另外，篮球运动员的观察感知具有选择性的特点。比赛中的诸多信

息,可能同时进入运动员的视野,但不可能都被注意到。哪种信息首先被视觉感知,取决于它与运动员主观意识中比赛目标意义的相关程度。通常与目标意义相关程度高的信息,被首先感知到的可能性较大;反之,可能性则小。一般情况下,运动员在主观意向的指引下,首先感知到视野范围内的是那些与主观意向相关的攻守对抗信息,而对于其他信息则忽略不计。可见,篮球运动员的视觉感知受主观意向的指引,而视觉感知又是意识过程的必要条件。

(二)对抗条件下的思维判断与决策

篮球运动规律决定了比赛场上的情况瞬息万变,运动员的思维与决策行动必须与此相适应,要时刻意识到情况的变化。运动员在观察感知比赛情景的基础上,要求在瞬间完成对情况的分析、综合等思维过程,通过思维对情况做出准确的判断,进而做出行动的决策。这一过程是在瞬间实现的。具有良好篮球意识的运动员,通常就能够准确把握复杂的比赛对抗情况的不断变化,做到行动胸有成竹,大胆、果断、准确、自如。这是他们在多年训练和实战比赛中积累起来的高度精密的意识活动反映。因此,运动员的瞬时判断、思维与决策过程是篮球意识活动的核心,培养篮球意识必须重视围绕提高瞬时的思维与决策能力来进行。

(三)积极、合理、准确的行动应答

篮球意识对比赛的能动作用,表现在运动员能够针对场上情况及时做出准确合理的攻守行动应答。对比赛事态的观察感知与思维判断的目的,是为了进行决策和行动,因此,行动的合理性、积极性,是篮球运动员的意识水平和实战对抗能力的标志。在篮球意识与对抗行动的相互作用关系中,尽管行动是第一性的,但行动离不开意识的主导,行动只有在一定意向的指引下才能成为有目标的主动行动。否则,就会使行动失去目标,成为无意识的或是错误意识指引下的盲目行动。应该指出,意识主导下的行动需要一定的物质条件。比赛中运动员的行动受自身身体素质和机能能力的影响,当运动员身体机能不佳、出现过度疲劳而使体能下降时,行动会受到影响,常常出现"心有余而力不足"的情况。这种现象更进一步说明,在篮球运动的物质与精神、存在与意识关系中,物质与存在是第一性的,精神与意识是第二性的。没有物质与存在作为基础,意识与精神就不能发挥应有的作用。

四、篮球意识形成过程的影响因素

实践证明,与意识关系最为密切的心理因素是注意和记忆,同时行动也是影响意识的主要因素。篮球意识也不例外,它也受运动员的有意识注意、记忆等心理因

素的影响。科学地分析篮球运动员比赛中的注意和记忆功能的特点，对于正确培养运动员篮球意识具有积极的意义。

(一) 感知与注意

在篮球比赛中，运动员可通过多种渠道来感知场上攻守对抗情况的变化。例如：听觉、视觉和触觉都可以同时接收到来自场上的各种信息，然而哪些信息能够进入意识的领域，取决于运动员注意的指向和注意的广度，其中视察感觉是关键，因而要扩大视野范围。一般来说，注意是指对比赛场上诸多感知信息进入意识领域的选择和局限，运动员的注意指向受主观意向的指引。主观意向就是在比赛攻守目标的控制下，决定注意对有关信息进行取舍的评价体系。

篮球比赛过程中运动员的有意注意指向，通常集中于具有较高评价效果的攻守战术及技术运用结果的有关信息，而把自身行动和对球的控制过程放在注意的边缘，使技术动作和战术意识水平不断提高，技术的自动化使意识的注意指向得到了解放，大脑高级神经中枢的有意识注意指向集中于与战术目标更为密切的对抗情节信息，而把其他相对次要的运动操作信息交给较低级的神经中枢来进行控制。在篮球运动员的注意品质中，注意的广度和敏锐性反映运动员对比赛情况变化的洞察能力，优秀篮球运动员由于具有较好的视野基本功而使注意的广度增加，平时篮球运动训练中所形容的"眼观六路，耳听八方"，就是指注意在广阔的视野范围内捕捉有效信息的能力。比赛中，由于运动员视野和注意范围的增大，使其能够意识到最隐蔽和最有利的攻击机会，在传出出其不意的好球的同时，把防守者的注意力吸引到不利位置上来，为同伴进攻得分创造良好的条件。

(二) 记忆与思维

记忆与思维同篮球意识的形成关系十分密切。人的记忆可分为短时记忆和长时记忆，短时记忆一般指注意指向所感知到的一切信息，这些信息在记忆中停留很短时间就会被新的信息取代，在篮球运动比赛中则表现为对瞬息之间情况变化的感知和记忆。长时记忆是指经过检索被意识到有价值的信息，这些信息通过记忆在头脑中长期保留，使用时可随时提取，是深刻的感知和学习的结果。篮球运动员的长时记忆中储存的信息一般是关于技术、战术打法的智能模型，这些模型是在平时教学训练中积累起来的。比赛中技术、战术运用的成功体验也可以成为智能模型，在长时记忆中储存，当遇到类似的情景时，就会立刻被激活和提取，成为引导行动的意向。与篮球意识有关记忆的内容主要有以下两部分：

1. 篮球运动的相关知识

人们对客观存在现实的认识是意识的核心，而对客观存在的正确认识常表现为各种形态的知识。篮球意识的建立和培养，也必须以有关篮球运动知识的学习为基础，在运动员的头脑中建立丰富的篮球知识体系。当运动员掌握了有关篮球的社会文化知识，就会对篮球运动产生正确的情感，进而形成正确的篮球实践动机；当运动员掌握了关于比赛攻守对抗技术、战术运用规律的知识，就能正确地反映比赛的现实，用知识来指导攻守行动；当运动员掌握了正确完成技术的方法以后，就能够进行有意识定向的练习，进而使技术水平迅速提高。因此，学习和掌握篮球知识，可以强化记忆，促进思维，对于培养正确的篮球意识具有重要的意义。

2. 临场实战对抗的经验和体验

篮球比赛临场经验和实战对抗体验是一种特殊的知识形态，具有只能意会、不能准确表述的特点。它是在比赛场上获得的，是运动员在与对手的实战较量中运用技术、战术配合和身体的体能实施攻守行动时得到的体会，这种亲身体验被运动员意识到并进入长时记忆。体验的长期积累就形成了宝贵的实战经验。在篮球运动员的记忆中，实战经验以智能模型的方式进行储存，每当在新的实战比赛中，当运动员感知到与经历过的相似对抗情况时，储存于头脑中的智能模型会立即被意识提取，成为唤起和指引行为的主观意向，由此产生意识主导下的个人战术行动。

第二节　高校篮球意识培养方法与测评

篮球意识的形成有其独自的规律性，这个规律即实践—认识—再实践—再认识，从而使认识升华。为此，篮球运动员意识的提高，需要经过教练员长期科学、系统地进行思想、文化、科技熏陶和在训练、比赛中渗透，以及运动员主动地在篮球运动实践中自我积累、提炼和加工。它随着运动员运动技能的形成而产生，也随着技术、战术能力的提高及在比赛实践中经受磨炼而提高。只有对运动员进行有目的、有计划地培养，才能使运动员的意识与身体、技术、战术得到有效和谐的发展。篮球运动实践是形成篮球意识的源泉，篮球意识的形成是带规律性的认识过程，即从感觉阶段到概念、判断和推理阶段的过程。运动员在比赛中行动正确与否，取决于感觉、知觉和思维加工。思维加工的过程短而正确，意识活动过程的时间就短，建立的意识反射能力就强，行动就正确。

篮球意识的培养要贯穿于技、战术训练的始终，因为篮球意识只有在实战中运

用才具有实际意义。在技术训练中渗透意识培养,是培养运动员篮球意识的基本途径;反复练习战术配合(通过战术训练及比赛),是培养与提高运动员篮球意识的主要手段;丰富运动员的理论知识,改善和提高运动员的知识结构,重视与心理训练的结合,可以促进运动员篮球意识的形成与深化。

从篮球运动员的意识活动过程看,从对攻守信息的感知(观察场上情况)到以"标准模式"为依据的思维决策,直到具体行动,都与运动员的观察能力、分析判断能力、反应能力、战术思维能力密切相关,这些正是篮球意识结构中心智能力的要素。可见,培养运动员的篮球意识,就是要在训练和实战过程中使其建立正确的"思维模式",使其在正确思维模式的引导下不断总结,积累实战经验,巩固正确的篮球意识行动。

一、篮球意识的培养方法

(一)在技术训练中渗透篮球意识培养

在技术训练中渗透篮球意识培养,是培养运动员篮球意识的一种基本途径。篮球意识是长期、有计划地在整个训练过程中不断渗透才形成的。一名篮球运动员从开始参加篮球运动训练到结束篮球运动生涯,教练员都在不间断地采取各种手段和方法潜移默化地对其进行篮球意识的培养与熏陶,这就是对运动员不知不觉地进行点点滴滴的意识加工、渗透与提炼,使其产生和形成一种正确的潜意识。运动员之所以能在球场上随心所欲地运用与应变技术、战术,正是其潜意识的作用,而最初的技术基础训练阶段是关键。在技术对抗性训练阶段,特别要重视在技术动作的个性训练中培养运动员的篮球对抗意识,着重解决运动员心智能力中的观察能力和分析判断能力的提高,并在能力培养过程中丰富运动员的基本知识体系,积累技术运用经验。

1. 培养观察能力

培养观察能力是形成篮球意识的前提。在篮球比赛中,运动员对任何一个技术动作的运用与应变,都首先取决于能否周密地在瞬间做出正确的观察。为此,在技术训练初期就必须重视观察习惯和观察能力的培养,加强视野训练,并且在训练一般观察能力的基础上,要进一步培养运动员的视觉选择能力。

(1)加强视野训练,提高眼睛余光的观察能力。篮球比赛瞬息万变,绝大多数情况下主要用眼睛余光来观察全场情况的变化,捕捉战机,及时应变,如观察运动员的面部表情、移动速度、方向、角度、节奏,球的落点,配合的路线,攻守特点等等。所以要特别强调培养运动员用眼睛的余光来扩大视野,提高用余光观察的能

力。在技术训练中，可用有助于扩大视野的技术动作来培养运动员的余光观察能力。如：在练习运球技术时，要求运动员用余光照顾球或不看球，观察的重点是场上双方全面的攻守情况；在练习传接球技术时，可采用多人快速传接球（加防守）练习，要求用余光观察接球人及其被防守情况，接球后立即将球传出，并要求传球及时、准确到位。在两个技术动作以上的组合性技术衔接中，特别要注意观察能力的培养，这对提高运用技术的应变能力极为重要。如运球突破—传球或运球突破—急停跳投，要求运动员不仅要考虑自己被防守的情况，而且还要观察场上同伴的位置、移动及其被防守的情况，以便于及时、准确地做出判断。

（2）培养视觉选择力。视觉选择力是在全面观察的基础上，把视线集中在特别重要的位置、区域和队员身上的能力。培养篮球运动员的视觉选择力，就是要训练善于把场上其他队员的行动收入自己的视野范围内，并从中进行选择与分辨，以便正确决策行动。实践证明，篮球运动员在比赛中对攻守信息的获取是有先后顺序的。如抢到后场篮板球时，观察的一般规律是：首先观察前场，然后是观察中场，最后观察后场这种依次"观察模式"；在突破和投篮时，要重点观察篮下的变化；抢篮板球时，要考虑投篮队员的距离，以及自己和篮圈所形成的角度、对方队员抢篮板球的组织特点和队员的位置等，但观察的重点是球的落点。在技术训练中，不断总结带有规律性的"观察模式"并组合成某种练习方法应用于教学训练之中，是培养运动员篮球意识的重要任务和有效方法。

2. 培养分析判断能力

通过技术动作的实战运用训练，可培养篮球运动员的分析判断与运用技术的应变能力。基本技术中的每个动作方法都有其特点、应用范围、条件及"规格"标准，在比赛中具有相对独特的战术价值。这些既是运动员在比赛中意识活动的物质基础，又是技术训练中培养运动员篮球意识的重要内容。

篮球比赛激烈多变，每个技术动作在运用方式上不可能一成不变，同一动作在不同时间、不同位置、不同条件下都可能千差万别。所以，要重视在技术动作个性训练中培养篮球意识，在对抗因素和对抗条件中培养篮球意识，在运用真假技术的变化中培养篮球意识。这就要求教练员对运动员在掌握正确动作"规格"的基础上，还要使技术动作具有对抗性、应变性和实效性，以简练适时的方式去解决临场的各种具体问题，通过技术动作的实战运用训练，可使运动员在掌握"规格"标准的技术动作基础上，进一步强化技术运用的特点、范围、条件及变化规律，为在比赛情况下合理地运用与应变技术、创新发展变异性个性绝招技术打下物质基础。同时，不断培养运动员在各种攻守具体情况下的分析判断和应变能力，积累技术运用与应变的实践经验，就能使运动员在篮球比赛中分析判断及时、准确，应变合理，运用

有实效，达到在技术动作的运用训练中既掌握动作应变方法又培养应变意识的目的。

(二) 在战术训练及比赛中培养篮球意识

在战术训练中培养篮球意识，首先应在单个战术配合训练时使队员了解战术的结构及配合的规律、方法、特点和每个战术位置上的职责、作用，提高战术变化的灵活性。

战术训练最重要的任务就是培养提高运动员个人和整体协同作战的战术行动能力，提高运动员整体竞技水平，而发展运动员的战术能力要以培养运动员的篮球意识为主。战术训练不仅是熟练一种或多种战术配合方法，而且更要重视培养战术素养，提高运动员的篮球意识。在比赛中，运动员的每一个行动都属于战术性的活动，有其明显的战术目的。在与同伴的战术配合中，意识起着支配行动的作用，决定战术的实现。篮球意识的核心要素是战术思维能力，所以在战术训练阶段培养运动员的篮球意识，应主要发展运动员的战术思维能力。

篮球运动员在训练与比赛的思维决策中，一方面需要用已有的概念、原则、原理等理论知识去思维，形成理论思维；另一方面，篮球运动员意识活动时的思维决策又需要用从运动实践中获得的诸多经验知识去思维，进而形成经验思维。此外，篮球运动员在比赛中的战术行动是极其丰富繁杂的，在对抗状态下进行战术思维活动，常常要以经验的"直觉"方式进行思维决策，去解决自己面临的战术任务，即形成直觉思维。篮球意识活动时思维类型不同，对于运动员的思维决策起的作用也不相同。理论思维运用知识、概念等进行思维决策。在意识活动中主要从"宏观"的角度上发挥作用；"直觉思维"是在运动员对情况不明、时间紧迫和对抗激烈状态下解决小范围个人战术行动时发挥"随机应变"的作用。

为此，教练员对于设计组织每一种战术配合如何行动都要有一个基本的"标准模式"，并且用这个"标准模式"去衡量运动员的战术行为是否适当。运动员应在思维决策过程中以"标准模式"的思维语言方式进行活动。实际上，运动员接受教练员的指导和训练的过程，就是运动员在战术决策及行动方面向"标准模式"趋近的过程。

(三) 提高人文素质，改善知识结构，丰富篮球意识

由于现代科学的发展和各学科的相互渗透对体育科学的影响，推动着各专项体育运动的迅速发展，篮球运动当然也受社会科学以及其他综合学科的影响。一名运动员掌握知识的深广度、一个球队整体的知识结构水平的高低，是直接影响着教练员能否用现代化科学知识培养运动员的一个重要因素。因为篮球运动员头脑形成的

某种意识和功能，都是以相应的某些文化科技知识结构作基础的。知识结构不同，功能也就不同。尤其是现代篮球比赛的高度集体性和综合化，需要运动员具有更聪明的才智和意识，而掌握必要的知识对提高他们的篮球意识修养起着保障作用。

篮球运动员在意识活动时的理论思维必须善于运用概念、原理、原则、规律等思维语言，这些思维语言属于理论知识范畴；是以相关文化科技知识作基础的。由于理论知识在一定的时期内是相对稳定、较为系统的，具有高度概括性和普遍指导意义，有助于使运动员在相对较短的时间内掌握其内涵意义，从而促使运动员的篮球意识快速发展。因此，在训练中重视文化科技理论知识的传授，有利于加速培养和发展运动员的篮球意识。

篮球运动员的知识主要包括：了解运动生涯过程中必备的常规知识、专项运动的发展趋势，理解技术和战术的特点、原理、专项运动规律以及规则裁判法，掌握各种相关学科基础理论知识；还要阅读一些古今中外的兵法、战例等等，借以开阔思路，拓宽思维领域，从各种文化知识中吸取营养，丰富智慧，增加灵感，提高想象力、理解力和创造力。这不仅需要加强运动员的基础知识，而且还要特别重视通过训练把他们具备的知识充分地运用到篮球实践上，通过理论知识的学习，使每名运动员都成为既具有共性又具有个性的不同知识结构的人。

运动员的篮球意识绝不是孤立存在的，单纯就篮球意识来进行意识培养是很难奏效的。篮球意识的提高涉及诸多因素，例如运动员的观察能力、分析判断能力、对教练员作战意图的理解能力、综合分析能力、抽象思维能力、理论知识水平及实践经验等。对我国篮球运动高水平运动员来说，迫切需要重视的是如何解决提高基础文化知识和基础的相关科技知识，克服通常存在的竞技高水平、文化低层次、素质低的状态。一名有良好意识的优秀篮球运动员，其综合分析能力的抽象思维能力必须是较强的。为了提高运动员的篮球意识，篮球管理部门和教练员必须重视他们的文化素质的提高。智商不改善，意识层次也难提高，所以随同训练和比赛要花一定的时间与精力来帮助队员充实智商，只有高智商的运动员才能达到高水平的竞技能力。当然，教练员平时训练中结合实际战例分析、传授理论知识，提高运动员的综合分析和抽象思维能力，也是培养和丰富运动员篮球意识的有效途径。

二、篮球意识的测评

（一）篮球意识测评的意义

在教学训练中有计划、有步骤地培养运动员的篮球意识，必须改变对意识自然成长的传统认识，建立科学培养运动员篮球意识的观念与观点。如果能对运动员的

篮球意识水平做出客观的测评，就能有目的、有计划、有针对性地对其进行意识的培养，同时，还能检验培养方法的实际效果。

较为客观地测评运动员的篮球意识，是教练员控制意识训练过程的一项重要内容。通过对运动员的篮球意识测评，可以找出运动员在篮球意识方面存在的问题，向教练员提供分析资料，以便对运动员的篮球意识培养实施有效的控制。这对改变教练员在训练中单凭经验、直观感觉的传统方法，使之能较客观地、因人而异地调节和控制意识训练过程，加快提高运动员的篮球意识，可起到积极的促进作用。

（二）篮球意识的测评原则

篮球意识以主观观念的形式存在于运动员的大脑中。意识活动是在大脑中进行的，人们不能直接看见意识活动的内容，但这并不是说就不能对篮球意识进行测评。意识是人头脑中主观观念的形式和客观实在的内容的对立统一，虽然意识的形式是主观的，但其反映的内容是客观的，并且人的行动是受意识支配的。通过观察行动表现，可以间接地了解意识活动的情况。篮球运动员在比赛中的观察、判断、思维决策等意识活动内容，只能通过运动员在篮球意识支配下所做出的"应答式"行动来反映。因此，行动的正确与否是篮球意识的测评信息，是测评篮球意识的主要依据。所以，运动员的篮球意识应以在其意识指导下行动的正确性为原则来测评。

篮球比赛中的每一名队员的各个行动都属于战术性活动，都带有一定的战术目的，是在篮球意识支配下的行动。个人行动也不能仅理解为单独存在的、无意识的活动，任何行动都是处在集体配合当中。技术的合理运用和应变，完全是通过战略决策和战术组织体现出来的，球场上每项技、战术的运用，都是受一定的篮球意识支配的。因此，对于比赛中运动员的每一个行动，都必须超脱单纯的技术概念，而应将它们视为体现篮球意识的反馈信息。

运动员在良好篮球意识支配下的行动应表现为：行动的正确性、行动的目的性、行动的预见性、行动的急避性、行动的应变性、行动的创造性、行动的实效性和配合的协调性。通过观察判断这几方面信息的反馈，便能较客观地测评出运动员的篮球意识水平。

（三）篮球意识的测评方法

目前，教练员在测评运动员的篮球意识时，大多是依靠自身的经验或临场技、战术行动效果统计分析，没有一种比较客观的量化性测评方法。通常采用战术录像片的方式，为运动员提供一些"逼真"的战术配合场景，让运动员根据战术场景确定自己的决策行动，以此考查运动员的意识水平。还有采用战术配合示意图的方法

测试评价运动员的意识水平，这也只是战术录像方法的简便替代。从测试的内容及方式来看，它们都带有较明显的局限性和随意性。并且战术情景示意的仿真程度较低。因为，篮球运动是一种对抗性极强的项目，队员之间的对抗是动态的，而非静态的，完全脱离比赛的实际情况而单独对运动员的意识水平做出测评，不仅不能客观地对运动员的意识做出测评，而且这样的测评结果也是无意义的。因为，行动是篮球意识的根本归宿和最终表现，篮球意识的测评应以在意识指导下行动的正确性为原则来进行。对运动员篮球意识的测评必须与比赛的实际结合起来，只有通过运动员在比赛中的意识表现才能真正反映其意识水平，运动员的篮球意识只有在比赛的实际运用中才具有价值。

第三节　高校篮球智能训练的基本内容

智能训练的任务是培养运动员独立完成训练和参加比赛的能力、观察问题和分析问题的能力、自我监督能力，并提高运动员的综合素质。智能训练要贯穿在运动训练过程中，要在传授知识中发展智能，在专项理论的传授中发展智能。

一、智能训练的必要性和重要性

运动训练和运动竞赛不仅仅是人的身体活动，同时也包括智能活动。在运动训练过程中，教练员和运动员需要运用许多客观规律和科技知识。运动员只有掌握了客观规律和科技知识，才能科学地进行训练，才能取得优异的运动成绩。智能活动往往由于在人的运动行为中不被观察到而被忽略，但是在每一个运动行为中，无论是技术动作或是战术行动中都或多或少地包含着智能因素，例如，在完成技术动作过程中的实际操作能力，运动训练过程中的负荷控制，战术行动中运动行为的操作能力和战术思维能力等。因此，智能活动是人类运动行为必不可少的组成部分。

现代运动训练越来越多地吸收和应用其他科学领域的先进知识和技术，运动员只有掌握一定的先进科学知识才具有把这些知识应用于运动训练的能力。运动员只有具备了较高的智能水平，才能深入认识和运用运动训练的一般规律和运动专项的特有规律，采用先进的科学知识和训练方法提高和发展身体机能和运动素质，分析掌握运动技术和战术，配合教练员有效地控制训练过程，更快更好地提高运动技能。

运动规则的熟练掌握和自控能力的培养也是智能训练的一个重要部分。所有竞技项目的规则都在不断发展变化，有些规则甚至经常变动，而有些规则还受临场裁

判的主观控制,因此,在运动训练过程中,运动员要充分掌握规则,理解规则的内涵,培养自己的临赛自控能力。只有这样才能在比赛中既能很好地运用、执行规则,又能充分发挥自己的运动水平。

二、智能训练的含义及任务

智能即智力与能力的结合,它是保证人们有效地认识客观事物和成功地进行实际活动的稳定的心理特点的结合。从智能的定义可见,智能这一概念包含着智力与能力两个相对独立而又密切联系的概念。智力是保证人们有效地进行认识活动的稳定心理特征的综合,包括观察力、记忆力、想象力、思维力和注意力等因素。能力是保证人们成功地进行实际活动的稳定心理特点的综合,包括组织能力、计划能力、实际操作能力、适应能力、创造能力等因素。运动训练中所需的智能,实际上是运动方面的特殊智能。这种特殊智能是智力的某些因素的有机结合。运动活动的实际操作能力和适应能力与对运动行为的观察力、记忆力和思维力等的有机结合,就形成了运动方面的特殊智能。智能是影响运动员竞技能力的重要因素之一。运动训练中的智能训练就是为了适应现代运动训练的需要,有目的、有计划地对上述运动智能的构成因素进行训练和培养,并使之有机结合,提高运动员智能水平的过程。智能训练的目的是提高运动员的智能水平。运动训练过程中,智能训练有下述四个方面的任务。

(一)培养运动员独立完成训练和参加比赛的能力

在运动训练和比赛前,要让运动员明确自己的目的和任务,掌握科学的训练方法,熟悉竞赛规则和器械性能,积累比赛经验,适应各种比赛环境,高度发展运动知觉、运动表象力、自我调控能力、战术思维能力和运动活动的实际操作能力。训练过程中在教练员的指导下能主动地、高质量地完成训练任务,在复杂多变的赛场上能斗智斗勇发挥自己的训练水平。

(二)培养运动员观察问题、分析问题的能力

运动训练不但要应用高科技,而且要遵循客观规律和原则。运动员应掌握一定的科学技术和运动训练的客观规律和原则,在教练员的配合下,利用科技手段,观察、分析其他运动员和自己的运动情况,找出提高运动水平的方法,制订出适合自己的训练计划和比赛战术。运动员还应该学习掌握运动心理学、运动生理学以及专项运动理论等方面的知识,学会在比赛过程中根据对手的技、战术情况及其他外界因素,调整自己的心态及技、战术,击败对手,取得比赛的胜利。

(三) 培养运动员的自我监督能力

应使运动员学习掌握运动医学、运动心理学、运动解剖学以及运动生物力学等方面的知识和简单测试方法，能对自己在训练过程中的健康、机能和心理状态进行有目的的观察和调控，配合教练员合理地安排运动负荷与恢复，科学地控制训练过程和指导比赛。

三、篮球运动项目特征及其对运动员智能的要求

现代篮球运动是高水平的全面对抗，全面对抗的7个要素之一，就是要有良好的篮球意识和战术思维，是属于智力对抗的范畴。目前世界各强队在身高、技术、战术、身体素质等方面已经比较接近，智能的作用越来越重要。美国专家就曾提出用70%的脑子去打球。一个运动员要取得优异的成绩，单靠身体形态、机能、素质、技术是不够的，还必须有一个聪慧的头脑，运用这个头脑去吸收和运用其他学科领域的先进知识和技术，并把这些知识运用于自己的运动实践。现代篮球比赛愈来愈紧张、激烈、复杂、多变，既是运动员比体力、比技术的过程，又是运动员斗智的过程，特别是两队势均力敌的情况下，对运动员的智能要求更高，智能对比赛的胜负影响愈来愈大。因此，运用智能训练已成为现代篮球运动训练不可缺少的一个组成部分，是提高训练质量的重要一环。

目前，有相当一部分人认为，当一名运动员，只要肯吃苦、不怕累，就能提高运动成绩。在篮球运动水平突飞猛进的今天，单靠体力提高成绩的办法已经过时，必须要加强智能训练。如果说某些个人项目靠运动员天赋的身体条件和刻苦训练，尚可逞一时之勇，取得令人满意的成绩，那么篮球这个集体项目就非要有较高的智能。只有这样，才能正确领会、全面贯彻教练的意图，才能审时度势，把握战机，才能随机应变、临危不乱，才能知己知彼、扬我所长。一个人智力的发展，主要依赖于后天的物质条件和环境，尤其是教育和训练，因此，在运动训练过程中，要努力发展训练对象的智能，不能只注意"体力注入"，把运动训练看成了体力的堆砌，认为发展智力没有必要。其实，人体运动都是中枢神经系统指挥肌肉工作的结果，是脑功能的效应。也就是说，高效率的人体运动要体力和智力活动的结合。实践证明，智力的增长和发展，要求体力相应发展，人的身体素质的提高，又能改善进行智力活动的物质基础，二者密切联系，不是对立的。如果在训练过程中只顾"体力注入"，那么，将压抑记忆功能和想象功能区的发展。当然，从事竞技运动需要有极大的身体负荷能力，超量恢复原理在培养体力能力上有着特殊的意义，但如果滥用这个原理，接踵而来的是转氨酶升高，心血机能失常，"速度障碍""高原反应"及伤

病等情况的发生,致使体力发展受限。所以,运动训练中运用智能训练的力度要加大,这样,可以使运动员知道怎样去练,什么是正确,什么是错误,也就是知其然,还知其所以然,这样训练的质量就提高了。

在篮球运动训练中应如何培养运动员头脑和四肢同时发达就应当注意智能的培养与训练。在运用智能训练时,应考虑到运动员的文化水平、体育基础知识水平、年龄等实际情况。

第四节 高校篮球智能训练的方法

篮球运动训练中的智能训练可采用多种方法进行,如组织文化学习、写训练日记、观察比赛录像、比赛分析报告、组织知识竞赛等都有助于发展运动员的智能。运动训练过程中可能有两种截然不同的做法:一种是把运动员看成消极接受教练员支配的对象,要求运动员顺从教练员的指导,机械地接受教练员的观点和做法,属于被动训练;另一种是运动员在教练员的主导作用下,主动地、有创造性地进行训练,属于主动训练。这两种做法的结果大不一样。采用后一种做法不仅有助于提高训练效果,更重要的是有利于发展运动员的智能。

一、篮球运动员智能训练的实施过程

(一)在传授基本概念、基本知识和基本原理中发展智能

基础理论是人类认识客观事物的基础,掌握了这些规律性的知识不仅有利于运动员的思维力发展,也有利于促进知识技能的迁移。在传授基础理论的过程中,可通过观察实物标本、教学图片、录像等手段培养学生的观察力。还可以通过提问、测验、写总结等其他形式来引导运动员学会运用分析、综合、比较、概括判断、推理等思维形式来认识和解决问题,以此来发展运动员的思维力。运动员掌握理论知识的目的就是用于指导实践,因此,教练员在进行基础理论知识的传授中,应当引导运动员积极进行运动训练实际活动,严格要求运动员做好各种练习、实验和实习等,培养运动员把理论知识应用于实践的实际操作能力。

(二)在专项理论传授中发展智能

教练员在进行专项技术训练的同时,还要加强专业理论的传授。专业理论不但

包括专项技术理论，还包括运动心理、运动生理、运动生物力学等多种学科。运动员在教练员的辅导帮助下认真学习掌握，学会把理论知识应用到运动训练中去。在进行身体、技术、战术训练之后，应通过归纳总结，使运动员形成概念，找出事物规律。在归纳时，应鼓励运动员自己去归纳。对两个或两个以上事物比较对照，从中做出判断性结论。在对比时，应注意对造成各种后果原因的分析，并根据规定的标准要求做出评价。这样做不仅有利于运动员正确掌握标准要求，更重要的是在于发展他们的观察、分析、归纳、判断能力。教练员还可以根据具体的训练任务向运动员设置一些复杂的训练环境，然后让运动员设法解决，这样做有利于培养运动员的思维能力、适应能力和创造能力。

（三）发展智能应贯穿在整个训练过程中

一个人对事物的认识要经过从具体到抽象，又从抽象到具体的过程，所以，对运动员智能的培养，除了对理论知识的教育之外，还必须注意在实践中发展他们的智能。如经常进行比赛实战练习，培养运动员将已获得的运动素质、技术、战术方面的知识和技能运用于实践的实际操作能力，应付千变万化的比赛的适应能力，以及运动行为观察力和战术思维能力。总之，教练员在训练过程中要为运动员创造活跃思维的条件，通过解决难题培养他们分析问题、解决问题的能力。

二、几种智能训练方法

（一）有关准备活动的训练

在进行训练课的准备活动时，教练员可让队员自己想办法把身体活动开，活动方式不限（在条件允许范围内），时间为20分钟。队员就可以凭自己的想象进行。有的队员单独活动，有的就两个三人结合在一起活动，有的持球，有的不持球，这样既增加了训练兴趣，又发挥了每个队员的想象力、记忆力等。在达到规定时间时，教练员就通过队员的生理反应来评定活动效果，测10秒钟脉搏跳动次数，一般要求达到25~30次。通过这种形式，队员就可以了解自己活动的效果如何，以便改进。

（二）进行特殊规则的比赛

在分组比赛时，规定双方各有一名队员每投中一次得5分（罚球除外），双方互不清楚是哪一名，比赛两节，时间各为5分钟，两节之间休息2分钟，由教练员记分。在进行完第一节比赛后，公布比分。在休息期间内，双方队员根据比分来回忆第一节比赛情况，通过观察加以分析，确认投中一次得5分的队员，从而在第二节的比赛中抑制其作用。通过这种训练方法，可以培养队员的记忆、观察和分析问题、判断问题的能力。

(三) 在训练比赛中，多设置比赛"残局"

比如离比赛结束还有3分钟，两组比分十分接近，我方领先怎样打？对方领先怎样打？让队员自己研究攻守策略。教练员也可以规定一方必须采取两种防守形式，如指定采用半场盯人和全场紧逼两种形式，可以交替运用。因为同属一队，进攻路线彼此非常熟悉，这就要求另一方研究进攻策略，给对方提出了更高的要求。通过这种训练可以培养队员的创造能力，让队员学会动脑子打球，还可以提高队员的应变能力以及对待比赛残局的适应能力和解决问题的能力。同时，教练员也可以从中发现一些好的进攻、防守方法，发展攻守战术，充分发挥集体作战能力。

三、智能训练要注意的几个问题

提高运动员对智能训练重要意义的认识，使他们能自觉积极地配合教练员进行智能训练。在进行智能训练时，要根据运动员的实际情况制订训练计划，不要千篇一律。

大部分运动员参加运动训练都是从少年开始的，因此，在进行智能训练时应从一般基础理论开始，循序渐进。智能训练应列入多年、全年、阶段、周和课的训练计划之中，以保证有目的、有计划地发展运动员的智能水平。

智能训练的内容是多学科的组合，教练员应与运动医师和运动生理学、运动心理学、运动生物力学等方面的专业人员密切配合，共同研究或处理问题，并请他们给运动员做一些专题报告和实际指导。同时还应运用现有的高科技手段学习和借鉴国外的训练方法来加强自己的智能训练手段。

智能训练是一个学科群的组合训练，教练员要运用科学的方法定期评定运动员的智能水平，让运动员的智能得到全面健康的发展。

第五节 高校篮球运动专项心理训练

一、心理训练简介

心理训练是指有意识、有目的地对运动员的心理过程和个性心理特征施加影响的过程。其目的是使运动员的心理产生最适宜运动训练和运动竞赛的变化，具有自我动员、自我调节和自我控制的能力。

篮球心理训练是适应现代运动竞赛的需要而运用发展起来的。任何竞技运动项目都与竞赛有着不可分割的联系，现代篮球竞赛的最大特点，就是对抗性越来越激烈凶悍，在比赛双方身体、技术、战术水平势均力敌的情况下，胜负往往取决于心理素质训练水平的高低。因此，加强我国优秀运动队伍的专门心理训练刻不容缓，尤其职业化后的主客场联赛，使得心理因素对球队的影响愈加重大。为此，在篮球训练中有关人士至少在口头上已愈来愈重视心理训练，正在努力提高运动员心理活动的水平。

心理训练是一个教育过程，应遵循自觉自愿、重视个体差异、持之以恒的原则，并根据不同对象（性别、年龄、运动经验、智力水平等）和不同要求，有重点地、区别对待地进行。心理训练要有针对性，特别要注意全面与重点相结合原则，必须与身体、技术、战术等训练有机地结合起来。例如表象训练，只有在技术训练的基础上进行才能收到实效，促进技术提高与发展。在心理训练内容方面，应当包括心理过程和个性特征的训练，只进行全面的心理训练而忽视重点的心理训练，也不利于技能的提高和发挥。在训练方法上，应根据篮球运动项目和个体的心理特点来选择和使用。

篮球运动员专项心理训练是根据篮球运动的特点和竞赛的需要，对运动员施加影响，促使其能在比赛极度紧张的条件下保持与提高自己的情绪状态，具有自我心理调节的能力，以利发挥运动能力的心理过程。运动员的专项心理训练有比较具体的含义和内容，它能保证为比赛和完成难度很大的训练作业做好准备，从而去发挥最佳水平。

二、篮球专项心理训练的任务

在篮球运动员心理训练中，专项心理训练是重要组成部分，也是高水平运动员现代化训练的重要内容。为了达到篮球比赛所需要的心理准备，有以下一些具体的训练任务：

（1）促进和改善运动员的专门化知觉、记忆、想象、思维等心智能力。

（2）适应能力训练，特别是适应比赛活动，保持情绪的稳定性和适宜的兴奋状态。

（3）对完成技术动作有很好的自控能力。

（4）能在瞬间做出准确的时空判断和有较好的"时机感"。

（5）能调节和消除自己在训练和比赛中的紧张状态。

（6）有坚强的意志品质，在训练和比赛中为实现既定的目标克服困难而努力。

以上任务的实现和心理活动水平的提高，在很大程度上取决于运动员注意力集中与分配以及注意的转移能力。由于篮球比赛中运动员的决定是来自大量而带有外向性特点的注意，从一种注意转向另一种注意的能力，所以控制注意力范围和方向的能力是篮球运动员心理活动水平的重要组成部分和注意力可塑性的标志。它们一方面是决定运动成绩的最有效的因素之一，另一方面也是在篮球训练实践中形成的，是篮球运动员所必需的心理素质。在篮球比赛中，必须要求运动员具有不断完善运动技术的愿望，对比赛中发生的情况能找出有效的解决办法，而机智、果断、勇敢、灵敏、情绪的稳定性，注意力范围大，并能迅速转移和保持稳定，就能在完成比赛动作时反应快速、准确和运用自如。篮球比赛的活动处于不断变化的动态之中，要敏锐地观察判断情况，果断做出决定与对手抗衡，这时理性和情感占据首要地位，也决定了专项心理训练的内容。意志品质对篮球运动员来讲尤为重要，意志是指为了达到既定的目的，根据目的支配自己克服各种困难，从而实现目的的心理过程。意志是意识中的一个积极方面，它与理智和情感相统一，在困难的情况下调节人们的行为和活动。运动员主要的意志品质包括坚定的目的性、主动性、自觉性、果断性、勇敢性、自制性、坚毅性等，这些品质与人的任何特征一样，很难进行直接的评价，它们在各个竞技项目中的作用，也是难以严格区分的。实践证明，全面地培养意志品质应当成为心理训练的主要内容之一。特别是高水平运动员的智力水平发展的要求很高，这样才能使他们意识到自己在比赛中的地位和取得运动成绩的社会价值，从而更好地创造性地对待训练任务。所以说，专项心理训练水平是与运动员的智力表现密切联系的。智力的具体内容有：在训练和比赛过程中把注意力集中于有效地完成动作上的能力，有效地接受知识的能力，逻辑思维、联想、创造性思维能力，以及在行动中观察、接受和利用信息的能力等。

　　篮球运动员专项心理训练应针对比赛的需要和运动员的个体差异性进行操作性"调整"（尤其面对国际大赛和职业俱乐部球队联赛时）。除了以激励为基础经常保持稳定的动机之外，应与和比赛任务有关的动机相联系，而动机变化，取决于个人定向和任务的意义（包括情感态度），还应结合具体情况去增强动机。运动员的操作性心理调整，除了教练员相应的作用以外，还要求运动员积极和大胆地使用一系列自我集中和自我动员的方法。这些方法应是通过专门心理训练已经掌握了的。自我调整方法包括内部激励性的自言自语、面临行动的"自我交谈""自我命令"等。调节特点是要使运动员引起高度的心理紧张状态，即心理应激。必须克服抑郁状态，建立自信和最佳情绪。在过分兴奋状态下，应降低它的程度，但不能损害它的高涨，保证在训练和比赛过程中情感的稳定性。解决以上这些任务应当是综合性的，以便更好地达到有效的调节。其中包括下列因素、手段、方法和条件：

第一，对运动员教育和运动员自我教育的一般因素。教练员的动员和帮助的作用，集体中的友谊、乐观、进取精神的气氛，意志的培养和自我培养。

第二，从心理训练的角度，安排具有专门方向的运动训练手段、方法和形式。在调节赛前状态过程中可使用"激活性""安静性"以及"放松性"练习、"注意力"练习、"准确性"练习和专门针对降低紧张度或集中注意力的呼吸练习，通过最佳的交替负荷和休息，形成合理的负荷状态，有节奏地交替训练的主要方向。

第三，对比赛条件的适应和调节比赛的紧张程度。合理组织优化赛前状态和培养运动员的心理稳定性。

第四，心理调节和自我调节的专门方法。即心理调节训练，包括暗示和自我暗示法，一方面消除过分的心理紧张，达到放松和恢复；另一方面去激活和过渡到积极的活动状态。既针对"安静"，又针对"动员"，将心理调节训练与意念练习相结合，用以纠正技术性错误，调整动作速率和节奏，使之对具体比赛形势形成必需的定向。

第五，有助于优化心理状态的自然环境条件、卫生因素和其他环境因素。

总之，篮球专项心理训练应是带有技能性和操作性的心理训练，关键还是自我调节。

三、篮球专项心理素质的基础分析

篮球专项心理素质是指运动员在具有一般心理素质的基础上，通过训练所形成的有专项特点的心理素质。众所周知，运动技能的形成是在多种感觉机能的协调配合下，同大脑皮层运动中枢及其他有关区域建立暂时性联系的结果，是运动员经过反复练习所获得的技能。在建立运动技能的过程中，本体感觉起着非常重要的作用。每个技术动作、每一个细小的动作成分都与一定的关节和肌肉工作相联系，经过反复练习，不断完善，才能建立正确的动作模式。例如在训练投篮时，不论在什么位置、距离上进行，都要强调处理好投篮入射角与抛物线的关系，瞄篮点是肌肉感觉的前导，是视觉与本体感觉的联系。所以说，专项心理素质与一般心理素质两者是有机联系不可分割的。

情绪是情感体验在心理过程进行中的具体表现形式，是人类对客观事物的态度体验及相应行为的反映。体育竞赛中的情绪稳定，是运动员最佳心理状态中最核心的内容，是训练水平正常发挥的保证，所以情绪稳定是运动员主要的心理因素之一。

人的情感是在实践活动中产生、发展和变化的，篮球运动员在训练与比赛过程中也会产生与发展相应的情感体验。由于篮球比赛紧张激烈，运动员的整个身心都处于极度的紧张状态，因此，伴随产生的强烈而鲜明的情感体验也是丰富多彩的。这是和篮球运动比赛的复杂多变以及运动员的个人特点的多样性相联系的。尤其势

均力敌的比赛，客观条件复杂多变，运动员的情感也随之不断变化，表现出多变性的特征。由此，运动员情绪必然会直接影响训练与比赛的质量与效果，甚至导致比赛的胜负。因此，要特别注意对运动员情感的倾向、深度和稳定等因素进行及时的调节与自我调节和控制。尤其面对强手，在比赛前和在激烈拼搏的比赛中，运动员的情绪必须适度，过于兴奋或消极低沉都会对比赛产生负面的影响。

所以要重视做好赛前的准备。首先，要对运动员赛前心理状态进行分析，对过分激动、淡漠或盲目自信等状态，要分析原因与后果，引导运动员有良好的精神准备状态。其次，要在比赛中采取相应的手段以使运动员保持稳定的心理情绪。所谓稳定情绪，就是使运动员保持比赛中适宜的兴奋状态，把平时的训练水平更好地发挥出来。比赛过程中，随着战局的起伏，运动员常常是由一种情绪状态转入另一种情绪状态。因此，特别要注意区分比赛中陶醉状态与狂热状态、悔恨状态与消极状态。为此，要通过针对性的暗示，鼓舞信心与斗志，消除紧张状态，指出问题与采取防范措施，保证比赛中战斗精神处于振奋状态，并激发比赛中最深刻和最复杂的情感，即运动荣誉感、自豪感、义务感和责任感，从而使运动员的力量、能力和意志得到最大限度的发挥。随之，在比赛后还应对胜利与失败的主要心理表现进行分析，从意志、适应性、思维的正确发挥及其对比赛成败所起的主要作用都要加以讨论，以提高运动员的心理素质和在个性特征方面作正面的引导。

总之，情绪稳定性在比赛中的作用是十分重要和显而易见的，保持镇定的情绪，是发挥全部潜力的主要因素，是取得比赛胜利的重要条件。

第六节　高校篮球运动比赛心理训练

一、篮球运动员比赛时的一般心理状态

篮球比赛情况千变万化，运动员的心理状态也随比赛性质、任务和战局的变化而不断地变化，一个职业化篮球俱乐部球队的整体训练水平固然是比赛中取得优势的基础，但其良好的心理状态，则是临场技、战术水平正常发挥的重要保障。在篮球比赛中，强弱的转化往往是以某些心理因素干扰作为突破口的，例如强队败给弱队常是由于心理上的准备不足而形成的，所以当临场出现预想不到的比赛局面时，就完全可能陷入被动，其中最为主要的是情绪的变化引起技术的走样、战术的失调，最后导致失败。

(一) 比赛前的几种心理状态

1. 对弱队容易产生轻敌思想，主要表现在对困难估计不足

比赛中顺利时，又常表现得防守不积极，进攻中处理球随意。一旦遇到困难，特别是比分落后的被动局面时，就产生急躁情绪，也导致在防守时容易犯规；进攻中则消极松懈，不讲究基本打法，运用技、战术也失去正常的动作节奏，导致成功率降低，失误频繁，从而由此造成力量对比上强弱转化。

2. 对强队有两种心理状态

一种是敢于发挥自己的特点，在比赛中积极拼搏，斗志旺盛，从而发挥较好的或突出的竞技水平；另一种是"畏敌"情绪，缺乏取胜的信念，缺乏克服困难的积极性、主动性，往往导致临场出现斗志不高、动作犹豫、缩手缩脚的情况。

3. 对势均力敌的队，容易产生想赢怕输的不良心理状态

这种"怕"的情绪，主要来自信心不足、怕字当头，如怕失误、怕投篮不中，也怕自己发挥不好而影响全队的胜负等。而对如何去克服困难则想得少，得失心太重，导致球场决策行动不果断，反应迟钝。

赛前运动员会对比赛抱有不同的态度和想法，因此，教练员要善于在赛前与赛中做好思想上、心理上的调整工作，克服各种非正常情绪；对与比赛有关的情况，要充分估计，仔细观察，认真考虑，冷静对待。既要鼓励运动员轻装上阵，放下包袱迎接比赛，又要估计比赛中可能遇到的情况，及时采取措施，增强运动员的信心，全力投入到比赛中去。

(二) 临场比赛中常见的几种心理现象

1. 比分领先时常见的心理状态

全队充满信心，士气高涨，技术、战术发挥正常，得心应手，不断扩大战果。

产生松懈情绪，表现在比赛中防守时不积极，进攻时随便处理球，使比赛转化为不利局面。

盲目自信，臆想扩大战果，导致情绪急躁。当攻守暂时失利时，往往会产生急躁，进攻时急于求成，防守时容易出现犯规现象等。

由于思想松懈导致比分起伏时，情绪低落而显得不知所措。一种是表现得紧张、急躁，打法变乱，成功率低；另一种是表现得沉闷、消极，节奏混乱，士气下降。

对上述心理状态，教练员要分清场上主流与支流，及时采取预防、稳定措施，及时相应调整阵容和打法，采取应变策略。

2. 比分落后时常见的心理状态

全队思想统一，攻防积极，充满信心，殊死一搏，顽强应战，士气高昂，从而变被动为主动。

缺乏信心，攻守都缺乏主动性和积极性。

队员之间相互埋怨，互不谅解和理解，导致球场上行动不统一，打法上不协调，全队实力无法发挥。

随着战局与比分起伏，情绪与心理承受能力失控，导致个人或整体出现被动局面。

3. 比分相持和决战阶段时常见的心理状态

全队思想行动一致，决心大，攻守成功率高，甚至能超常发挥。

由于思想上胜负包袱重，导致思路较窄，出现意想不到的决策与攻防战术运用的错误。

由于竞争激烈，导致情绪紧张，出现怕负责任的行为。

(三) 比赛中运动员的几种特殊心理状态

有些运动员常因比赛开局或换上场开始时技术水平发挥得好坏而产生不同的心理状态，如发挥得好就信心十足，反之则信心不足，甚至一蹶不振。

主力替补队员，常有战局变化不利于本队时渴望上场的强烈愿望，由此产生各种心理障碍，一旦上场有时由于过于自信而失常，有时能打出水平，而且能正确对待自己。

一些年轻的队员，由于缺少比赛实战的锻炼，一般心理比较紧张和胆怯，因此一旦上场比赛往往不知所措。然而也有一些年轻队员，性格开朗，跃跃欲试，敢于在场上展示自己与强手争高低的潜能。教练员调配使用时要区别对待。

二、篮球运动员比赛时的心理训练

比赛时由于通过实战分胜负，加上由于对手、裁判员、观众、传媒等因素刺激，必然引起运动员心理上产生不同变化，因此，教练员和运动员都应该重视比赛时的心理训练。通常应以自我调节机制为基础，树立正确的比赛观，调节心理状态，消除紧张情绪，形成良好的心理状态，保证竞技水平的正常发挥，争取比赛的胜利。

(一) 赛前心理训练

1. 赛前的心理状态

一般情况下，如果思想、身体、技术和战术准备较充分，知己知彼，认识统一，

运动员在赛前的体力、技术和战术等方面不会有太大的变化，可能变化的是以情绪变化为主的不同心理状态。而造成赛前不同心理状态的原因主要有对竞赛重要性的认识问题和对成功的渴望与对失败的恐惧（想赢怕输）。概括起来有以下四种类型：

（1）最佳竞技状态。这是理想的赛前积极应战的心理状态。主要表现为对竞赛跃跃欲试、斗志昂扬、注意力集中和有适度的兴奋性等。这种状态的基本反映为：清醒地认识自己的力量，具有顽强战斗和取胜的志向，有适宜的兴奋程度，有高度抗干扰的能力，有自己控制动作、思维、情绪和整个行动的能力。

（2）赛前焦虑状态。具体表现为在赛前一段时间生理反应失调，如吃不下饭、睡不着觉、心跳加剧、呼吸不畅、身出虚汗、四肢发凉、尿次增多等。心理表现为提心吊胆、担心害怕、注意力涣散、急躁易怒、坐卧不安、手脚哆嗦、动作僵硬失调、头脑昏沉、兴奋过度等。

（3）赛前抑郁状态。这是一种"比赛淡漠心理状态"。这种状态表现为对竞赛态度消极、没有欲望、打不起精神、意志消沉、注意力分散、对自己的运动能力产生怀疑、动作呆板、食欲和睡眠不正常等。形成这种状态的主要原因是因多次在竞赛中表现不佳而形成缺乏信心的自卑感，或因对比赛自估值过高与实际结果较差形成的失望感。教练员要分别情况进行思想教育和针对性的心理调节。

（4）虚假自信状态。这种状态主要表现为口硬心虚，实际上缺乏自信心；虚假自信心，实质是认识上的片面性和在心理上的一种恐惧症反映。教练员要善于引导教育，端正其比赛态度，正确摆正位置，有针对性地进行心理调节。

2. 赛前心理准备

（1）建立正确的竞赛心理定向。将竞赛心理定向在运动员所能控制的事物上，不是指向竞赛的结果。这样反而容易把握竞赛，赢得胜利。要明确指出运动员能够控制的是自己，内因是决定自我的主要因素。竞赛场地、观众、裁判员、对手、气候等外因要通过内因才能起作用。

（2）教练员要制定周密的竞赛方案，尽可能地设想一些场上可能出现的情况和采取的对策。

（3）调整好赛前心理状态。首先要运用心理诊断的理论与方法来确定并掌握运动员比赛前处于何种心理状态及其程度，其次要有针对性地运用心理调整方法来帮助运动员形成理想的赛前心理状态。

（4）做好全面的准备，仅仅在赛前从心理方面准备是不够的，不能形成心理学上的"木桶理论"。比赛中全队总体水平的发挥，显然也要受到身体、技术、战术等因素准备情况的制约。

3. 赛前心理训练内容与方法

赛前心理训练的任务是为比赛做好心理准备，克服心理的不适应性，提高比赛的自我调节能力，为比赛打好心理基础。

赛前心理训练是一种特殊训练，具有鲜明的情景性和较强的针对性。它是利用常规心理训练作基础，从比赛具体情景出发，针对运动员个体赛前的心理特点进行有的放矢的心理训练。它的好坏决定着运动员技、战术水平的发挥，直接影响比赛的成绩，所以说它是日常心理训练在特定条件下的延续，又是与比赛心理训练之间有机衔接的重要一环。在赛前心理训练中，教练员要善于要求运动员的身体素质、心理素质、技术动作和战术配合全面转化到最佳竞技状态，所有这些都要靠赛前的心理训练来完成。赛前心理训练内容包括：

（1）了解比赛双方队员技术、战术、个性和心理状态的基本特点，制定赛前心理训练的具体任务和实施大纲。训练大纲应从对方队员情况和假想对方可能采用的战术及相应的心理状态，结合我方战术和人员部署以及队员相互关系、心理默契、可承受的心理负担的实际，来确定心理训练的内容。双方的心理影响实质上是一种心理战术。教练员若能够分析透彻，掌握双方的心理倾向和战术意图，充分做好心理负荷的准备，就能处于主动的优势的地位，产生积极的心理影响，增强抵御对方心理压力的能力。

（2）针对运动员心理现状进行模拟比赛的心理训练十分重要。模拟比赛，由于近似正式比赛的环境条件，不仅可以从中提高技术动作、战术水平及身体素质的适应力，而且可以借此进行集体的心理训练。在模拟比赛中，应着重训练队员对比赛形势的心理适应性，提高彼此的心理配合、调节能力。对在模拟比赛中暴露的心理障碍，可以有针对性地采取心理调节措施加以纠正，进行修补训练。在模拟比赛中尽可能记录和收集各种心理反应，并留有充分的时间进行心理调节试验。要突出心理训练因素，着重心理调节，加强心理指导。

（3）教练员应针对运动员参加比赛时的主要心理障碍进行专门性心理训练，即针对不同的心理障碍，分别训练他们学会自我放松调节、集中注意力的调节和进行自我控制，提高他们的心理素质，发展他们的心理优势，树立克服心理障碍的信心，以长补短，发挥心理机能本身的主导调节的作用。

（4）准备好心理调节手段。在比赛前应当充分预料比赛中的情况，制定出应付各种情况的心理调节手段，并认真进行练习，熟练掌握，以备比赛时应用。心理调节手段的储备要有针对性，以防比赛中的措手不及，这是带有战略性的心理训练措施。

（5）抓好比赛时意志品质培养与教育，其中包括比赛信心和战术思维等方面的

心理训练。比赛时运动员的最佳心理状态是由坚强的意志品质和以一般心理素质为基础的，良好的专项心理素质，通过全面的实战型的心理训练而形成的。一个完整的心理素质结构，单靠运动员的个别心理素质因素是无法取得良好比赛心理状态和比赛胜利的。为了正确判定运动员的心理素质，在赛前可用心理测量手段检验各项心理指标，从而为培养比赛的最佳心理状态提供客观依据。

(二) 赛中心理训练

1. 赛中的心理状态

篮球竞赛不仅要比智慧、比谋略、比体力、比技术和比战术，而且还要进行心理上的较量。比赛不同于训练，除了要承受更强的身体负荷外，还要承受更强的心理负荷。赛中的心理状态一般有理想的、不良的和恐惧的三种：

(1) 理想的赛中心理状态，是运动员最佳竞技状态的一个重要组成部分。它是指各方面心理机制和谐协调，最有利于发挥运动水平的心理状态。这种"进入角色""找着感觉"的状态反映，一是充分发挥自己的体能，运用自如，省力而不紧张；二是聚精会神，注意力集中地投入比赛竞争拼搏之中；三是身心和谐协调，动作感觉得心应手；四是感到竞赛是一种职责和义务，也是展示自我的机会，队员相互间充满协同团结气氛，集体处于这种最能发挥水平的状态。

(2) 不良的赛中心理状态，是一个消极的不利于全队协同作战的障碍。主要表现为比赛中过度紧张状态，其构成的重要因素是对竞赛胜负要求过高和负担太重、特定情景下的失去信心、不适应外界环境的干扰、本身训练不足或训练过度、过去比赛的阴影和运动员的基因和神经类型影响等。受到这种过度紧张状态干扰的运动员，常想摆脱而往往事与愿违，越发紧张，这与平时缺乏心理训练和赛前心理准备不足密切相关。

(3) 赛中恐惧的心理状态，常有个别运动员容易在比赛中临场对对手产生强烈的惧怕心理，未战而先从心理上败下阵来，害怕与其交锋；有的对客观环境和对比赛结局都有恐惧感。产生的原因大致与过度紧张产生的原因相同，这种情况受运动员的性格和神经类型以及训练水平的影响更为突出。

2. 赛中的心理战术

心理战术是指根据比赛中的实际情况施加心理影响的策略，其目的是使本方在比赛的拼争中获得主动与优势，直至获得最后的胜利。常用的心理战术有以下几种：

(1) 知己知彼，避实击虚。

(2) 出其不意，攻其不备。

3. 赛中心理训练内容与方法

(1) 比赛场上的心理调节训练。比赛中心理训练的任务是发展和维持赛前的最佳心理状态，并根据赛场双方心理状态变化情况，采取心理调节手段。在比赛过程中的心理调节是大量的，如由于对方改变战术，往往会引起运动员心理上的不适应；又如在比赛中，当双方的比分交替上升，赛场形势变化较大时，运动员会因此造成某种心理障碍等。这就要求教练员随时了解运动员内心变化的情况，并准备好各种心理调节手段以备随时运用。如果每名运动员都具有自我调节的能力，教练员只需作适当的提示。这需要进行长期的心理训练，特别需要教练员和运动员之间形成特殊的心理关系。

(2) 赛场身心恢复训练。比赛是对运动员身心力量的考验，运动员的体力和脑力都消耗极大，特别是那些两队实力相当的比赛场次，其消耗量更大。因此，在比赛过程中，利用比赛间隙进行体力和脑力恢复是非常重要的。教练员必须适时采取心理调节措施，如精神放松和注意力转移等，来加强运动员心理能量的恢复训练，这是坚持比赛并取得胜利的可靠保证。

(三) 赛后心理训练

1. 赛后心理调整的意义

竞赛结束后，运动员不仅会感到身体疲劳，而且也会体会到心理疲劳。因此，作为教练员在赛后要重视心理恢复。因为赛后的心理训练好与差，直接影响下次比赛的成绩，涉及运动员整个心理状态的恢复和发展，也关系到运动员整个个性的发展和完善。教练员要十分清楚赛后运动员的心理活动并没有结束，只是改变了方式，他们隐蔽内心的变化，没有演变到一定程度也会以有形的方式表露出来。一次比赛的结束，实际上是下次比赛的赛前准备的开始。教练员应仔细洞察赛后运动员心理状态的表现，发现好的或不好的倾向和言行，要及时加以调节与恢复。善于捕捉和消除对下次比赛可能产生的隐患十分重要。赛后心理调整的主要意义，在于及时解决和消除直接影响下次比赛以及运动员整个身心健康发展的因素。

2. 赛后心理调整的方法

(1) 身体、技术、心理的全面恢复。一场比赛，身心力量消耗巨大，随着身体能量供应的不足，技术动作和战术配合的质量都会因此而降低。所以，赛后的心理恢复训练是全面的。主要方法仍然是心理训练的基本方法，要结合具体对象特点及身心技术和战术变化情况进行，既要全面又要有所侧重。

(2) 赛后紧张情绪的解除。伴随着比赛而产生的运动情绪，并不随着比赛的结束而消失，有些运动员在比赛中的冲动情绪常会延续到赛后，如比赛失败而迁怒于

人，推卸责任；也有因比赛胜利而得意忘形，听不进善意的劝告，视提意见者为妒忌，或因受表扬而骄横等。这种紧张情绪的消极作用是十分明显的，不仅继续消耗运动员的身心力量，而且因长时间不能恢复正常而仍陷于自我陶醉之中。解决赛后遗留的紧张情绪，可用放松、注意转移、改变认识等方法。总之，要采取有意识的心理训练措施与方法，不能放任自流。

（3）赛后自我形象的修整。在比赛过程中运动员的形象随着战局变化而变化，胜时容易夸大，过分美化自己，以理想代替现实的自我形象；败时又会缩小、歪曲自己的形象，缺乏客观的、真实的评价。赛后自我形象修整的任务在于：在头脑中重新恢复自己的本来面目，除去不真实的成分；对自我形象中的长处与不足，要使前者发扬，后者抑制；同时不断地在实战中树立新的理想的发展形象，使运动员的心理状态不断向上，全面发展。常用的训练方法有想象演习法、想象训练法等，前者为整个自我形象的内心表演过程，后者是对形象中的个别成分进行修复训练。

总之，随着现代篮球竞赛的日趋激烈，胜负的决定因素相互交错，运动员情绪也变化万千，为此，重视全面训练中的心理训练显得格外重要，它不仅影响比赛的结果，而且反映着教练员的智慧才干和运动员的训练水平。

三、篮球运动员心理训练的方法

心理训练已成为现代篮球运动训练系统不可缺少的一部分。一方面，它影响、制约着运动员身体、技术、战术水平的改善和体现；另一方面，它可促进篮球运动员心理过程的不断完善，形成专项运动所需要的良好个性心理特征，获得高水平的心理能量储备，使其心理状态适应训练和比赛的要求，为达到最佳竞技状态和创造优异成绩奠定良好的心理基础。

（一）结合体能的心理训练

现代篮球运动的激烈对抗和快速的攻守转换对运动员的体能要求越来越高，体能训练受到高度重视。体能训练通常是枯燥的，而枯燥感的形成通常是因为训练方法的单一或训练的目标不明确。体能训练是培养运动员目标设置，培养坚韧、顽强的意志品质最有效的方法和手段。

（二）结合技术的心理训练

篮球是技术性要求很高的运动项目，技术训练是任何时期都不可缺少的训练内容。技术训练过程也是提高运动员个人思维能力和表象能力的过程。教练员和运动员在对专项技术发展规律充分理解的基础上，使运动员学会心理训练的方法，使心

理训练为技术训练服务。结合技术的心理训练关键在于对技术和心理训练的深刻理解。理解技术本身对心理素质有何要求,理解心理素质如何对技术发挥作用。

(三)结合战术的心理训练

篮球战术训练中包含的最重要的心理训练内容就是思维训练和团结凝聚力的培养。个人思维训练结合个人战术行动进行训练可以培养运动员的战术意识;集体思维训练结合全队和局部战术配合进行训练可以培养运动员之间的配合意识。运动员对场上情况的观察、判断、预测,以及对同伴和对手行动意图的理解,均需要运动员积极的心理参与。可以说,战术训练本质上就是心理训练。另外,增强团队凝聚力,教练员要学会一些特殊的干预方式或策略,结合运动员的具体情况,因人而异,培养团队凝聚力,形成团队风格。

(四)常用的心理训练方法

专门的心理训练方法很多,具体程序可以参考心理训练的专门书籍。教练员可以根据需要选择使用,也可以结合专项创造性地进行。常用的方法有:

(1)放松训练;

(2)暗示训练;

(3)表象训练;

(4)情绪控制;

(5)目标设置训练;

(6)生物反馈训练;

(7)系统脱敏训练;

(8)催眠术。

第八章　高校篮球课程的安全营养保健

第一节　高校篮球课程的合理营养补充

在高校篮球课程的进行过程中,安全营养保健是不可忽视的一部分。学生只有确保了安全,在营养保健方面得到有效的保障,才能高质量地完成高校篮球课程。

一、高校篮球课程的科学营养

(一)营养概述

营养是一种系统全面的生理过程,这个过程从人体摄取外界食物开始,经过消化、吸收和代谢,最后利用食物中对身体健康有益的物质来维持生命活动。

营养素是指人类为维持生命活动而摄取的外界食物中的养分。营养素是人类维持生命活动、促进健康发展的最根本物质。如果未均衡吸收营养素,就会对人体健康水平与活动能力造成不良影响。人体需要补充的营养素有六大类,分别是水、糖类、脂肪、蛋白质、矿物质和维生素。

1. 水

水是人类维持生存的重要营养素,人类离开水将无法生存。人体内含量最多的成分就是水,水约占成人体重的2/3。如果人体内缺水,就会影响正常的生理功能。水的营养功能主要体现在以下几个方面:

(1)水能够使腺体分泌保持正常。

(2)水参与人体正常的代谢过程。

(3)水能够调整并维持正常的体温。

人体所需水的主要来源是饮料和食物。通常,成人每天需要补充的水分是2000~2500毫升,大学生在高校篮球课程中补充水分的量具体要以年龄、气候和运动强度等情况为依据。

2. 糖类

糖类常被称为"碳水化合物",碳、氢、氧是糖类的主要构成成分。根据糖类

分子结构的差异性划分，可以将糖类分为单糖、双糖和多糖三大类。单糖包含半乳糖和葡萄糖；双糖包含蔗糖、麦芽糖和乳糖；多糖包含纤维素、淀粉、糖原和果胶。糖类的营养功能主要体现在以下几个方面：

(1) 糖类提供肌体所需的能量，维持肌体正常的生理活动。

(2) 糖类有利于有效吸收和利用蛋白质。

(3) 糖类能够构成细胞和神经，具有重要的作用。

米、面、谷类、土豆、水果、甜食、牛奶、糖果、蔗糖、蜂蜜等日常主食、蔬果、饮料和甜品中含有大量的糖类，这些糖成分能够满足人体正常的生理功能需要。

3. 脂肪

组成脂肪的几种主要元素是碳、氢和氧，作为人体重要的组成成分，脂肪在人体内具有举足轻重的作用。脂肪的营养功能主要表现在以下几个方面：

(1) 脂肪是构成人体组织细胞的重要成分。

(2) 脂肪包围在人体器官周围充当脂肪垫，主要用来保护人体器官和神经，以免器官和神经受外伤。

(3) 脂肪能够维持人体体温，并可以有效保护人体的内脏器官。

猪油、羊油、牛油、奶油及蛋黄等动物性食物是脂肪的主要来源。除此之外，大豆、芝麻、花生等植物性食物中也含有较多的脂肪。

4. 蛋白质

蛋白质是一切生命的基础，是构成细胞的主要成分。蛋白质的主要构成元素有氧、碳、氢和氮。根据食物蛋白质的营养价值划分，蛋白质可分为三大类，即完全蛋白质、不完全蛋白质和半完全蛋白质。蛋白质的营养功能主要表现为以下几个方面：

(1) 蛋白质是构成和修补肌体组织的重要物质，保证肌体正常的生长发育。

(2) 糖类和脂肪不能完全提供肌体需要的能量时，蛋白质能够补充一定的热量。

(3) 蛋白质可以构成抗体，抗体具有免疫作用，能够增强肌体抵抗细菌和病毒的能力。

蛋类、豆制品、鱼、小麦、肉类、坚果、乳制品等食物是蛋白质的主要来源。一般来说，动物性蛋白质要比植物性蛋白质更优质。大学生的锻炼强度和年龄等因素影响蛋白质的摄入量。

5. 矿物质

矿物质也被称为"无机盐"，主要包括两大类，一类是含量较多的常量元素，包括钙、钠、磷、镁、氯、钾、硫等；一类是含量较少的微量元素，包括铁、锌、碘、铜、硒、氟、硅、锡等。矿物质的营养功能主要表现在以下几个方面：

(1) 矿物质是构成肌体组织的重要成分。

(2) 矿物质能够保持肌体内的酸碱平衡。

(3) 矿物质有利于合成与利用肌体内的其他营养物质。

奶和奶制品是矿物质中的钙的主要来源；动物内脏（特别是肝脏）、血液、鱼、肉类是铁的主要来源；动物性食物是锌的主要来源。

6. 维生素

维生素也称"维他命"，维生素是维持机体健康所必需的营养素。维生素主要分为两大类，一类是脂溶性维生素，包括维生素 A、D、E、K 等；另一类是水溶性维生素，包括维生素 C 族、维生素 B 族。维生素的营养功能主要表现在以下几方面：

(1) 维生素 A 的功能主要是健齿、健骨、润肤、助消化等。

(2) 维生素 B 能够有效促进能量代谢及糖代谢生成 ATP。

(3) 维生素 C 具有抗氧化、缓解疲劳、缓解肌肉酸疼等作用。

动物的肝脏、深绿色或深黄色的蔬菜、红色或黄色水果、蛋黄等是维生素 A 的主要来源；米、面、核桃、花生、芝麻和豆类等粗粮是维生素 B_1 的主要来源；水果、叶菜类、谷类等是维生素 C 的主要来源。

(二) 高校篮球课程的营养需求

1. 水

一般情况下，当人体出现口渴时，就已经丢失了 3% 的水，这时机体处于轻度脱水的状态。机体脱水容易造成运动能力下降，所以要提前进行补水。大学生进行高校篮球课程主要分以下三个阶段补水：

(1) 课程前补水

大学生要根据课程情况、气候和自身的情况进行运动前补水，这是很有必要的。课前补水可以防止运动过程中发生脱水现象。一般认为大学生在进行篮球运动前 2 小时饮用 0.4～0.6 升的含电解质和糖的饮料，或篮球运动前补 0.4～0.7 升的水较为适宜。补水要遵循少量多次原则。

(2) 课程中补水

大学生在篮球运动中的补水量要根据出汗量来确定，总补水量不超过总失水量的 50%～70%，如果大学生篮球课程时间不超过 1 小时，只需要补充纯水。

(3) 课程后补水

很多大学生在篮球课程中补水不足，因此在课程后的补水就显得很重要。课程后适宜补充含糖的饮料或水，有利于恢复血容量。课程后不能大量补水，补充大量水分会使出汗量和排尿量增加，从而加速丢失人体的电解质，对肾脏和肝脏造成重

大负担，造成胃扩张，对呼吸不利。

2. 能量

大学生进行篮球运动要消耗大量能量，因此，大学生每日不仅要摄入满足正常生理发育的能量，而且要补充篮球运动中消耗的能量。篮球运动的负荷越大，就会消耗越多的能量，摄取的膳食能量也应随之增加。

通常，大学生在进行耐力练习时，消耗的能量较多，因此需要供给较多能量。大学生进行中等强度的耐力运动超过30分钟，肌糖原消耗接近耗竭，但氧供应仍然充足，这是肌体开始大量利用脂肪分解供能。因此，大学生进行篮球课程中的有氧耐力训练时，应吸收含有充足糖和脂肪的食物。

大学生在进行篮球课程期间，饮食中脂肪的供给要适量。过多食用脂肪会影响人体吸收蛋白质和铁等营养素，而且脂肪不易于消化，会在胃内停留过长时间，从而影响运动。大学生参加篮球课程时，膳食中脂肪含量在25%~30%之间较为适宜。

糖是大学生在篮球运动时的主要能量来源，大学生的耐力与体内肌糖原水平是正相关的关系。肌糖原水平低，大学生在篮球运动中易疲劳。因此，大学生要注意补充糖。

补糖的特点因篮球课程性质不同而不同。若大学生进行短时间、低强度的篮球运动，则不需要补糖；若进行超过80分钟、大强度的篮球运动，则需要补糖。运动前补糖的时间主要集中在15分钟前，两小时或两小时前；运动中补糖可以提高血糖水平，延缓运动中出现疲劳；运动后补糖可以促进糖原的恢复。

3. 蛋白质

大学生在篮球运动中需要补充的蛋白质量与下列因素有关。

（1）篮球运动的状态。大学生在大运动量的篮球运动初期，由于细胞损伤增加，因此要增加蛋白质补充量。

（2）篮球运动的类型、强度、频率。长时间剧烈的篮球运动非常考验耐力，会加强蛋白质代谢，从而要增加蛋白质补充量。

（3）热能短缺和糖原储备不足时，将增加蛋白质的补充量。

（4）大学生如果要减轻体重和控制体重，需要适当补充蛋白质营养密度高的食物。

（5）大学生在篮球运动中如果出汗较多，尤其是夏季，会丢失大量的汗氮，因此要增加蛋白质的补充量。

大学生在进行篮球运动过程中，要注意保持蛋白质营养的"正平衡"状态，同时蛋白质的补充量要根据体育训练的不同类型而有所变化。大学生进行力量训练时，蛋白质供给量是每日总能量的15%~18%，力量训练时蛋白质的供给有利于强壮骨骼肌和增加肌肉力量。进行其他形式的练习时，蛋白质供给量一般是每日总能量的

14%～16%。

4. 维生素

维生素的主要作用是维持和调节肌体正常代谢。人体内无法合成或者不能充分合成大部分维生素，因此体内的维生素无法满足人体需要，因而需要通过食物摄取。大学生如果在日常饮食中缺乏维生素的补充，就会影响身体健康水平，出现维生素缺乏症。因此参加篮球运动课程的大学生要保证饮食中维生素的充分供应，以提高自身的运动能力。

二、膳食平衡

(一) 膳食平衡的原则

膳食平衡是指膳食中所包含的各种营养素和热量要比例适当、种类齐全，能够满足机体的各种运动所需的营养。如果运动者膳食补充不平衡，则会影响机体正常生理功能的发挥，严重者会引发相应的营养缺乏或是营养不足的症状。膳食平衡原则应做到以下三点：

1. 全面性

全面性原则要求，在膳食方面各种营养素的摄取应全面。人体需要的营养素众多，包括蛋白质、脂类、碳水化合物、维生素、无机盐、水、纤维素等。这些营养素都对人体具有独特的作用，如果有所欠缺，则会影响人体的某项生理功能。因此，运动者的日常饮食一定要全面，避免食物的单一化和长期固定化。

2. 平衡性

平衡性是指各种营养素的供给应与人体之间形成相对的平衡，供应量既不能过剩也不能短缺。篮球运动训练的负荷量相对较大，因此应注重高能量食物的补充；对于女性而言，要更加注重铁的补充。在不同的季节和不同的训练强度下，应适当调整饮食。营养摄入过少，不能满足需要，可发生营养不良性疾病；摄入过多，既是浪费又对机体产生负担，产生营养过剩性疾病。

3. 适当性

适当性原则是指各营养素之间的搭配要适当。饮食之间进行合理搭配能够更好地促进人体营养素的吸收和利用。在日常饮食中，要注重蛋白质、脂肪和碳水化合物之间的搭配，荤素比例适当。膳食的适当性原则还要注重主副食品的搭配，并慎重服用营养保健品。

(二) 膳食平衡的具体要求

1. 各种营养素和热量摄入的平衡

营养专家认为，人们从膳食中摄取的各种营养素在一定时期内应保持在一定的标准范围内。中国营养学会制定了相应的营养素每日供给量标准，运动者应该根据其调整食物的搭配和供应。

糖类、蛋白质、脂肪均能给肌体提供热量，故称为热量营养素。糖类、蛋白质、脂肪三者摄入量的合适比例为 6.5∶1∶0.7，另外，运动者不仅要注重三大能源物质的供应，还要注重维生素、矿物质的补充。

2. 酸碱平衡

人体的各部分都会有相应的酸碱度，一般情况下人体的各部分的 pH 值保持在相应的位置，如果饮食搭配不当，酸碱不平衡，会导致人体的酸碱失衡。篮球运动训练的负荷量相对较大，在运动之后人体可能会产生相应的酸性代谢物质，因此，在饮食中应该注重碱性食物的搭配。常见的酸性食品和碱性食品如下：

(1) 酸性食品

动物类：鸡肉、鲤鱼、猪肉、牛肉、干鱿鱼、鳗鱼、蛋黄。

植物类：大米、面粉、花生等。

(2) 碱性食品

蔬菜类：海带、菠菜、萝卜、南瓜、黄瓜、四季豆、藕等。

水果类：西瓜、香蕉、苹果、草莓等。

3. 氨基酸平衡

世界卫生组织提出了人体必需的 8 种氨基酸的构成比例。研究表明，当食物中所含的氨基酸的比例与表中的比例越接近，其越能够更好地被人体所吸收利用，其营养价值也相对越高。但是多数食品其氨基酸的构成具有一定的不平衡性，这在一定程度上影响了人体的摄取。

三、大学生参与篮球课程的合理膳食营养

(一) 膳食的合理构成

根据平衡膳食的原则，提出的膳食构成如下：

(1) 膳食应注重多样性，以谷类为主。谷类和薯类、动物性食物、豆类及其制品、蔬菜水果和纯热能量食物所含的营养成分不完全相同，因此，要注重食物的多样化。谷类食物的表皮中含有大量的维生素和矿物质，因此，为了防止这些食物表

层营养物质的流失，要避免碾磨得过于精细。

（2）每天吃奶类、豆类或其制品。奶类和豆类食品除了含有较高的蛋白质和维生素之外，还含有丰富的钙，具有较高的利用效率。

（3）多吃蔬菜、水果和薯类。人体的各种维生素和矿物质的主要来源是蔬菜、水果和薯类，这些食物对心血管的健康以及人体的抗病能力的增强都具有重要的作用。

（4）经常吃适量的鱼、禽、蛋、瘦肉，少吃肥肉和荤油。鱼、禽、蛋、瘦肉等动物性食物是人体优质蛋白、脂肪、脂溶性维生素、B族维生素和矿物质的主要来源。但是，需要注意的是，肉类食物不宜摄入过多，否则可能造成人体的肥胖。

（5）吃清淡少盐的膳食。一般认为，每人每天的食盐摄入量不宜超过6克，这对于心血管功能的正常活动具有重要作用。吃太咸、太油腻的食物会增加心血管疾病的发病率。

（6）食量与运动的平衡，保持适宜体重。在篮球运动之后，人体对能量的需求会相对增加，如果能量供应不足，会造成人体的消瘦和抵抗力的下降；反之，则会造成人体的肥胖。因此，应保持食量和能量消耗的平衡。

（二）"4＋1营养金字塔"

为了保证人们日常营养摄入的合理性，营养专家提出了"4+1营养金字塔"食物指南。

（1）第一层即底层是最重要的粮谷类食物，它在人们的日常饮食中所占的比重最大。一般成年人的每日粮豆类食物摄取量为400～500克，粮食与豆类之比为10∶1。

（2）第二层是蔬菜和水果，在金字塔中占据了重要的地位。每日蔬菜和水果摄入量为300～400克，蔬菜与水果之比为8∶1。

（3）第三层是奶和奶制品，以补充优质蛋白和钙，每日摄取量为200～300克。

（4）第四层为动物性食品，主要提供蛋白质、脂肪、B族维生素和矿物质。禽、肉、鱼、蛋等动物性食品每日摄入量为100～200克。

（5）塔尖是膳食中放入少量的盐和糖类。

第一、二层的碳水化合物食物应提供人体所需能量（热量）的65%；第三、四层食物中的脂肪应提供人体所需能量的25%，这两层中的蛋白质应提供人体所需的剩余能量，约占人体总能量的10%。

四、大学生参与篮球课程的膳食建议

(一) 培养科学的饮食习惯

1. 合理安排一日三餐

(1) 时间安排

人的日常三餐应保持固定,这样对于肠道的消化和吸收有利。一般两餐之间的间隔时间在5小时左右。每次吃饭的时间也应合理安排,既不能太快也不能太慢。

(2) 热量安排

一般早餐占全天总热量的30%左右,午餐占全天总热量的40%～45%,晚餐占全天总热量的25%～30%。

2. 培养良好的个人饮食素养

(1) 每天热量结构建议碳水化合物占总热量的60%～70%,蛋白质占总热量的10%～15%,脂肪占总热量的20%～25%。

(2) 用餐环境保持安静、清洁,不吃街头无食品卫生许可证摊贩的食品;购买食品时应注意保质期。

(3) 在饮食上还要注意营养卫生,少吃太咸、太油腻的食物,不多吃油炸和烟熏的食物。

(4) 增强自身对于营养和保健知识的认识和了解,讲究合理的膳食结构,掌握好搭配和比例。慎重服用保健类和营养类药物。

3. 合理加餐

篮球课程对于人体的能量消耗较多,因此,可考虑适当加餐。加餐的食物摄入量不宜过多,而且要以碳水化合物为主。加餐应保证不影响正常的三餐饮食。

(二) 不要做纯素食主义者

素食的热量和脂肪的含量相对较低,有助于避免现代病。但是素食同样具有其弊端。对于篮球运动者而言,不应做纯素食主义者,应保证各种营养摄入的均衡。纯素食的主要弊病表现在以下几方面:

1. 纯素食容易导致营养不良

蛋白质是人体细胞和组织的重要成分,人体的各部分的组成都需要蛋白质的参与。脂肪不仅能够为人体提供热量,还对大脑发育具有重要的影响。对于经常从事大运动量的运动者来说,单纯的素食并不能很好地提供人体运动所需的营养。研究表明,经常吃素的少女往往月经来潮推迟,吃素的女运动员容易发生继发性闭经。

2. 纯素食导致微量元素和维生素缺乏

人体的各种微量元素很多来源于果蔬类食物，但是人体中的铁、锌、钙等元素主要来源于动物性食品，如铁元素主要来源于肉类和蛋类食物，钙元素则主要来源于奶类食物。素食者为了保持营养摄入的均衡，会食用多种类的食品，并且需要精心的准备，但是日常生活中忙碌的人们很难做到。纯素食的人贫血和缺铁、锌的危险较大。纯素食的人虽然不一定贫血，但是其铁的吸收率会降低。缺乏锌可引起小儿厌食症、异食癖和成年人的性功能下降、不育症；缺铁会引起贫血和影响小儿智力发育。

对于肥胖症、糖尿病、心血管疾病者，可适当多吃点素食；而处于成长发育期的儿童应注重营养的均衡。科学合理的饮食结构应荤素结合，比例适当。

五、篮球课程前后的饮食注意事项

在篮球课程前后，应注意以下几方面的饮食问题：

（一）空腹时不大量运动

在空腹的情况下，人体的血糖含量会相对降低，在运动过程中可能会产生头昏、四肢乏力等症状，严重者甚至会产生昏厥。空腹运动训练也可能会产生腹痛，还会抑制消化液的分泌，降低消化功能，容易发生意外。

（二）运动中不大量饮水

在篮球课程中，由于运动量巨大，人体的出汗量也会较多，会引起人体的缺水。在补水时应注意控制饮水的量，采取少饮多次的方法来补水。可饮用功能性饮料，补充人体流失的矿物质。

如果饮水量过多，会使胃部膨胀，妨碍膈肌活动，影响正常呼吸，并对肠胃、心脏有害。在运动中大量饮水，会使得人体的盐分丧失增多，从而导致人体出现四肢无力、抽筋等现象。在训练过程中，口腔和咽喉黏膜的水分蒸发或尘埃刺激、空气干燥以及唾液分泌减少等原因也可能导致口渴，这一情况下可用水漱口的方法来消除渴感。

（三）饭后不大量运动

在饭后，人体的消化器官需要大量的血液供给，这时候进行运动训练会导致消化系统的血液流量减少，从而影响人体对食物的消化和吸收。如果在饭后进行大量的运动，会影响肠胃的蠕动，产生胃痉挛、呕吐等症状。因此，运动者应在饭后过

一段时间再进行运动训练，一般可在饭后 1.5~2 小时进行。

（四）运动前不吃油腻或过咸食物

油腻食物不容易消化，肠胃需要更多的血液来帮助消化，肝脏也会分泌大量的胆汁去应付。这会造成腹胀，并且影响运动器官的血液供应。

在运动训练之前，食用过咸的食物会造成口干舌燥，如果大量饮水会影响运动的效果。

第二节　高校篮球课程的疲劳与消除

一、运动疲劳概述

（一）运动疲劳的概念

至今，关于运动疲劳的研究已有 100 多年的历史。自 20 世纪 50 年代以来，随着生物科学的迅猛发展，实验技术、手段不断更新，研究人员从不同的角度对运动疲劳进行了大致的研究，取得了许多研究成果。运动疲劳定义的内容包括两个方面：一是把疲劳时组织、器官的机能水平和运动能力结合在一起评定疲劳的产生和疲劳程度；二是有助于选择客观指标评定疲劳。如在某一特定水平工作时心率、血乳酸、最大摄氧量和输出功率单一或同时改变都可作为指标来评定疲劳。

（二）运动疲劳产生的原因

引起疲劳的原因很多，如体内能源物质消耗过多会引起疲劳；肌肉运动收缩时产生的某些代谢产物的积聚会引起疲劳；长时间运动时出汗过多，体内水、盐代谢紊乱及内环境稳定性失调等也会引起疲劳。通过研究，生理学家发现运动疲劳是一个综合性的复杂过程，它与人体多方面的因素及生理变化有关。运动疲劳产生的直接原因主要有以下几个方面：

1. 运动能力与身体素质的变化

人体的运动能力和身体素质与身体各器官、系统功能紧密相关。各器官功能的下降，运动能力与身体素质便会受到影响。

2. 体内能源贮备的减少和身体各器官功能的降低

研究发现运动导致疲劳时体内能源物质往往消耗较多。如快速运动 2~3 分钟至

非常疲劳时，肌肉内的磷酸肌酸可降低至接近最低点；而长时间的持续运动中，由于糖的大量消耗，肌糖原及血糖含量均大幅度下降。能源贮备的消耗与减少，会引起各器官功能的降低。加上肌肉活动时代谢产物的堆积及水、盐代谢变化等影响，肌体工作能力就会下降而出现疲劳。

3. 精神意志因素

身体一定程度的疲劳时，往往主观上会出现疲劳感觉，这种疲劳感也可以说是疲劳的主观信号。运动中人体各器官、系统的活动都是在神经系统指挥下完成的，神经系统功能的降低，神经细胞抑制过程的加强都会使疲劳加深。此时，人的情绪意志状态与人体功能潜力的充分动员关系极大。事实上人体在感到疲劳时，机体往往尚有很大功能潜力，良好的情绪意志因素可起到动员机体潜力、推迟疲劳发生的作用。

二、高校篮球课程运动疲劳的具体恢复措施

运动疲劳是体内多种因素综合变化的结果，要想使其恢复的速度和效果都更为理想，就要求采用多种科学手段，否则往往达不到预期的效果。高校篮球课程运动疲劳恢复的措施有很多，其中，最主要的主要有以下几大类，即运动性疗法、传统康复治疗、睡眠、中医药疗法、营养性疗法、物理疗法、温水浴及冷热水交替浴、心理放松疗法。

(一) 运动性疗法

运动疗法是以运动学和神经生理学为基础，利用人体肌肉关节的运动，以达到防治疾病、促进身心功能恢复和发展的方法。它是康复医疗的重要措施之一，要想达到较为理想的恢复效果，就要以运动员的实际情况为主要依据，以运动处方的形式，来有针对性地选择适合的运动方法，从而能够确定适当的运动量。具体来说，运动性疗法的具体措施主要有以下两种形式：

1. 积极性休息

用变换活动部位和调整运动强度的方式来消除疲劳的方法，也就是积极性休息。在进行测力描记实验中发现，右手握测力器工作到疲劳后，以左手继续工作来代替安静休息，能使右手恢复得更迅速更完全。并认为，在休息期来自左手肌肉收缩时的传入冲动，会加深支配右手的神经中枢的抑制过程，并使右手血流量增加。大量研究也充分证明，与安静休息相比较，活动性休息可使乳酸的消除快1倍。积极性休息是运动疲劳恢复的重要措施之一，运用也较为广泛，其恢复效果也较为理想。

2. 整理活动

整理活动是指在正式练习后所做的一些加速机体功能恢复的较轻松的身体练习，是消除疲劳、促进体力恢复的好方法，应给予足够重视。如果一个人跑到终点后站立不动，血液会大量集中在下肢扩张的血管内，使静脉回心血量减少，因而心输出量下降，致使血压降低而造成暂时性脑贫血，会引起一系列不适感觉，甚至出现"重力性休克"。而在剧烈运动后进行整理活动的主要意义在于，不仅能够使心血管系统、呼吸系统仍保持在较高水平，而且对于乳酸的排除也有非常积极的促进作用。

一般整理活动应包括慢跑、深呼吸、体操、肌肉放松练习、静力牵伸练习等内容。肌肉静力牵伸练习对缓解运动后的肌肉紧张、放松肌肉、预防延迟性肌肉酸痛、消除肌肉疲劳、保持和改善肌肉质量都有良好的作用。总的来说，整理活动具有及时放松肌肉，避免由于局部循环障碍而影响代谢过程，因而延长恢复过程的重要作用。但是，为了能够保证理想的恢复效果，在做整理活动时需要注意，量不要大，尽量缓和、放松，使身体逐渐恢复到安静状态。

(二) 传统康复治疗

传统康复治疗技术主要包括针灸、拔罐、推拿按摩、中药熏蒸等非药物疗法，这种治疗方法主要是通过调整人体的阴阳平衡、调节脏腑功能、疏通经络、调和气血、升降气机，达到消除疲劳、祛除致病因素、修复损伤、增强抗病能力和强壮脏腑功能等目的。

在传统康复治疗的措施中，运用较为广泛的是气功。气功是一种自我调节、自我控制的锻炼形式。气功练习对于运动疲劳的恢复的作用主要表现在以下几个方面：第一，气功练习能够使抵抗能力有所增强；第二，气功练习能帮助"放松"，消除紧张状态，使交感神经系统的活动减弱，血管紧张素分泌系统发生变化，调节血压，使血压加快、皮肤温度升高、红细胞和血红蛋白有所增加，白细胞吞噬能力提高，血皮质醇减少；第三，通过脑电图检查证实，气功练习对大脑皮层起保护性抑制作用；第四，气功可使骨骼肌放松，心跳减慢，耗氧量减少。

现代的康复往往采用多种形式的、积极的治疗和训练，因为严重的残障常以复合的形式表现，累及多种功能，所以必须进行全方位、多种类的康复治疗和训练。即使较单纯或程度不太重的损伤，如能积极采用多项治疗，其功能改善的效果也会更好。

(三) 睡眠

睡眠是最好的消除运动疲劳、恢复机能的治疗方法。人在睡眠时感觉减退、意识逐渐消失，肌体与环境的主动联系大大减弱，失去了对环境变化的精确适应能力，

全身肌肉处于放松状态。通过睡眠使精神和体力得到恢复，通常情况下，成年人每天需要睡眠7~9小时，儿童少年大约需要10小时。对于存在运动疲劳的运动员，睡眠时间可能需要更多一些，但并不是越多越好，应根据他们的疲劳程度确定适当的睡眠时间。

（四）中医药疗法

中医药疗法对于运动疲劳的恢复具有积极的辅助作用。具体来说，这一疗法的具体形式主要有三种，即汤剂内服、内服外洗、药剂熏洗。

1. 汤剂内服

采取内服中药消除运动疲劳的方法主要分为服用复方中药和服用单味中药两种，前者居多。按照中医基础理论，用于消除运动疲劳和促进体力恢复的复方中药主要是以"补益"和"调理"为主要治则组方的。使用"补益"和"调理"为主要组方的复方中药进补，都是以平衡机体阴阳为宗旨，强调阴阳互根，孤阴不生，独阳不长，善补阳者必于阴中求阳，善补阴者必于阳中求阴。在治疗效果上多表现为双向调节、适应原样作用。

通过现代的大量研究可以得出，许多中药的活性成分都具有抗疲劳作用，如多糖就是，它能够有效提高抗氧化酶活性、消除自由基、抑制脂质过氧化，从而对生物膜产生一定的保护作用。怀山药多糖、魔芋多糖、枸杞多糖、猴头菌多糖、螺旋藻多糖、当归多糖等都是常用的多糖，具体应用于疲劳的恢复中时，要根据实际情况进行有针对性的选择，做到有的放矢。

2. 内服外洗

对于延迟性肌肉酸痛的局部病机辨证，中医的主要观点是：筋、骨、肉形体运动负荷过大，筋脉不舒，经脉不通受阻致疲，不通则酸困疼痛，筋肉发僵不舒。由此可以得出，舒筋活血、行气止痛、温通经络，是确定局部外治的法则。但是，中医十分强调整体观念，根据中医基础理论，肌肉与多脏腑功能均有关系。除此之外，中医还提出了五劳致伤，劳累过度则能耗气而虚的观点。因此，在研究运动性肌肉疲劳以及延迟性肌肉酸痛时，要想达到较为理想的恢复效果，就应该充分考虑对脾的调理，并与外治相结合，否则就会事倍功半，影响运动疲劳的恢复。

3. 药剂熏洗

对于延迟性肌肉酸痛，现代医学总体上的观点是，它不是一种损伤，而是骨骼肌疲劳的一种表现。通过无创伤性超声对延迟性肌肉酸痛的诊断，可以显示延迟性肌肉酸痛时的肌肉水肿、炎症及肌肉厚度的变化。根据中医理论分析，中药熏洗和推拿的主要作用就是能够较为明显地恢复延迟性肌肉酸痛的肌肉组织结构、代谢和

功能改变，并且消除延迟性肌肉酸痛。

(五) 营养性疗法

恢复机体的能量贮备是运动疲劳恢复的关键，主要包括的内容有：肌肉及肝脏的糖原储备、微量元素平衡、关键酶的活性以及体液、细胞膜的完整性等。其中，补充营养是恢复的物质基础。

糖类在运动过程中起着非常重要的能量供应功能，只有糖类的贮备充足，才能够使肌体的机能逐渐恢复到正常水平。因此，补糖是营养补充的重点，人体感到疲劳或大运动量训练后补糖，可恢复血糖水平，增加肝糖原的储存，并且有加速消除血乳酸的作用。对耐力类项目而言，被耗尽的能量储备，特别是碳水化合物，必须系统地通过富含碳水化合物的营养物质重新予以弥补，在一般混合饮食情况下，约72小时后方能得以弥补，但是如果补充富含碳水化合物的食物，那么糖原储备在负荷结束后的24小时即能恢复原有水平。除此之外，要想更快、更好地恢复运动疲劳，还少不了膳食中的优质蛋白质和适量的脂肪。

在补充运动中消耗的热量时，一般按照蛋白质、脂肪、糖三者的比例均衡进补。但是，不同类型的运动项目，营养成分的比例也是不相同的，需要根据运动项目的特点进行适当的调整，这样才能够取得更好的恢复效果。比如，多数项目运动员的膳食中，三种能量的补充比例为 1.2：0.8：4.5；耐力性运动项目要求膳食中糖的含量较高，故三种能量的搭配比例为 1.2：1：7.5；而运动负荷量比较小的项目，则比普通人的能量补充稍高一些，三种能量的搭配比例为 1：0.6：3.5，三大营养物质摄取总量应根据项目的特点，以能满足机体代谢需要为依据，既不能过多，也不能过少，否则都会影响人体的生理机能、运动水平，甚至影响身体健康。

除了糖、脂肪、蛋白质等能源物质的供应要保证充足外，维生素也要进行适量的补充。维生素的营养作用也非常重要，它不仅为人体正常代谢和生理机能所必需，而且还对人体运动能力有直接的影响。大负荷训练后，维生素 B 族和 C、E 的需要量将提高一倍，尤其在碳水化合物消耗量增加之后，特别要增加维生素 B 的补充量。

综上所述，训练后合理、及时的营养补充对于运动疲劳来说非常重要，对运动员的膳食的要求是，应富含营养，易于消化，并应尽量多吃些新鲜蔬菜、水果等碱性食物。

(六) 物理疗法

应用天然的或人工的物理因子，如光、电、声、磁、热、冷等作用于人体，引起局部或全身的生理效应，从而起到康复和提高机能的治疗方法，就是所谓的物理

疗法。物理疗法的形式有很多种，比如常见的电疗、光疗、水疗、冷疗、蜡疗、超声波疗、热疗、磁疗以及生物反馈等治疗。

蜡疗的运用范围较为广泛，以此为例，来介绍物理疗法。蜡疗的主要特点是：热容量大，导热性小，几乎无对流现象。石蜡有很高的蓄热性能，在冷却过程中可释放大量热能。石蜡用于治疗的作用主要表现为两个方面：一个是温热作用，皮肤能耐受 60~70 摄氏度的石蜡而不被烫伤；另一个则是机械压迫作用，对肌腱挛缩有软化、松解作用。因此，蜡疗的主要作用为：防止淋巴液渗出，减少水肿，促进渗出液吸收，扩张毛细血管和增加血管弹性。

（七）温水浴及冷热水交替浴

消除肌肉疲劳的一种最简单的方法，就是沐浴。通过沐浴，能够对血管扩张产生刺激，对血液循环和新陈代谢起到积极的促进作用，使代谢产物排出的速度加快，神经肌肉的营养得到进一步的改善。温水浴水温以 42 度左右为宜，时间为 10~15 分钟，每天 1~2 次。训练结束后 30 分钟可进行温水浴。但是，在应用温水浴时需要注意，为了保证理想的清除疲劳的效果，不能入浴时间过长、次数过频，水的温度也不能过高，否则就会起到相反的作用，加重疲劳。

冷热水浴可交替性地刺激血管的收缩和舒张，更有效地促进血液循环。进行冷热水浴时，热水温度 40 度，冷水温度 15 度，冷水浴时间为 1 分钟，热水浴时间为 3 分钟，交替 3 次。

（八）心理放松疗法

应用心理学的理论、原则和技术，对康复对象的各种心理、精神、情绪和行为障碍或严重的情绪困扰进行矫治的特殊治疗手段，就是所谓的心理放松疗法。行为疗法和合理情绪疗法是常见的两种心理放松疗法，这两种疗法各具特点，作用也有一定的区别。行为疗法又称行为矫正疗法，是 20 世纪 50 年代迅速发展起来的一种重要的心理学的理论和治疗技术，它按照一定的程序，采取正负强化的奖惩方式，对个体进行反复训练，以消除或矫正适应不良行为的一种心理疗法；而合理情绪疗法是以认知理论为基础，结合行为疗法的某些技术，以矫正人们认知系统中非理性的信念，促进心理障碍得以消除的心理疗法。

在训练和比赛之后，采用心理调整放松，能够达到较好的消除疲劳的效果，具体表现为：使神经和精神的紧张程度有所降低，心理的压抑状态得到一定程度的缓解，神经系统的恢复速度也有加快，这样就能够更好地促进身体其他器官、系统机能的恢复。对身体起作用的心理放松手段很多，其中，暗示性睡眠——休息，肌肉

放松，心理调整训练，各种消遣和娱乐活动性活动等，是最主要的几种手段。

音乐疗法是心理放松疗法中应用较为广泛的方法之一。从生理角度看，音乐作为一种声音刺激，可通过机体的反射作用迅速产生一系列生理和心理反应。音乐的性质不同，表现形式不同，其对人体的作用也就有一定的差别，具体来说，主要表现在以下几个方面：节奏快而有力的音乐的主要作用是：增强心脏功能，改善血液循环；节奏鲜明的音乐的主要作用是：使人的精神振奋，心跳加快，心肌张力增加；节奏缓慢、单调重复的音乐的主要作用是：使人松弛，并有催眠镇静的作用；旋律优美的音乐的主要作用是：使人们的心情愉快、平静，有助于消除体操运动员的情绪紧张及焦虑。除此之外，音乐的作用还表现为：改善注意力，增强记忆力，提高人们对环境的适应力。

第三节　高校篮球课程中的常见伤病与防治

篮球运动往往带有对抗性和一定的风险性，这是篮球的本质属性决定的。然而在实际当中，人们当然不希望出现因运动而引发的伤病。然而不论怎么避免和预防，运动性伤病仍旧会出现。篮球运动是一项有身体直接对抗的"开网"运动，激烈的身体对抗和在高速运动中的动作转换都会增加人体受伤的概率。因此，在高校篮球课程当中配备一定的医务监督环节就十分必要。

一、常见篮球运动性损伤的防治方法

（一）肩部常见损伤

由于篮球运动中进攻在对抗条件下完成各种传、投、接、抢、运等动作，故易发生肩袖损伤。

原因：肩袖损伤又称"肩袖损伤性肌腱炎"，发病机制与肩关节外展、内旋或过伸，肱骨大结节长期超常范围急剧转动、劳损、牵拉、摩擦有关。

症状：患者常感肩痛，尤其是上臂外展60°~120°区间。肩部活动受限，肌肉萎缩，肱骨大结节处有压痛。

处理：急性发作期间，应暂停训练，肩关节制动，上臂外展30°固定，以减小有关肌肉张力而减轻疼痛症状。

康复训练：如肩关节的回旋、旋转运动和肩外展90°位负重静力练习等，以改

善局部血液循环，增强肩部外展肌群，尤其是三角肌的力量，防止肌肉萎缩。康复训练要以肩部不产生疼痛为原则。积极治愈肩部的微小损伤、强化肩部外展肌群的力量训练（如前臂侧平举抗阻练习等）和注重力量训练后的放松练习是预防肩袖损伤的三个关键环节。

(二) 肘部常见损伤

1. 肘关节内侧软组织损伤

原因：篮球运动中肘关节内侧软组织损伤，多因双方队员空中（单臂）同时争球时，一方队员用力较猛，造成前臂力量较弱的对方队员的肘关节被动外翻和过伸，或因摔倒时前臂保护性外展、外旋支撑而致伤。

症状：伤患最为多见的是内侧韧带撕裂伤，严重受伤时往往合并其他组织的损伤，如关节囊撕裂、肘脱位等。受伤后肘关节尺侧疼痛、肿胀，关节功能障碍，肘内侧有明显的压痛点。

预防：关键在于加强前臂屈、伸肌群的力量练习，可经常使用弹簧拉力器发展前臂肌群力量和腕、肘关节的控制能力。另外，在运动前应进行3～5分钟的前臂屈肌群静力性牵拉练习。

处理：现场用氯乙烷喷湿局部后压迫包扎，前臂旋前、肘屈90°位，用托板或三角巾固定于胸前，冰袋敷局部。

康复训练：受伤一周后，配合临床治疗，逐步开始康复训练。主要目的在于防止关节粘连和逐步增强前臂肌力。练习中，一方面必须采取保护措施，如使用护肘、粘膏支持带等；另一方面避免重复受伤的动作，阻抗负荷也应逐步增加。

2. 肘关节脱位

原因：肘关节脱位多因队员倒地时前臂保护性外展、外旋、后支撑所致，其中后脱位最常见。

症状：伤后局部疼痛，关节畸形，功能障碍。

预防：强化倒地时正确的保护性技术动作是预防肘关节脱位的最重要环节。身体向后倒地时，前臂应外展、稍内旋（禁忌外旋），肘关节微屈（禁忌过伸）、后支撑，膝关节微屈，在身体着地的一瞬间用力向后蹬，以分解倒地时的垂直作用力，避免肘关节脱位和尾椎骨受伤。

处理：现场急救可进行氯乙烷局部麻醉降温，绷带包扎，受伤后的肢体位（角度）托板固定，用三角巾挂于胸前，冰袋继续敷局部。

康复训练：整复后第二天即可开始握拳、转肩的康复练习，以促进前臂的血液循环，有利于消肿。去固定后，坚持进行肘关节的伸屈和前臂旋转运动，防止和

松懈损伤后的关节粘连。肘伸屈训练时,动作的幅度必须适可而止,逐渐加大,直至恢复到原有的角度,切忌大力拉扯,以防发生骨化性肌炎,这是康复训练的关键环节。

(三)腰部常见损伤

1. 急性腰扭伤

腰部急性损伤包括肌肉、韧带损伤及关节扭伤等,90%发生于腰骶部。

原因:较多发生在提起重物等动作时。具体损伤过程为在弯腰展髋、伸膝的提重发力时,骨骼肌的力量不足以支撑动作的完成,或者重物的重量在预想之外,如此引起骨骼肌肌肉、筋膜或韧带撕裂。另外,运动动作超越脊柱活动范围也是急性腰扭伤等多种腰部损伤的缘由。

症状:伤后脊柱发生生理性变形,如弯曲度改变或出现侧弯;弯腰时腰部出现疼痛且弯曲程度减小或相应部位肌肉痉挛。在行走时,受伤一侧不敢发力,影响正常行走活动,即便是在坐时伤处仍然无法动弹。这种在受伤局部往往有着明显的压痛点。

预防:除采用一般预防措施外,应加强腰腿和腹部肌力的训练,强化腰部伸屈扭转复合动作的合理性和协调性训练(如在进行负重力量练习的提铃发力时,应屈膝、直腰)。若曾有受伤史的队员在训练和比赛时,以及未受伤队员在进行腰部力量训练时,建议使用护腰带,以加强保护措施。

处理:受伤后应尽量让患者平卧休息,冷敷患处。不建议盲目使用手法治疗。

康复训练:主要以逐渐增加腰、腹肌力量练习为主。训练初期应由徒手练习占据较多时间,要求循序渐进,缓慢加量。练习结束后应特别注意放松腰部肌肉,如经常性的自我腰部按摩。

2. 腰肌劳损

原因:患者在患有急性腰扭伤后并未根治,并且腰部的活动量和负荷量仍旧未减,久而久之形成了腰部肌肉、筋膜、韧带等组织的慢性损伤。

症状:患者经常出现腰部酸、胀、痛等症状,特别是在进行完高强度、大运动量训练后酸痛感更为突出,这种不适感甚至还会放射至腰部周边部位,影响队员的正常训练,甚至对生活也会产生一定影响。腰肌劳损在腰部有明显的压痛点,同时在直抬腿试验中呈阳性。

康复训练:腰肌劳损的康复方法主要有两种。

(1)在日常训练中增加腰部、腹部的力量素质训练,以使新增的肌肉纤维代偿伤患局部肌力的不足,力量训练的动作可以为"拱桥架势"和负重仰卧举腿等,在

实践中，这几种动作有显著效果。不过需要注意的是，在训练中要严格注意对队员腰腹部情况的监控，要求训练中不要出现疼痛和肌肉痉挛，结束训练后要做好相应的放松活动。

（2）安排的训练主要应改善血液循环，通常可采用如仰卧抱膝、膝胸卧展等动作，效果良好。训练中要注意，松懈动作到位后应保持一段时间，通常为3~5分钟。训练要本着循序渐进、逐渐加量的原则进行，以防止局部出血或再度拉伤而影响疗效。另外，在该损伤发作期间应暂停队员训练，以不致使损伤加重。

预防：强化腰、腹肌群力量训练，避免短时间内进行重复腰腹部动作的练习。除采用常规预防措施外，还要培养运动员经常性地进行自我腰部按摩的意识和能力，这对预防腰肌劳损也十分有益。

(四) 膝部常见损伤

篮球运动员膝部损伤约占身体各部伤病总数的40%，主要伤病有膝关节韧带损伤、劳损以及膝内侧副韧带损伤等。膝部伤病的发病机制与现代篮球运动技、战术特点对运动员身体素质的特殊要求、膝关节的自身解剖结构和生理功能，以及在身体运动中所发挥的重要作用等因素密切相关。

1. 膝关节韧带损伤

在膝部常见损伤中，膝关节韧带损伤的发生概率较高。

原因：篮球运动的技术对人体膝关节的负荷能力有较高要求，如在篮球运球转身技术中中枢脚及小腿固定，大腿随躯干突然内收内旋，膝关节受到了扭转力或来自膝外侧的冲撞力，导致伤情发生。这些情况均极易造成膝关节韧带损伤。而运球后转身动作由于外侧副韧带发生损伤概率要远比内侧副韧带要低，所以受伤的原因与膝内翻有关系。

症状：当出现膝关节韧带损伤后表现为膝内侧突发性剧烈疼痛，韧带伤处的压痛点明显，同时出现半腱肌、半膜肌的痉挛症状。

预防：内侧副韧带损伤的发病率远比外侧副韧带高，且内侧副韧带的严重损伤常合并内侧半月板的撕裂伤，故为预防的重点。除采用一般常规预防措施外，还需注意以下几点：

（1）改进后转身技术动作。对于技术水平不高的运动员，克服后转身技术动作中的"拖脚"现象，是预防内侧副韧带损伤的关键环节之一。严格要求队员在完成后转身动作时，作为中枢脚的跟部应微离地面，脚的受力点一定要落在前脚掌，切忌出现"拖脚"动作，这样可有效地化解膝关节处的扭转力，避免膝外翻受伤机制的形成。

（2）强化准备活动中的静力性牵拉练习。在进行其他动力性练习的基础上，预防内侧副韧带损伤可采用膝外翻静力牵拉练习（脚尖向外，膝内扣，半蹲位）3~5分钟，预防外侧副韧带损伤可借用"盘腿"练习。

（3）对于曾受过伤的运动员，一方面在做准备活动时不可重复（或过度用力）受伤机制动作；另一方面在训练和比赛前，还应使用弹力绷带在膝部做"8"字形（内侧交叉）加固包扎，并在鞋跟（或鞋垫）内适当垫高，以有效防止膝关节外展外旋时再度受伤。

处理：弹力绷带做"8"字形（内侧交叉）压迫包扎，继续用冰袋冷敷。经此处理后可酌情继续上场比赛。韧带完全断裂者则病情症状明显加重，在完成上面几种处理方式后再利用棉花夹板固定并及时送往医院做更进一步的处理。

康复训练：康复训练的时间为伤后3天，此阶段并不能完全停止局部治疗。在康复训练时要注意保持股四头肌和股二头肌的肌力，防止肌肉发生萎缩。这种类型的肌肉萎缩将导致膝关节"不稳感"现象的出现；在康复过程中，膝关节的伸屈抗阻练习也是必需的，从而防止出现粘连现象导致关节的活动度下降；进行康复训练应当优先做无阻抗静力性收缩和伸屈膝练习，其次才是抗阻动力性伸屈膝练习。

2. 髌骨劳损

髌骨劳损是髌骨由于关节软骨面和髌骨因缘股四头肌的附着部分出现了慢性损伤。具体可以被称为"髌骨软骨病"。这种疾病由于损伤的不同也许会单独发生，也可能一并发生。因此损伤的原理及症状大体相似，故将其统称为"髌骨劳损"。

原因：髌骨劳损之所以会出现是由于膝关节在长期负担过度的情况下，或经历了反复的微细损伤，最终导致劳损的出现，但因一次直接外伤（髌骨部冲撞或牵扯）也可能发生。前者往往是由于不合理的训练安排，如滑步防守与进攻、急停与起跳上篮的局部训练过多所致，不注意发展局部肌肉力量等。

症状：髌骨劳损发生后，会使人出现膝软与膝痛感。在早期，髌骨劳损只出现在大运动量训练之后，然而不适感会随着休息逐渐消失。一般膝痛常在活动开始以后减轻，运动结束后又加重，休息后又会减轻。膝痛或膝软与技术动作有较大的关联，其主要表现出来的是在出现半蹲动作时产生痛感，如日常生活中上下台阶的动作等半蹲状态动作，均会出现疼痛腿软无法发力，甚至在坐下前因不能吃力而发生跌倒等现象。严重时走路和静坐时也痛。不少病例关节酸痛程度，还与气候变化有关。

（1）髌骨压迫痛，患者膝伸直，股四头肌放松，脑后垫一小枕或检查者一手托垫，一手掌放于髌骨上，向垂直方向压迫或两侧方、上下错动按压，髌骨下出现痛者即为阳性。

(2)髌骨周缘指压痛,患者伸膝并放松股四头肌,检查者一手将髌骨两侧方或下方推起,用另一手摸压髌骨周边,痛感明显的即可判定为阳性。

(3)髌骨边缘有增厚现象或出现条索状物、髌骨尖延长、股四头肌萎缩、髌骨长角以及关节积液等也可判定为髌骨劳损。

处理:目前无特效疗法,建议发病后尽量采取练治结合的方法缓解治疗。另外,对髌骨劳损的处理方法还可以采用以下几种方式:

(1)按摩疗法。在膝关节附近通过长时间揉捏和推揉股四头肌,其后,用单手或双手拇指对痛点以刮的形式进行按摩,或用手掌对髌骨进行按压。

(2)短波理疗。中药渗透药外敷或关节腔内注射药物,不过注意这种方式不宜经常性使用。

(3)单手拇指刮法。按摩者一只手对伤者的髌骨进行固定,显露出髌骨的疼痛部位,另一只手用拇指屈曲沿髌骨疼痛部位的长轴进行用力刮动,刮动要均匀,重复大约40次,刮髌时如伤者有痛感属正常现象。

(4)髌骨按压法。适当加压后固定不动,待酸痛减轻或消失后,慢慢抬手去压,如此重复3~5次。

在接受上述几种按摩方式后,可以让患者做不负重屈伸膝关节练习20~30次,走动2~4分钟,每日按摩1~2次。

3.膝内侧副韧带损伤

原因:在篮球运动中,由于场地、技术(如跳起投篮、抢篮板球后落地姿势不佳,或在运球突破时,遭防守队员阻挡,使膝关节出现强迫"外翻",造成膝内侧副韧带损伤)、关节稳定性、准备活动不足、对抗能力与自我保护能力差等原因,会导致小腿突然内收内旋,或小腿与足固定、大腿突然外展外旋,造成膝关节内翻,引起外侧副韧带损伤。

症状:伤后出现痉挛性疼痛。膝内侧压痛、肿胀、皮下瘀血、小腿外展或膝伸时疼痛与功能障碍。关节内积血是严重的联合损伤的信号,意味着关节内韧带损伤,半月板可能撕裂。

处理:现场立即冷敷、加压包扎、制动,减少出血、止痛,以避免并发症。伤后24小时左右可视伤情采取中药外敷或内服、按摩、理疗、康复训练等手段,促进淋巴和血液循环,加速渗出液和积血的吸收。膝内侧副韧带不完全断裂的早期治疗,主要是防止创伤部继续出血,并适当固定。膝内侧副韧带完全断裂最好的治疗方法是手术缝合。

(五)足踝部常见损伤

1. 踝关节韧带损伤

原因：踝关节韧带损伤以踝关节外侧韧带（新鲜）损伤较为突出。在篮球运动中运动员的踝部会受到多种形式的冲击。通常踝关节韧带损伤经常发生与运动员跳起落地时踩在别人的脚上等原因造成踝关节内旋、足内翻位受力作用的机制有关。

症状：损伤后踝关节外侧疼痛，局部肿胀，皮下瘀血，有明确的压痛点，不能立即行走。不过鉴于踝关节以及周边韧带的结构较为复杂，因此在受伤后未确切诊断之前不建议盲目使用手法治疗。

处理：踝关节韧带损伤的处理主要有以下三种常见方式：

（1）冰袋冷敷。冰袋冷敷是踝关节损伤后的最佳应急处理办法，若无条件则可用凉水降温。但是这种方法只能起到缓解的作用，并不能完全依此治疗。

（2）抬高患肢。抬高患肢也是缓解踝关节损伤的有效方法。被抬高的患肢可促进静脉回流，防止局部肿胀。

（3）患肢制动。将受伤足固定于稍外翻、踱伸位，以此达到减轻局部韧带张力和防止进一步出血的目的。

预防：在日常训练中有意识增加踝周和跨踝肌肉、韧带的力量训练。有踝关节韧带损伤史的人在练习中还可以进行一些特定的专门练习，如踝外旋、足外展外翻的抗阻练习等。在训练和比赛前做好充分的准备活动，如做足内翻、足外翻静力性牵拉练习各3～5分钟。

康复训练：踝关节韧带损伤的康复训练可以分期完成，具体可分为早期练习、中期练习和后期练习。

（1）早期练习内容包括在热水浸泡中和仰卧抬高患肢的条件下，进行踝伸屈练习，以此达到消除皮下瘀血和肿胀、防止局部粘连的作用。另外还可在不产生疼痛的前提下安排一些趾肌、腓肠肌等的被动牵拉练习。

（2）中期应加入一些如动感单车、足滚圆木练习等以锻炼和恢复足、踝部肌肉运动精细调节功能为主的训练。

（3）后期应以增强踝周肌肉、韧带力量和足伸屈肌群的力量为主，如安排起踵练习、足趾伸（踝屈）抗阻练习等。

另外，如果在踝部康复训练后出现不同程度的肿胀，均属于正常现象。解决方法为训练后应平卧并抬高患肢。

2. 踝关节扭伤

原因：踝关节扭伤多由于场地不平，或跳起落地时踩在别人脚上，或在空中受

碰撞而落地不稳等。

症状：伤后踝关节外侧疼痛，迅速肿胀，并逐渐延及踝关节前部，局部明显压痛。压痛多在外踝下方，或踝尖部或外踝；内翻痛。

处理：急救时可以压迫痛点止血，抬高伤肢，然后用较大的棉花块或海绵垫加压包扎。24小时以后根据伤情可选用新伤药外敷、理疗、针灸、按摩药物痛点注射及支持带固定等。

(六) 其他部位损伤

1. 手指挫伤

原因：在篮球运动中球员接球时手的动作不正确或断球时手指过于紧张伸直等均会导致手指挫伤。

症状：受伤手指及周边范围有明显肿胀且伴有强烈疼痛，这种痛感会因为压迫而增大，手指功能障碍。

处理：手指挫伤的快速处理方法为用冷水冲淋。通常休息一段时间后疼痛可减轻，几天后痛感消除，能做屈伸动作。

2. 大腿后部屈肌拉伤

原因：当肌肉在跳起上篮、跳起拦截或蹬跨移动等动作中主动收缩或被动拉长超出其所能承担的能力时便会出现大腿肌肉拉伤。造成这种情况的原因可能是准备活动不充分、用力过猛、体能耗竭、不规范的技术动作、气温过低等。该肌群训练不足，肌肉弹性、伸展性差，肌力弱是发生损伤的内在因素。

症状：

(1) 有明显受伤动作和受伤过程。

(2) 局部疼痛，伴有肌肉紧张、僵硬，肿胀处可伴有瘀血。

(3) 患者做肌肉主动收缩和被动牵伸动作时，局部有明显压痛，受伤肢体有功能障碍。

(4) 发生肌肉断裂者，在肌肉断裂部可触摸到凹陷或出现一端异常膨大，或呈"双峰"畸形。

处理：

(1) 肌肉微细损伤或伴有少量肌纤维撕裂者，伤后应立即给予冷敷，局部加压包扎，休息时应抬高患肢。

(2) 24~48小时后可开始理疗和按摩，按摩时手法宜轻柔，伤部仅能做些轻推按摩，伤部周围可做揉、捏、搓等，同时配合点压穴位(宜取伤周穴位)。

(3) 如肌肉大部或完全断裂者，在局部加压包扎并适当固定患肢后，应立即送

往医院诊治。

3. 面部损伤

原因：篮球比赛中，在争球、上篮、抢篮板球时，容易造成被他人头、肘顶撞而挫伤，甚至发生眉区裂伤等面部损伤。

症状：

（1）临床上都有急性外伤史。

（2）凡挫伤，局部有轻度肿胀，且逐渐加重。

（3）若眼眶挫伤、眉区裂伤，伤后2～3天肿胀明显，眼裂变小，甚至眼睛不易睁开。

处理：

（1）凡挫伤，24小时内局部冷敷，24小时后热敷，促进消肿和皮下瘀斑的吸收。

（2）凡裂伤，伤后6小时内清创缝合，伤后24小时内用破伤风抗生素，预防破伤风杆菌感染。

（3）骨折、牙齿断裂者，需去专科医院诊治。

上述损伤应先处理骨折。对创伤性滑膜炎应加压包扎，用夹板或石膏固定2～3周。

伤后3～5天可以进行理疗、按摩、外敷中药等治疗。

二、常见篮球运动性疾病的防治方法

（一）肌肉痉挛

肌肉痉挛即俗称的"抽筋"，是指肌肉发生不自主地强直收缩的一种症状。人体的腓肠肌、足底的屈拇肌和屈趾肌最容易发生痉挛。肌肉痉挛常发生于长跑、足球、游泳、举重等运动时间长、运动强度大的运动。通常是由于大量出汗致使体内电解质失衡，肌肉收缩舒张失调，外部冷刺激等原因导致的。

1. 症状表现

发病急，局部发生不自主肌肉强直收缩，僵硬，疼痛难忍且一时不易缓解，痉挛肌肉所涉及的关节出现运动障碍。

2. 预防措施

运动前做好充分的准备活动，运动中遵循循序渐进的原则。夏季运动时，出汗过多，应注意适当补充淡盐水和维生素。冬季运动时注意保暖，同时加强身体锻炼，提高身体的耐寒能力和耐久力。冬泳前先用冷水淋湿全身以适应冷水刺激。冬泳时间不宜太长，避免在水中停止运动和停留太长时间。多吃含乳酸、氨基酸、维生素

E、钙的食物，如奶制品、瘦肉、虾皮、豆制品等。

3. 处理方法

牵引痉挛的肌肉常可使之缓解。例如，小腿后面群肌痉挛可伸直膝关节，用力将足背伸；足底部屈肌、屈趾肌痉挛，可用力使足和足趾背伸。此外，还可配合局部按摩，采用重推摩、揉捏、叩打、点穴（如委中、承山、涌泉等穴）手法，促使缓解。

(二) 运动中腹痛

运动中腹痛是指运动员在运动中因生理和病理原因而发生腹部疼痛的一种疾病，在足球运动中比较常见。通常是由于准备活动不充分，胃肠痉挛，腹直肌痉挛，呼吸紊乱等原因造成的。

1. 症状表现

安静时不痛，运动中或结束时腹痛，一般无其他伴随症状。腹痛的部位常与病变脏器的位置有关：肝胆疾患或瘀血，多表现为右上腹痛；脾瘀血多表现为左上腹痛；肠痉挛、蛔虫病多表现为腹中部痛；胃十二指肠溃疡、胃炎，多表现为中上腹痛；呼吸肌痉挛多表现为季肋部和下胸部疼痛；阑尾炎在右下腹疼痛；宿便多表现为左下腹痛。

2. 预防措施

在参加篮球运动前做好准备活动，训练内容和时间安排合理。运动中要注意呼吸节奏，宜进行深呼吸。如运动时发生腹痛，应放慢运动速度，减少运动量，轻轻按揉腹部，待疼痛缓解或消失后再逐步加快速度。在运动前不宜进食、饮水过多。餐后休息一小时后再进行运动，夏季运动要适当补充盐分。加强身体训练，增强心肺机能，提高机体的适应能力。

3. 处理方法

运动中发生腹痛时，一般只要减低速度，加深呼吸，用手按压疼痛部位（或弯着腰跑一段），疼痛即可减轻，以至消失。如疼痛仍不减轻，甚至反而加重，就应停止运动。炎热天气时，口服十滴水，针刺或用手指点揉内关、足三里、大肠俞等穴位，都能缓解腹痛，可以试用。若为腹直肌痉挛，则可进行局部按摩，如果上述措施不见效，就应请医生处理，以防有腹部外科急症误诊而延误病情。

(三) 运动性低血糖

空腹时血糖浓度低于 50 毫克/分升的一种症状即为低血糖。运动性低血糖在足球运动中比较常见。大都是因为长时间剧烈运动后，体内血糖的大量消耗和减少可

造成运动性低血糖。或者是运动前饥饿，肝糖原储备不足，不能及时补充血糖的消耗导致运动性低血糖。另外还可能是因为交感神经活动增强和反应性肾上腺素释放过多，及中枢神经功能障碍可致低血糖。

1. 症状表现

轻者倦怠（进食前特别明显），心烦易怒，面色苍白、多汗或冷汗，身冷，体温低，心跳快速，呼吸浅促，眩晕，头痛，视力模糊，迅速或强烈的饥饿感等；重者视物模糊、焦虑、定向障碍（如返身跑）、步态不稳、出现幻觉、狂躁、精神失常，最后意识丧失、昏迷。部分患者诱发脑血管意外、心律失常及心肌梗死。

2. 预防措施

运动前检测血糖两次，每隔30分钟检测1次。合理安排运动量，每天的运动时间及运动量基本保持不变。大量运动前适当进食。不空腹参加长时间的剧烈运动。有低血糖症特别是患有糖尿病的人，宜少食多餐。

有平时缺乏锻炼的大学生，或患病未愈及空腹饥饿时，不要参加长时间的足球运动。

3. 处理方法

使病者平卧、保暖。神志清醒者可饮浓糖水或吃少量食品，一般短时间内即可恢复。不能口服者，可静脉注射50%葡萄糖40～100毫升。昏迷不醒者，可针刺人中、百会、涌泉、合谷等穴，并迅速请医生前来处理。

（四）运动性中暑

运动性中暑是中暑的一种，由运动导致或诱发，指肌肉运动时产生的热超过身体能散发的热而造成运动员体内的过热状态。大都是因为在炎热的天气下长时间进行足球运动，身体疲劳、失眠、失水、缺盐，对高温环境适应能力差导致。

1. 症状表现

早期有头晕、头痛、呕吐现象。逐步发展为体温升高，皮肤灼热干燥。严重者可出现精神失常、虚脱、痉挛、心律失常、血压下降。过于严重的，甚至会昏迷，危及生命。

2. 预防措施

科学合理地安排训练和比赛的时间，夏季避免在上午9点至下午4点间运动，多休息。运动中适当饮用防暑降温的饮料；运动后注意补充适量的糖盐水。加强医务监督，合理选择运动服装与保护装置。了解运动性中暑的相关知识，及时检查身体反应、调整运动。

3. 处理方法

当有先兆或轻度中暑时,应迅速撤离高温环境,至通风阴凉处休息,解开衣领,并服用清凉饮料、浓茶、淡盐水和解暑药物等。对病情较重的患者,应立即移到阴凉处,让其平卧。根据不同的病情,分别处理:中暑痉挛时,牵伸痉挛肌肉使之缓解,并服用含盐清凉饮料;中暑衰竭时服用含糖、盐饮料,并在四肢做重推按摩。症状重或昏迷患者,可针刺人中、涌泉等穴,并应迅速送往医院进行抢救。

第九章　高校篮球课程教学的应用

第一节　微课教学法在篮球教学中的应用

随着科技的不断发展，社会已经进入了信息化的时代，教师的教学模式开始变得不同，教学课堂也发生了翻天覆地的变化。教师可以利用丰富的视频文件、有趣的图片、生动的音频、独特的方式等提高学生对篮球的学习兴趣。其中微课的使用能够给传统的篮球教学方式带来一种创新，对于篮球课堂教学起到十分重要的作用，提升教学的质量。

一、微课的概念与特点

(一) 微课的定义

微课指的是以新课标的要求、课堂教学需求为依据，将视频作为教学载体，对教师在课堂上的精彩讲解或全部教学活动进行记录。微课包含传统型的教学方式和辅助性的教学资源。

通过在线观看微课，学生可对学习内容提前进行了解，并有目的地预习和总结学习内容。篮球教师对微课的科学制作与设计有助于使学生获得新的学习体验。在篮球教学中使用微课教学法，能够将学生带入一定的教学情境，使学生在特定情境下学习篮球知识与技术。这种教学方法对于激发学生的学习兴趣和提高篮球课堂教学效率具有积极影响。

(二) 微课的特点

微课具有以下几个显著的特点：
1. 教学时间短

微课教学法向学生传递学习内容是以视频的形式实现的，通常时间为6~10分钟，这样学生能够更集中地观看和学习，与传统体育课（课时45分钟）相比，微课时间短，学生可以重复观看，课堂组织更方便灵活。

2. 资源容量较小

微课主要是流媒体格式,时长短,所以资源容量并不大。教师和学生在电脑、手机等媒介上观看都比较方便,这种移动教学方式也为师生之间的交流提供了方便。

3. 教学内容精简

微课具有教学内容简要、精练的特征,将其运用到篮球教学中,可使学生对篮球技术的重点、难点集中进行学习。和传统篮球课堂教学相比,这种教学方式更便于学生把握主题。

4. 利于师生互动

微课教学方式为师生之间的互动提供了便利,师生可利用手机或电脑及时交流,更灵活便捷地沟通,对于学生的反馈,教师能及时收到,从而对微课课件进行有针对性的设计与及时的调整,从而促进篮球课堂效率的提高。

二、微课在篮球教学中的应用研究

当前,我国篮球教学中存在教学目的不明确、教学方式单一等不足之处,而且教师一味强调让学生课上课下反复练习,难免会引起学生的负面情绪。而将微课教学法运用到篮球教学中,可在一定程度上改善篮球教学现状,提高教学质量。

(一) 合理选择教学课件

实践证明,课堂教学效率的高低及质量的好坏与教师在课前所做的准备工作是否充分有直接的关系。在微课的准备阶段,教师应围绕学生来思考设计工作,具体要考虑以下问题:

第一,学生感兴趣的篮球运动员。

第二,学生的篮球实际水平和什么样的篮球练习方式比较适合学生。

第三,如何安排篮球课堂教学中的实训环节。

篮球教学中面对的学生群体各有各的特点,有的学生可能篮球基础较差,甚至首次与篮球正式接触,因此对篮球没有系统的印象。对于这部分学生,教师应进行系统引导,使学生对篮球运动逐渐有所了解、熟悉,并爱上篮球。而教师要培养学生对篮球运动的兴趣,可对篮球明星精彩灌篮的视频集锦进行整合,让学生观看这些集锦,产生兴奋之情,并体会篮球运动的乐趣,产生学习与参与这项运动的欲望。教师对篮球某一技术的动作要领进行讲解时,可将示范动作剪辑成视频,在课堂上播放视频,使学生在反复观看中对技术要领有一定的了解,并进行模仿练习,最终将动作要领真正掌握。总之,对篮球教学课件的合理选择有助于促进学生学习兴趣、学习效率和学习质量的全面提高。

(二)对课堂时间进行合理安排

中小学篮球课一般每节课 45 分钟，而且每周安排的篮球课时较少，普遍是一周一节。要在有限的课时和课堂教学时间内将教学任务完成，实现教学目标，就需要教师对课堂时间进行合理安排，提高每节课的教学效率。

篮球运动中很多动作和姿势都具有技术性，基础较差的学生不可能在课堂上有限的时间内完全掌握技术的动作要领。因此，学生提前预习和自学很重要。教师提前将教学资料提供给学生，学生按照资料自学，并自己查阅其他相关资料，对将要学习的内容有所了解，清楚下节课要重点学什么，以便在上课时能跟上教师的节奏，在短时间内将篮球知识与技术掌握好，提高学习效率。

此外，教师要将微课视频及时提供给学生，对学习内容进行恰当安排，并与学生及时互动交流，探讨教学中的问题，及时了解学生的学习情况，帮助学生解决实际问题，提高其学习质量。

(三)对教学环节进行合理设计

将微课教学法运用到篮球教学中，就要对各个教学环节进行合理安排，使学生在学习中获得更大的进步与成果。

首先，对于学生的课前预习，教师要做好引导。传统篮球教学中，教师占用大部分课堂时间来讲解篮球知识与动作，并进行动作和技巧示范，学生自主练习的时间较少，实战机会更是寥寥无几，而采用微课教学法可对此问题进行有效处理。

其次，教师要鼓励和引导学生亲自参与形式丰富的篮球活动。对于练习积极、动作标准、姿势规范的学生，教师可录制一些视频，在课堂上播放视频，表扬这些学生，并教导其他学生向这些学生学习，使每个学生都能有所进步和学有所获。

(四)对篮球动作进行简化

在篮球教学中，学生要将一些基本的篮球技巧以及技术动作熟练掌握，这是篮球教学的要求。但从学生的篮球基础和实际水平来看，这个教学要求比较高，对学生而言有一定的难度，学生很难达到要求。篮球运动中有很多比较灵活和充满技巧性的篮球动作，如三步上篮、后仰三分等，在这些动作的教学中，学生很难规范地完成，对于其中的复杂动作要领，更是不容易掌握。此时，教师将微课教学法引入课堂中，分步骤地讲解篮球运动中的复杂动作，将每一步的动作简单录制视频，简化复杂动作，这样复杂动作就成了一个个基础动作的集合，基础动作对学生来说比较容易学习和掌握。通过对篮球动作进行简化，学生可更加直观地了解动作要领，

并在不断的练习中逐渐掌握，这有助于使学生学习的自信心得到提升。

(五) 角色的适当转变

新课程目标要求在教学中要"以学生为本"，微课教学比传统教学更能体现这一点。微课教学提倡让学生成为课堂的主人，让学生将课堂主动权牢牢掌握在手，提高学生的课堂参与度，使学生成为课堂上的活跃分子。在篮球微课教学中，教师不能仅仅只是将篮球知识与技术传递给学生，而应在传递知识的同时将优秀的微课资源提供给学生，并为学生的自主练习与创造提供机会。此外，教师还可以及时获得学生的反馈，对教学内容进行完善，选择能够吸引学生注意力的教学内容，激发学生的兴趣，让学生更加积极地进行学练，不断掌握篮球知识与技巧，达到教学目标。

总之，微课是以视频为载体，具有教学时间短、教学内容精简、资源容量小、便于师生互动等特点的新型教学方法。将该方法运用到篮球课堂上时，要注意对教学课件的合理选取、角色的转变及对课堂时间、教学环节的合理安排，同时还要将网络化教学平台充分利用起来，以吸引学生参与，优化篮球教学质量，促进学生身心健康发展和篮球运动水平的提高。

第二节 体验式学习法在篮球教学中的应用

体验式学习法指的是教师通过了解和掌握学生的认知规律，创造相应的教学情境，采取恰当的方法对教学内容加以呈现和传授，从而让学生通过亲身体验而掌握教学内容，形成一种知识体验式学习的方法。在篮球教学中采用体验式学习法，有助于提高篮球教学效率与质量。

一、体验式学习方法在篮球教学中运用的必要性分析

(一) 激发学生的学习热情

体验式学习法与传统篮球教学方式不同，传统篮球教学方式对培养学生的实践技能不够重视，而体验式学习法对学生的实践技能十分重视，这是篮球教学回归到以学生为主体的一个重要体现。在篮球学习中，学生更偏向于学习实践技能，而不太喜欢学习理论知识，体验式学习与学生喜欢参与篮球实践练习的学习需求相符。在篮球教学中应用体验式学习法，可以将学生学习的兴趣成功激发出来，学生通过

体验式学习也会对篮球运动越来越感兴趣，并自觉积极地参与练习。篮球教师要科学使用体验式学习法，充分发挥这一方法的优势和自身的主导作用，积极引导学生亲身参与篮球学练实践，使其对篮球的魅力有深刻的体会与感悟。

（二）培养学生的体育意识

随着人们健康观念的提升，体育运动意识也不断增强，体育精神被广泛传播到社会的各个角落。这同时也对体育教学的要求越来越高，不仅需要很好地完成体育教学任务，还需要在教学中培养学生的体育运动精神，让学生对体育运动的魅力、体育文化的内涵有充分的感受与体会。为了达到这些要求，需要将体验式学习法引进篮球课堂教学中，激发学生投入篮球实践的热情，学生在教师的带领下，通过不断的亲身体验，其体育意识也会不断增强，综合素养也会得到明显的提高。

在体验式学习教学中，教师可以设计一些篮球比赛，让学生在比赛实践中对篮球运动的奋勇拼搏魅力进行体验，让学生体会团队协作的重要性，使其对篮球体育的精神有更加深刻的理解。

（三）改善篮球教学效果

在篮球教学中运用体验式学习方法，能够使学生的主体作用得到充分发挥，让学生在亲身参与实践的过程中获得深刻的体验，使学生形成较为完善的知识体系，进而提升篮球教学效果。

在篮球教学过程中，不仅要求教师讲解相关知识点、示范篮球动作，还要求学生在教师的指导下亲身投入实践，亲自体验。学生在参与各种篮球实践活动的过程中，不断体验篮球的魅力，所掌握的知识和技能也会不断得到巩固，同时在亲自体验的过程中及时发现自己的学习问题，认真分析问题和努力解决问题，不断优化学习质量，提升综合素质。

二、体验式学习法在篮球教学中的具体应用与实施方法

（一）合理创设教学情境

在运用体验式学习方法的过程中，对学生的主体地位要予以重视，鼓励学生积极参与到课堂教学活动中，亲身体验教学过程，这样才能发挥体验式学习教学方法的作用。此外，要恰当转换师生角色，创设合理的教学情境，促进学生主体意识的增强，以更有效地发挥体验式学习教学方法的重要作用。合理创设教学情境需注意以下几点：

首先，在体验式学习中，教师指导学生对学习内容自主安排，引导学生做好热身活动，或让将篮球动作掌握较好的学生面向全体学生展示，督促学生之间相互交流沟通，这样基础较差的学生更容易获得进步。

其次，鼓励学生创新学习与练习方法，培养学生的组织能力，并调动学生参与各种体验活动的积极性。

最后，在教学过程中，教师在恰当的时机提出关于教学内容的问题，引发学生思考，让学生在亲身体验中找到问题的答案，提高学生学习的自信心。

(二) 不断完善教学方法

篮球教学的实践性很强，篮球教学场地、教学条件都具有一定的开放性，在开放的学习环境中，学生的学习情绪和热情容易被调动起来，但同时也容易造成学生心理上的紧张。对此，篮球教师应在教学过程中充分发挥自身的作用，对学生的体验与学习给予积极的引导和指导，并重视对教学方法的改革与完善。

首先，在篮球课堂教学中，合理布置教学场地，优化教学设施质量，建立平等和谐的师生关系，营造轻松愉悦的教学氛围，为学生创造良好的学习环境。

其次，篮球教师要在教学过程中多和学生互动，对学生的学习状态和遇到的问题及时掌握与了解，想方设法让学生积极投入到学习中。教师在进行篮球动作示范时，要注意动作的规范和姿势的标准，并在学生自主练习中不断强调动作要领，仔细观察，对各个学生的练习进度有所掌握，对学生练习中出现的问题要及时纠正，促进学生学习的进步与技术水平的提高。

(三) 培养学生的自我意识

培养学生的自我意识也是篮球教学的重要任务之一，体验式学习教学方法有助于启发与增强学生的体育运动意识，丰富学生的实践体验，使学生更深入地了解篮球运动和教学内容，进而能够在学习过程中自觉反思和总结自己的学习情况，同时与他人交流经验，解决自己的学习问题。

(四) 关注学生的情感体验

在篮球教学中采取体验式学习教学方法，不但能够使学生的身体素质得到锻炼，还能培养学生的智力，丰富学生的情感，进而提升其综合素养。通过不断的实践与体验学习，学生对篮球运动的魅力有更多的了解与体会，进而产生浓厚的情感，这有助于学生形成长远的篮球参与意识。

第三节　学导式教学方法在篮球教学中的应用

学导式教学方法作为一种新兴教学方法，近年来在教育界经常被探讨，这种教学方法在体育学科和其他学科的教学中得到了较为广泛的应用。该教学方法在体育教学中的作用在于开发学生的智力，对学生的学习潜力进行挖掘，促进学生体育学习积极性的提升，提高体育教学效果。

一、学导式教学方法的优势

（一）发掘学生的能动性

在篮球教学中应用学导式教学方法，要将学生视为课堂的主人，尊重学生的主体地位，对学生的潜力深入挖掘，提高学生学习的积极性与主动性，培养学生分析与解决问题的能力，这种能力对其日后的学习与将来的工作生活都是有好处的。学导式教学法还能将学生学习的激情与动机激发出来，促进篮球教学质量的改善。

（二）面向所有学生

传统篮球教学中，篮球教师主要是面向大部分学生而教，并没有将精力放在所有学生身上，对学生的指导也没有做到面面俱到，这样总会导致一些学生因为得不到关注和指导而失去对篮球课的兴趣与信心。而将学导式教学方法应用到篮球教学中，教师可以帮助学生解决学习中的问题，及时更正学习错误，教师也会在这个过程中不断改革传统教学中的不足之处，有针对性地改进与创新，采用不同的方法指导不同篮球基础的学生，使每个学生都获得成长。例如，对于基础好的学生，适当提高要求，布置比较难的学习任务；对于基础较差的学生，要多给予指导，创造良好的学习条件，帮助其达成学习目标，提高其学习的信心。在帮助落后生进行独立自主、创造性学习方面，学导式教学法发挥着非常重要的作用。这也是其在各学科教学中深受重视的一个主要原因。

（三）促进学生全面发展

篮球教学多在室外进行，这个教学环境相对较为特殊，在室外篮球教学中运用学导式教学方法，可以调动学生学习的积极性，促进学生学习兴趣的提升和感悟能力的增强，同时能够对学生坚强的意志品质与坚忍不拔的精神进行培养，使学生不管在学习中还是在生活中，即使遇到很多困难，也能主动克服心理障碍，顽强应对，

渡过难关。学导式教学法还有助于学生之间相互进行讨论，互帮互助，从而建立良好的友谊，提升班级凝聚力。学导式教学法对学生的个性化发展也有重要帮助，可促进学生综合素质能力的提升。

二、学导式教学方法在篮球教学中的应用程序

（一）教师导学

篮球运动具有较强的实践性，学生要掌握篮球知识与技能，就要学习书本知识，不断观看视频，亲身参与，反复练习，如此才能有所收获。在学生的自主学习中，难免存在自我认知与理解上的错误。为此，在学生自主练习的过程中，教师应给予积极的引导和正确的指导，使学生正确理解篮球的基本知识，如篮球发展史、特点、文化内涵、锻炼注意事项等。学生只有正确理解篮球知识，充分掌握这些知识，才能运用这些知识来指导自己的实践练习，发挥自身的自主能力，对篮球运动的技巧进行探索。此外，教师要根据学生的学习状态来适当布置一些作业，使学生的学习更有目的性。

（二）学生自主学习

在教师的指导下，学生的学习也有了目的性，学生会逐渐明确自己的学习目标，并在自我学习意识下不断学习与巩固篮球知识与技能，使自己的篮球知识越来越丰富，篮球技能水平越来越高。在自主学习环节，小组成员之间可自由讨论，相互交流学习经验与心得，针对自己的问题寻求帮助，改正不足，这在提高学生自主学习能力的同时也培养了学生的人际交往能力。

（三）师生展开交流

虽然说学生自主学习是篮球教学中非常重要的一个环节，但学生在自主学习中对篮球知识与技能的掌握毕竟是有限的，在教师教学环节，学生会慢慢发现学习难点，知道自己需要学习和努力的地方还有很多，因此，教师的指导与师生之间的交流与沟通非常重要，这有助于学生对实际学习问题进行解决，并启发学生的思想，促进终身体育意识的形成。

（四）教师指导示范

在篮球课程教学中，如果学生只靠自己的思维模式与方法去学习，那么只能掌握少部分知识，而且对技能的掌握也不是很准确、扎实，为了提高学习的效果，需

要教师系统讲解篮球的具体知识，并进行综合性的示范。在篮球教学中，要特别把握好教师的指导示范这一环节。

教师在指导时，讲解是一个主要方式，讲解时，语言应简单明了，要能使学生快速理解，学生只有在基础层面上理解了篮球知识，其篮球技能才能不断稳固，在自主学习中学习的积极性才能得到充分发挥。示范也是教师指导的重要方式之一，教师要将篮球动作的技巧、重点牢牢把握好，清晰准确地示范，让学生全面掌握动作要领，能够连贯完成各个动作。

(五) 学生自我吸收理解

在篮球教学中，不仅需要篮球教师进行系统授课，还需要学生发挥主观能动性，发挥自学的积极性，在教师的指导下自主学习，养成自觉学习的好习惯，这也是提高篮球教学效果的一个重要途径。篮球教学考核要对学生掌握篮球知识与技巧的程度进行检验，因此需要学生在学习中善于自我吸收，在教师的指导下主动对自己的学习所得进行总结，并对自己的问题进行反思，对于自己把握不准的内容，要及时向同学或老师请教，及时解决问题。

第四节 篮球课程教学方法的组合应用

一、篮球教学方法组合的理论构建

在篮球教学中，如果只将一种教学方法一用到底，那么教学效果基本不会有明显的提升。有针对性地组合运用各种有效的篮球教学方法，对于提高篮球教学效果具有重要意义。下面主要探讨三种教学方法的组合运用，分别是游戏教学法、情境教学法以及合作教学法。

篮球教学方法组合的理论构建就是在"健康第一""以人为本"等教学思想的指导下，以学生的全面发展为核心，以激发学生的篮球学习热情为先导，以篮球技能教学为载体，有机结合一般性练习与专门性练习，然后对构建的教学目标加以确定，根据教学目标和所选教学方法的特征设计教学过程，最后针对篮球教学方法的构建进行教学评价。

(一)篮球教学方法组合的构建基础

1.情境教学法

该方法是以特定情境内容帮助学生对特定问题加以理解,让学生感同身受,获得直观的感性认识,为后续的理性认识提供辅助。这种教学方式是非常考验教师教学能力的,对教师的教学素养有较高的要求。对于学生来说,要在较短时间内理解与掌握知识,尤其是接受重、难点内容,情境教学法不失为一种有效的方法。

在情境教学法的实施中,在课堂上具有第一主体地位的学生可以充分发挥自己的主观能动性,教师创造学习环境,学生在特定环境下主动思考、拓展思维,将自己的创造力充分发挥出来。例如,在英语课上,教师通常会安排学生扮演课本中的一些角色,也就是设计简单的课堂情景剧,在这个环境中,学生容易快速进入以英文为主的语言环境中,通过扮演角色,带入情感而学习单词和句子,这能够将学生学习的积极性和主动性最大限度地激发出来,促进课堂教学效率的提高。一般来说,使用情境教学法且在情境设置中,有以下几个方案可供选择:

第一,生活场景。

第二,图像展示。

第三,实物展示。

第四,语言表达。

第五,角色表演。

第六,音乐带入。

上述备选方案中,图像展示、语言表达以及音乐带入通常被运用到篮球情境教学中。

篮球在我国非常普及,我国的篮球爱好者以年轻人为主,球迷对国内外职业联赛及大学生篮球联赛都很关注。这为篮球教师使用情境教学方法提供了可选资源,拓展了情境设置的空间范围,在学生对篮球相关知识有了一定的认识后,课堂上就不需要用很多时间来进行背景介绍了。例如,在投篮教学中,教师如要使用情境教学法,则可先对世界知名篮球运动员中的投篮高手进行简要介绍,吸引学生的注意力,让学生做好学习投篮技术的准备。在具体教学过程中,情境人物投篮的整个动作会在学生大脑中不断重复,教师要适当讲解,准确示范与指导,从而使学生在练习中不断熟练投篮动作。另外,拥有高超技术的情境人物对学生来说是榜样,学生会带着崇拜心理努力练习,向榜样靠近。

2.合作教学法

每个个体都有独立性,都有自己的独特之处。个体之间是有差异的,每个人的

优点也是相对有限的，在学习和生活中，每个人都会遇到这样或那样的问题，而且在解决问题的过程中也会遇到不同程度的阻碍。总之，个人能力是有限的，每个人的学习效率也是有限的，个人发展也在很大程度上受到了限制。这种情况下采用合作教学法能使学生的个人发展上升一个台阶。篮球是集体项目，更需要团队合作，在篮球教学中也要对学生的合作意识进行培养，使学生不仅掌握篮球技能，也要提高思想认识。

合作教学法中的合作包括两个方面：一是师生之间相互配合，共同协作；二是学生之间互相帮助，取长补短，最终目的都是完成既定目标，促进学生进步与成长。在使用合作教学法的过程中需要注意以下几点：

(1) 学生之间积极互动

在篮球课上，场地、设备及其他相关材料是学生共享的，教师可对奖惩措施进行合理制定，以将学生的积极性与潜能激发出来。而且在课堂上，教师应针对每个小组的实际情况而设立一个符合该小组的小目标。这能够激发各个小组的学习动力，让小组成员之间相互依赖，积极互动，完成小组目标。

(2) 师生面对面交流

篮球教师的讲解与指导在篮球课堂教学中是必需的。师生之间要有一定的互动，面对面沟通与交流，教师帮助学生将正确的合作方向确定下来，以便学生有目的地学习。

(3) 明确个人责任

各个小组的学生成员都要承担相应的责任，有效完成自己的任务，同时小组成员之间相互帮助，相互合作，共同完成本小组的学习任务与目标。

(4) 处理好人际关系

合作教学法可以对学生的人际交往能力进行锻炼。各小组学生有共同努力的方向与目标，只靠个人英雄主义不可能完成小组学习目标，每个学生都要发挥自己的主观能动性，主动探索解决问题的对策和学习的技巧，同时要主动帮助其他学生或寻求其他学生的帮助，与他人相互合作，共同解决问题，完成任务，在这个过程中，学生的团队合作意识会越来越强，人际交往能力也会得到提高。

(5) 小组自加工

小组自加工也就是小组成员之间相互探讨、自我反思。当小组学生在相互合作中将既定问题解决之后，要及时总结与反思，一方面反思自己的个人能力；另一方面反思小组配合。在这个反思的过程中，小组成员都会有所收获，不断成长。这也是合作教学法对学生成长的一个重要意义。

3. 游戏教学法

时间、场地、学生自身条件等因素都会在不同程度上影响篮球教学的开展，师生之间能否有效互动，学生能否充分掌握篮球技能，都直接受这些因素的影响。为了将这些因素的消极影响降到最低，同时充分发挥这些因素的积极作用，篮球教师将游戏教学法引入篮球课堂中。

作为辅助教学方法的篮球游戏教学法可以使篮球课堂教学变得有趣，可营造活泼轻松的课堂氛围，这样学生就不会因为教学内容重复、教学方法单一而失去学习篮球的兴趣，并在身体与心理上同时抗拒篮球课了。在篮球课正式开始教学之前，要做一些准备活动，篮球游戏是准备活动的主要内容，通过这个活动，可以使学生达到充分热身的效果，将学生学习的积极性激发出来，为接下来教学工作的开展打好基础，提高课堂教学效率。

在篮球课堂教学中穿插游戏教学法具有重要意义。虽然相比文化课，体育课更灵活、更有趣，但长时间采用几种简单的教学方法，学生还是会觉得枯燥，游戏教学可以改变这个现状。需要注意的是，教师需控制好课堂篮球游戏的时间，一般占总课时的30%，可适当增减，视学生的具体情况而定。游戏教学在课堂上的应用如下：

首先，在课的准备部分，教师可带领学生做一些简单的篮球游戏来吸引学生的注意力。

其次，在增加运动量前，可安排学生做一些准备性的游戏，以免因运动量增加而引起学生受伤。同时这也能使学生了解接下来要学习的篮球动作，在正式授课时，教师结合之前的热身游戏有针对性地进行讲解和示范，重点指出学生在游戏中出现的错误动作，强调哪些动作做不规范容易引起损伤，应引起学生的重视，保障学生的安全，提高学生的学习效率。

最后，在课的结束部分，组织学生做一些放松性的游戏活动，使学生快速恢复心率，放松大脑皮层，避免因身心疲惫而对接下来的学习造成不好的影响。

在篮球课上采用游戏教学法，需注意以下几点：

首先，在开始游戏前，教师要简要说明游戏规则，讲解游戏的过程与方法以及判定胜负的标准，让学生知道该如何做。

其次，教师要合理划分游戏小组，各组水平要基本相当，这样做游戏才有悬念，学生才更有积极性。

最后，做游戏之前强调热身的重要性，避免造成肌肉拉伤、关节扭伤的现象。

(二) 篮球教学方法组合的教学目标

在传统篮球教学中,先由教师讲解、示范,学生观察模仿,教师指出问题,然后学生边练习边改善。虽然传统教学方法可以使学生将篮球动作掌握好,但学生在学习过程中很难获得乐趣和美好的体验,而且会认为篮球运动是无趣的、是枯燥乏味的,这会影响学生学习的积极性。而在分别优化情境教学法、分组教学法、合作教学法及游戏教学法的基础上,将它们组合起来应用到篮球教学中,可以应对不同基础的学生和不同的教学环境,使教学更有针对性、目的性,更有效率。这样能使学生更有效地掌握篮球技能,更好地实现身心健康发展;促进学生人际交往能力的提高和学习兴趣的增加。对多种教学方法的优化组合运用使得篮球课变得丰富多彩,这样自然就会提高教学效率和教学质量。

(三) 篮球教学方法组合的过程方法

具体而言,篮球教学方法组合的过程包括以下几个环节:

1. 定向优化教材

定向优化教材必须保证不改变教学大纲规定的教学任务、教学目标及教学要求;不改变教学内容。在这个基础上,优化升级篮球教学内容,在每节篮球课上合理分配零散的知识点,让学生自觉做好课前预习,并在课堂上积极配合教师,用心学习。教师在编写教案的过程中总结课堂内容,并组织实践活动使学生能够灵活应用课堂所学知识与技能。

在篮球教学中,教师以班级学生的普遍接受能力为依据对教学进度进行控制,在上每节课之前都要有详细的教学计划,并在结束一节课时将下节课要教的内容告知学生,给学生布置查找相关资料的时间,让学生预先了解即将学习的新动作,形成感性认识。学生只有课前做好预习、课上用心学习、课后及时总结归纳和复习,才能牢牢掌握篮球知识与技能,并提高自己的自学能力与学习效率。

2. 建立合作学习小组

"组间同质,组内异质"是教师划分学习小组必须坚持的一项重要原则,每个学习小组的成员之间要保持相当的水平,即使有差别,也要保持在合理的范围内。这样的分组有利于建立"同组互助、异组竞争"的机制,即小组成员之间相互合作和小组之间展开良性竞争,使合作和竞争相辅相成,协同发展,对学生的合作能力和竞争意识进行培养。小组成员之间只有相互合作,才能提高本组的战斗力,在与其他组竞争时取得优势,小组之间的激烈竞争又会激发小组成员的团结精神。

在分组教学中,每节课结束前,以每组学生的课堂表现为依据来排列名次,并

且在期末考试时，在总成绩中将日常排名、分数计入其中。学习过程和学习成绩是小组评分的两个组成部分，其中学习过程占40%，学习成绩占60%。在学习过程评定中，主要内容包括以下几方面：

(1) 课前预习成果汇报。

(2) 动作学习规范程度。

(3) 小组合作学习效果。

(4) 组内学习协调效果。

(5) 课后教案总结情况。

3. 教学单元内容设计

在开始教学前，教师从宏观视角出发来整理教学大纲规定的教学内容，同时对一般教学内容和重点教学内容进行区分。教学大纲中要求学生必须掌握且达到一定应用水平的一般都是重点教学内容，教师要采用科学合理的方式来传授这部分内容，学生也要努力掌握好重点教学内容。

划分好一般教学内容和重点教学内容后，就要对教学顺序进行科学制定，在教学过程中要连贯、系统地教学，要有计划地开展教学。在技术教学中，先讲解动作结构，进而向动作原理引申，最后对该技术动作的运用方式进行讲解与示范。教师要在纵向递推式延伸的理念下进行技术动作教学，使学生在掌握技术的同时拓展知识点。教师要循序渐进地推进教学环节，各环节衔接密切，这能够保证学生逐步理解与掌握教学内容。

4. 授课过程

(1) 三步上篮教学

用四次课的时间教"三步上篮"，教学方式是传统教学法、分层教学法和合作教学法。

先将学生分成以下三个层次：

A层：学生有一定的篮球基础，而且在之前的两个技术学习中有较好的成绩。

B层：学生之前没有正式接触过篮球，但在之前的两个技术学习中有较好的成绩。

C层：学生篮球基础薄弱，在之前的两个技术学习中也没有取得好成绩。

完成分组后，教学程序如下：

①第一次课：传统教学法

学生在教师的带领下做热身练习，然后有5分钟的自由活动时间，自由活动后，教师将学生集合起来，对三步投篮技术动作进行简单介绍，然后示范动作，带领学生做分解练习，具体分解成动作，分别是跨步后起跳、跨步后接球、运球以及起跳投篮。

②第二次课：传统教学法和分层教学法

学生在教师的带领下做热身练习，然后教师再次完整示范三步上篮动作，引导学生对上节课的分解动作进行复习。每个层次的学生都要练习分解动作。教师检查和指导，对 B、C 层的学生要特别留意，及时纠正他们出现的偏差，给予更细致的指导。对于 A 层的学生，适当提高要求，增加难度。

本节课运动量较大，所以在课程结束时，教师要带领学生做好放松活动，缓解疲劳。

③第三次课：分层教学法和合作教学法

学生在教师的带领下做热身练习，教师从 A 层学生中找个动作掌握较好的代表做规范的动作示范，再在 C 层学生中找个动作掌握较差的学生做示范，教师对比分析两者的动作差别及形成原因，并指出应如何避免和改正错误。三组学生对上节课的分解动作进行复习后，在教师的带领下练习连贯的三步上篮动作。在三组学生的练习过程中，教师对三组学生的练习情况重新做评价，然后根据练习质量对他们重新进行分组。每个组至少要有一个学生篮球技术好，然后在各个组平均分配其余学生。每个组篮球技术好的学生要帮助组内基础较差的学生，适当给予指导。在课程结束时，做一些放松活动。

④第四次课：传统教学法和合作教学法

学生在教师的带领下做热身练习，然后教师再次完整示范三步上篮动作，并且对下面几点进行强调：

第一，在左脚踏上罚球分界线的地方接球，女生或身材矮小的学生可适当提前。

第二，起跳后快速举球过头顶，起跳高度和瞄准时间直接相关，高度越高时间越长，起跳后伺机果断出球。

第三，自然落地，身体不要过分前倾，屈膝缓冲。

强调完以上三点后，学生在教师的带领下进行新一轮练习，每组学生分开练习，采取小组负责制，组内学生相互帮助和监督，对动作不规范的学生要重点指导。教师在一旁观察，总结问题，然后将学生集中起来，说明学生在练习中普遍存在的问题，指出解决方法，之后各组学生继续练习。在课程结束时，做一些放松活动。

(2) 单手肩上投篮

用三次课教学，使用传统教学法、情境教学法和游戏教学法。

教学过程如下：

①第一次课：传统教学法

学生在教师的带领下做热身练习，然后教师对原地单手肩上投篮的动作要领进

行讲解。之后示范完整动作，学生模仿教师进行自主练习，教师给予指导。在课程结束时，做一些放松活动。

②第二次课：传统教学法和情境教学法

在本次课中使用情境教学法可以巩固学生所学的投篮动作，提高其投篮技能水平。

学生先在教师的带领下做热身练习，然后有5分钟的自由活动时间，很多学生会利用这个时间练习投篮，可见学生在投篮方面有较高的积极性。自由活动结束后，教师带领学生对上节课所教的原地单手肩上投篮动作要领进行复习，并且随机挑选学生让他们做示范，有针对性地指导与纠正学生示范中出现的问题，如肢体不协调、手指力量弱等。

教师将学生分成三组，每组都有不同层次的学生，组长由技术水平高的学生担任，组长对本组的学生负责。在小组各自学习的过程中，教师仔细观察学生的动作规范与否，及时指出学生的问题。各组学生完成本组学习任务后，在教师的组织下做放松练习。

③第三次课：传统教学法和游戏教学法

学生先在教师的带领下做热身练习，然后对上节课所学的动作进行复习，并练习无球投篮，使动作不断趋于规范。学生自由练习10～15分钟。然后按照上次课的分组，组织三种规则的单手肩上投篮比赛，三组学生都要参赛。规则如下：

第一，各个小组的学生均投两次篮，小组进球数最多的一组获胜。

第二，规定投篮时间，各组学生轮流投篮，每人每轮至少进一球，规定时间内投篮数最多的一组获胜。

第三，规定投篮个数，各组所有学生都要参与，用时最短的一组获胜。

经过三种规则的比赛后，对成绩进行汇总，然后排名。课程结束时，宣布比赛结果，然后对单手肩上投篮技术动作的要点再次进行总结与强调，最后学生做一些放松练习。

5.教学信息反馈

在一节课中要对多种组合教学方法进行应用，对教师的教学能力提出了较高的要求，为了更顺利地开展和改善教学，教师需要了解外界的反馈。通常有来自以下几方面的反馈：

（1）授课教师直接与学生交流，了解学生的感受，学生作为教学对象，他们对教学过程的感受最客观、真实，教师总结学生的意见或建议，对学生的切实需求加以了解，进行针对性教学与改善。

（2）在篮球课堂教学中，授课教师邀请其他教师旁听，听课教师对教学过程及

学生面对不同教学方式的反应进行记录。

（3）授课教师在每节课结束后进行自我总结。回想学生面对不同教学内容与方法的反应，然后对教学计划进行调整与完善，让学生更加容易接受和掌握知识。

6.建立与完善教学评价体系

篮球教学方法优化组合的应用效果与教学评价体系有直接的关系。在篮球教学评价中，应将教师评价、学生评价等多种评价方式结合起来运用，不仅要看重教学结果，还要关注教学过程。篮球教学评价体系科学合理，则能有效促进学生的学习。在评价体系构建中，要适当地将个人评价升级为小组评价，将竞争模式转变为合作模式，鼓励小组合作学习，培养学生的团结意识与合作能力。另外，在每个教学阶段组织阶段性测验，对学生的学习情况要及时掌握，有针对性地指导个别学生存在的问题，让每个学生都能在原来的基础上获得最大程度的进步。

(四) 篮球教学方法组合的评价标准

教师通过分析班级中男生和女生的成绩，对一套新的综合评价标准进行了制定。旧评价标准中低分段和高分段中两个分数之间的时间差都是0.5秒，新的评价标准对这一现象进行了改善，与人体体能的客观标准更加相符。新标准中低分段两个分数之间的时间差较大，因为在刚开始运动的阶段学生比较容易提高成绩。但随着不断靠近人体体能和运动极限，学生就很难提升成绩了。所以新的评分标准具有低分段达标成绩间距大、高分段达标成绩间距小的特征。

二、篮球教学方法组合应用产生的诸多影响分析

(一) 对学生学习兴趣和学习态度的影响

在篮球教学中采用合作教学法，能够使学生之间的沟通与交流增加，使学习氛围更加浓厚、和谐。学生处于这样的环境氛围中，学习兴趣和积极性也会提高，而且在课后或者校园体育文化活动中，学生也会积极参与篮球项目的相关活动，对篮球运动的动作、战术和规则不断熟练掌握。

篮球教学相比其他文化课程教学，较为灵活、轻松，这也导致学生上课时不能端正态度，敷衍了事甚至打打闹闹。但是通过应用篮球教学方法组合模式，可以调动学生参与课堂学习的积极性，使学生全身心投入学习和练习中，学生还能主动总结自身的问题，积极弥补缺陷，追求进步。

(二) 对学生学习热情的影响

当前，素质教育已经逐渐深入人心，素质教育理念要求学校教学不仅要给学生传授知识，还要对学生的个性、人际交往能力、解决实际问题的能力等综合素质进行培养。传统教学与评价对学生掌握知识的水平也就是学习结果过分重视，而组合多种教学法加以运用，并由此对新的评价体系进行构建，可以有效实现教学效果的最大化和学生提升的最大化。以科学合理的考评方式与标准来考核与评价学生，对比考核成绩和最初的诊断性测试成绩，可以发现学生明显取得了进步。获得进步的学生会更加信心十足地学习，学生的学习热情能够得到充分的激发。

(三) 对学生掌握篮球知识和技能的影响

优化重组教学方法有利于促进学生更好地掌握篮球理论知识与基本技能。传统篮球教学中，教师先讲解动作要领，再示范，学生模仿，然后练习，整个过程是机械的，毫无新意，而且如果是教比较简单的篮球动作，那么基础好的学生就不会认真学习，注意力分散；如果教的内容有一定的难度，如重、难点教学内容，则基础较差的学生会跟不上节奏，无法迅速领会要点，逐渐失去学习的兴趣与信心。

篮球教师面对的班级学生各不相同，在篮球方面主要体现在基础水平不同、经验多少不同、兴趣爱好不同等，对此，可在篮球教学中同时采用分层教学法和游戏教学法，使不同层次学生的学习需求得到最大限度的满足，使基础较差的学生产生篮球学习兴趣，使基础好的学生有机会获得更多的进步。在传授新内容之前，教师要强调提前预习的重要性，学生提前预习可对所学内容形成感性认识，在课上认真听教师的讲解和观察教师的示范后，这种感性认识会增强，然后通过自己的不断练习，对篮球的认知可由感性认识上升到理性认识。在情境教学中，学生尝试教师角色，指导与帮助基础较差的学生，能够将篮球技术动作更牢固地掌握。

(四) 对班级凝聚力的影响

微型课堂、小组学习、合作学习等是学生掌握学习内容、完成学习目标的几种主要方式。学生在合作学习的过程中，不断交流、互动，相互帮助，出现积极正面的心理活动。在小组合作学习中，学生一方面要实现个人学习目标；另一方面还要与小组其他同学相互配合，共同努力，以完成小组学习任务和目标，因此作为小组成员，每个学生都要承担起相应的责任，履行相应的义务，这能够让学生认可发现的价值和意义，使学生产生成就感、满足感，并更加积极地学习，活跃班级气氛，提升班级的凝聚力。

(五)对学生综合运动能力的影响

篮球运动的每个动作看起来都是连贯、流畅的,看似简单易学,实际上当亲身参与其中就会发现不容易掌握这些动作。学生的动作质量良莠不齐,与个人身体素质、心理素质、练习时间、练习方法等诸多因素有关。优化组合教学方法能够使这些因素的积极作用得到最大限度的发挥,同时将这些因素的不利影响降到最低,使学生身心素质得到提高,并在良好身心素质的基础上通过科学的练习方法去学习和掌握篮球技能,进而提高综合运动能力。

(六)对学生课堂满意度的影响

传统篮球教学方式以灌输为主,尽管这也能使学生学有所获,但是无法得到学生的认同。而在篮球课堂教学中优化组合多种教学方法,可使学生掌握课堂主动权,学生经过自己的努力,同时在教师的指导和同学的帮助下,慢慢靠近预期目标,心理满足感油然而生。这可以使学生对课堂的满意度不断提升,进而激发学生的学习热情,提升学生学习的自主性,提高课堂教学效率。此外,在情境教学法的实施过程中,学生通过角色扮演,可以对篮球技术动作有更深入的体会,同时体会教师的不易,从而在以后的学习中更好地配合与协助教师完成教学目标。

(七)对学生学习成绩的影响

优化组合教学法并不是简单罗列或叠加几种不同的教学方法,而是在全面分析教学内容和学生需求的基础上适当选择几种科学合理的教学方法,在不同教学阶段或针对不同教学内容、不同学生而采取相应的教学方法,如此便能取得 $1+1>2$ 的教学效果。教师提前筹划与设计课堂上的每个环节,对学生可能遇到的问题都要提前考虑,这样能大大提高课堂教学效率。同时,这种教学模式能增强学生的感性认识,提升学生的理性认识,确保学生掌握每项教学内容。学生经过如此良性循环,学习成绩会显著提高。

三、提高篮球教学方法组合应用效果的建议

(1)在篮球课堂教学中,教师要对教学内容、学生身心素质、学生运动水平进行充分分析,从实际情况出发选择合理的教学方法,并优化组合加以应用。教师要充分了解不同层次学生的需求,进行针对性教学,并在评价环节制定新标准,构建新的指标体系,提高评价的效果。

(2)在对不同教学方法进行优化组合之前,教师要对各个方法的用途、优劣进

行分析，还要深入研究篮球教学内容，从而充分发挥不同教学方法的作用。此外，教师不仅要完善自己的篮球专业知识，还要对交叉学科和辅助学科的内容加以学习，不断充实自己，提高综合素养，从而更好地教育学生，让学生对每一个知识点的了解都很透彻。

（3）篮球教师要对篮球教学内容进行分类，针对不同类型的教学内容选用相应的教学方法，还可以创造新的教学方法，将传统教学法与新方法结合起来运用，取长补短，提高教学效果。

第十章　高校篮球教学的考核与评价

第一节　高校篮球教学体能评价与考核

在篮球运动教学过程中，考核是进行信息反馈和调节的一个重要环节。但是值得注意的是，很多学校目前采用的大多是总结性评价为主、平时表现为辅的评价方式，这种方式，很难对学生进行全面客观的评价，导致学生的学习积极性下降。

一、考核评价的目的

考核是篮球教学的一个重要环节，对学生的学习行为起着检测和导向作用。众所周知，现行的学校篮球教学考试，是以技术达标考试和身体素质达标测试为主的考试。首先，考试内容因片面强调技术，反而无法全面反映学生的综合技术水平。其次，这是一种只注重考查结果的考试。然而，篮球学习成绩的体现是贯穿在整个学习过程中的，因为篮球运动的丰富性使它的内容涵盖广泛，除了篮球方面的，还有身体、心理、集体、社会适应等方面的内容，这些方面的发展都不是简单平推的，这些内容也是简单的达标考试无法评价的，因此必须融合在整个教学过程的评价中。学好篮球技术的目的是为了学会打篮球，而学会打篮球的目的是通过具体运动建立"终身体育"观，最终是为了学生的全面发展。所以，篮球技术教学的视野，应放在体育教育目标的大背景之下考量，要与现代教育方向保持一致。所以，篮球教学注重技术考核的片面和局限，不利于学生的篮球运动能力和锻炼习惯的培养。尤其对于篮球技术水平较差的同学更是如此，技术考核不达标，就等于被否认了这方面的运动能力，学生从自尊到愿望上就都会变得消极。在技术考核中得高分，但比赛场上的综合能力却不尽如人意。这种结果的导向，会造成学生对篮球运动价值认识上的偏差。

篮球考核是与篮球教材密切联系的，教材内容是考试内容的直接依据，而篮球教材也直接影响着篮球考核的方式。因此，篮球教材的编制，要考虑到篮球教学评价的权重，对于篮球技术的考核部分，应从综合运用的角度考量，要平衡掌握技术的过程与运用技术的结果的评价。多方式、多元化的考试方法，也是学生乐于接受的考试。

二、考核评价原则

科学性与可行性是高校篮球教学工作者在篮球考核与评定中需要遵循的两项基本原则。可靠性、有效性和客观性是科学性的具体表现。可行性原则要求考核人员采取与篮球教学实际情况相符的方法来进行考核，确保现有条件可以使评定的目标顺利实现，同时确保所选择的考核方法在教学实践中能够得到运用。在遵循科学性与可行性的基础上来开展考核工作，需要考核人员对有关体育测量与评定的基本知识进行掌握，对篮球教学的基本规律能够熟悉，并在不断的探索实践中对篮球考核方法和评定标准进行制定。

为了科学准确地开展考核评定工作，必须对可用于评定指标的信息进行采集。指标是信息的载体，在对指标和方法进行确定时，必须对如下原则加以贯彻：

（一）可靠性原则

篮球教学考核人员在具体的考核与评价过程中要遵循可靠性原则，针对同一批学生，在相同的测试条件下采用相同的测试方法，通过重复测试再检验结果是否一致。如果测试结果高度一致，表明该测试方法具有较高的可靠性；如果测试结果差别很大，表明该测试方法可靠性低，考虑采用其他方法进行测试。

（二）有效性原则

有效性指的是测量方法与预计测量内容之间的一致性程度，所采用的测量方法应能够将拟测量事物的本质特征体现出来。所以，在对考核标准进行制定和选择时，必须确保考核标准的指标含义是明确的。测量方法达到测量目的的准确程度直接决定了测量有效性的高低，如果方法与目的高度一致，就说明测量的有效性高；如果二者一致程度较低，就说明有效性低。进行篮球技战术及其他技能考核时，可采用的方法有很多，在具体的选用中要特别注意方法的可行性，尽可能选用能够将教学大纲规定的技能考试内容准确反映出来的考核方法，在选定后通过反复实践来检验其有效性。

（三）客观性原则

篮球教师对学生的学习情况进行考核，需要做到客观真实，即评定或评分要具有真实性。多名考核人员对同一名学生在测量结果上的一致性程度反映了考核结果的真实性。如果多名主考人员对同一名学生给出的评分相近，表明他们对该学生的考试表现有比较一致的看法，这样的测量结果就具有较强的客观性；如果不同主考

人员对同一名学生给出的评分相差较大，说明他们对该学生的考试表现存在着不同的看法，这样的测量结果也不具备较强的客观性，无法真实准确地评价学生的学习情况。在篮球考核过程中，应对考核标准进行明确，对考核程序做出严格的规定，尽可能消除主考教师个人因素的干扰，避免考核的随意性与偶然性。

三、体能教学训练考评的内容

和其他种类的体能运动一样，高校篮球教育也要有一定的考核以及评价体系，而评价体系的构建，离不开相应的考评指标。具体而言，高校篮球体能教学一般由一级指标以及二级指标双重指标构成。而一级指标，主要包括体态、机能、运动素质乃至机能类指标。

（一）体态类指标

所谓体态类指标，也就是对运动员或者学习者外形的考核指标。这一点不仅在考核的时候十分重要，而且在对于篮球选材也有很重要的影响。

（二）机能类指标

所谓机能类指标，主要指的是运动机能类指标。机能类指标是运动的基础，也是保证运动员进行正常运动的基础，一般而言，机能类指标主要测量的是与心肺功能有关的指标，具体而言主要包括以下几类：

（1）肺部机能

主要包括肺活量，最大通气量，等等。

（2）心脏功能

主要包括最大心率，等等。

（3）身体恢复能力

主要包括肌肉恢复能力，以及运动创伤愈合能力，等等。

（4）骨骼自我修复能力

即在运动过程当中，骨骼受到轻微损伤后的自我修复能力以及愈后恢复能力，等等。

（三）运动素质类指标

运动素质指标主要以田径类的运动指标为主，具体包括以下几类：

1. 力量素质

人体无论想做什么动作，都必须要使用肌肉的收缩力量，这种力量使人体的基

础生活能力得以维持下去，与此同时，其也是掌握运动技巧与机能，以及使运动成绩显著提升的重要基础条件。

力量素质指的是，人的机体，抑或是机体的某一部分肌肉在工作（舒张与收缩）时，克服内、外阻力的能力。由于所有的运动技能的掌握，都伴随着克服不同形式的阻力，因此，力量是进行运动的最基本的身体素质。

2. 速度素质训练

作为竞技运动中最基本的运动素质，速度具有非常重要的作用，因此，体能训练的一个重要任务，就是怎样发展速度素质，以及如何让其和专项技术有机结合在一起。

速度素质指的是，人体或者人体某个部位快速运动的能力，具体来讲，就是人体或人体某个部位，快速完成动作、做出运动反应及位移的能力。其应当包括三个方面的能力，具体为：快速通过一定距离的能力、运动时人体对各种信号刺激的快速反应能力与快速完成动作的能力。

3. 耐力素质训练

耐力素质指的是，在长时间进行工作或者运动当中，人体克服疲劳的能力，与此同时，其还是反映人体体质强弱，抑或是健康水平的一个重要标志。无论是进行哪一项运动项目，都需要具备相应的耐力水平，其中，表现最为突出的就是马拉松比赛。运动员克服疲劳的能力，能够将其所具有的耐力水平显著地反映出来。

4. 灵敏素质训练

在各种突然变换的条件之下，人体快速、敏捷、准确、协调地完成动作的能力，被称为灵敏素质。其次是人神经反应、运动技能，以及各种身体素质的综合表现，原因在于，无论是专项中的哪一个动作，都在不同程度上体现出了耐力、速度、力量与柔韧等素质。

灵敏素质的高低会由应答动作的熟练程度直接体现出来。虽然目前尚没有对灵敏素质进行客观衡量的标准，但是，可根据以下三点，来评定其发展水平：

第一，是不是能够具备快速的判断、转身、翻转、躲闪、维持平衡、反应的能力。

第二，是不是能够做到对自身身体进行自如的操纵，无论在什么条件之下，都可以将动作熟练、准确地完成。

第三，通过熟练的动作，是不是能够将速度（反应速度）、耐力、协调性、节奏感、力量（爆发力）等素质与技能综合地表现出来。

如果一个人具有高度的灵敏素质，那么其就能够对自己的运动器官进行随心所欲地控制，并且还能够将各种动作熟练、自如、准确地完成。

四、体能考评的方法与标准

高校篮球体能教学训练考评的具体内容以及主要方法如下:

(一)速度素质考评

速度素质的考评以及相应的方式如下:

1.三角折返跑

三角折返跑是考量运动员的综合素质的一项主要指标,一般来说,就是让运动员按照图中所示路线进行跑动,同时观察运动员的跑动姿势的同时进行计时,如图10—1所示。

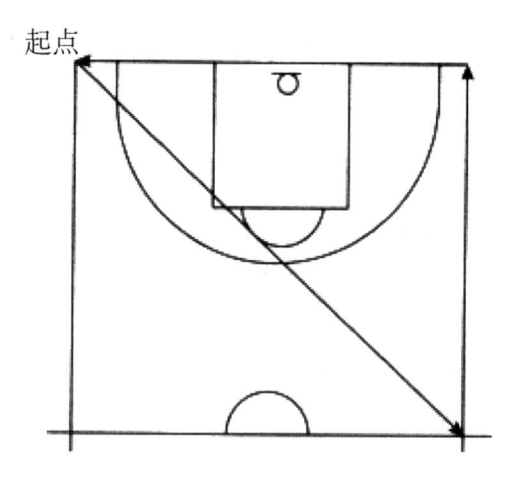

图10—1 三角折返跑

2.变距折返跑

所谓速度测试,就是运动员在跑动过程中,按照图中所示进行连续跑动,如图10—2所示。

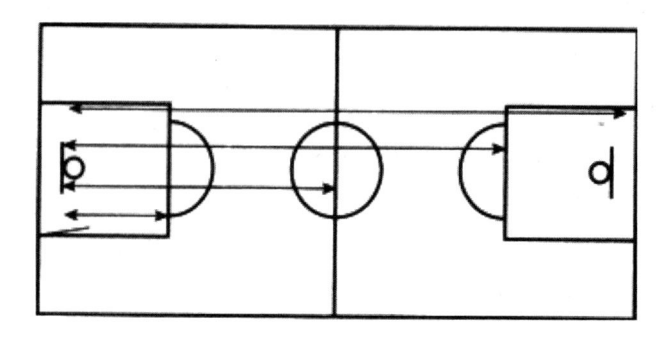

图10—2 变距折返跑

(二) 基本技能考评

1. 外线接球突破

测试方法：移动及突破路线如图10—3所示，①为突破队员，②为传球队员，③为捡球队员。

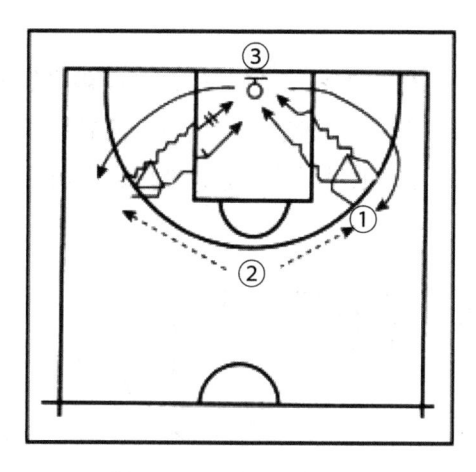

图 10—3　外线接球突破

运动员①在右侧45°，3分线外接②的传球做交叉步突破上篮（接球同时开始计时），投中后跑至左侧45°，3分线外接②的传球做交叉步突破上篮。投中后再跑至右侧45°，3分线外接②的传球做同侧步突破上篮，投中后跑至左侧45°，3分线外接②的传球做同侧步突破上篮，投中后停表。

2. 内线接球突破

测试方法：移动及突破路线如图10—4所示。①为突破队员，②为传球队员，③为捡球队员。

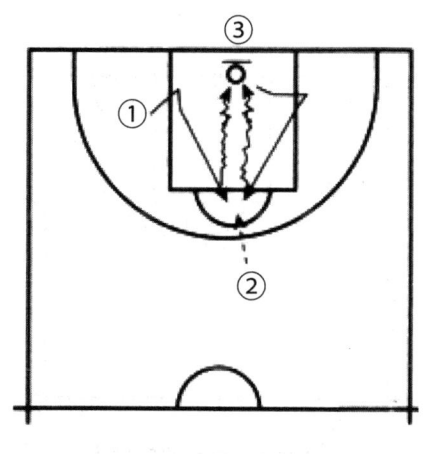

图 10—4　内线接球突破

运动员①从左侧限制区外摆脱跑至罚球线接②的传球做交叉步突破上篮（起动的同时开始计时），投中后移动到右侧限制区外摆脱跑至罚球线接②的传球做交叉步突破上篮，投中后再用同样方法重复一次，最后一次投中后停表。

3. 梯形滑步

梯形滑步的考评也作为基本技能考评的内容之一，在篮球运动中被广泛采用，测试工具为秒表。

测试方法：①、②、③分别为3个标志桶，滑动路线如图10—5所示。运动员从位置①开始沿端线滑动同时按动秒表开始计时，然后沿限制区边线向上滑动至位置②，最后撤至罚球线，再向上滑至位置③，然后向下滑至位置①，再以同样路线滑回起点停表。

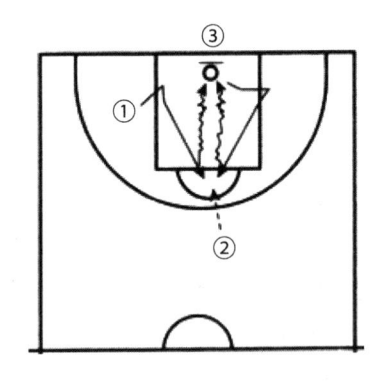

图10—5 梯形滑步

4. 外线接球投篮

投篮点及投篮范围如图10—6所示，①为投篮队员，②、③为传球队员。

投篮运动员①从位置1开始，首先在3分线外投篮，然后在同一位置接球后运球至虚线外急停跳投，用同样方法依次在2、3、4、5、5、4、3、2、1处投篮，记录2分。

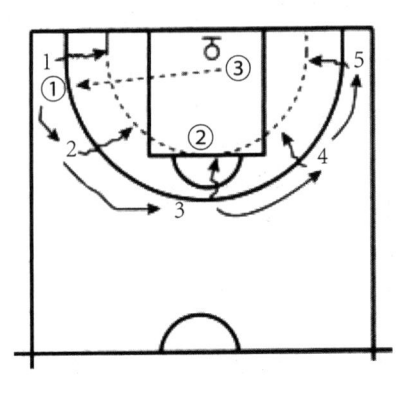

图10—6 外线接球投篮

(三) 肌肉功能考评

1. 握力

所谓握力，主要指的是人前臂乃至手部肌肉力量。握力在测试的时候一般采用握力器，在实际操作的时候，根据握力器的不同，采用不同的测试方法。

值得注意的是，在测试握力的时候，被测试者应该保证身体中轴与水平线垂直，两脚打开与肩同宽，同时两臂自然下垂。而且测试的时候，应该多次测量，去掉最高值和最低值之后，以中间值的最佳成绩作为测量结果。

2. 立定跳远

立定跳远测试是考评腰腹力量、下肢、协调性及身体跳跃能力的一种测试。场地及工具：沙坑、丈量尺。

测试方法如下：

(1) 参与测试者站在测试线前方，两脚不能压线。

(2) 两脚同时发力，向前向上起跳。

(3) 根据起跳情况，丈量最近处落地点到测试线的距离。

和握力测试一样，立定跳远也要多次测量。

(四) 心肺耐力考评

1. 肺活量

肺活量是一种常用的反映呼吸机能的指标，它和身高、体重、胸围成正相关，人体的最大出气量被称为肺活量。

肺活量反映的是静态气量，与呼吸的深度有关。正常成年人肺活量，男性为 4000～4500 毫升，女性为 2600～3200 毫升，通常来说，体重和胸围大的人，肺活量也大。测量肺活量时，被测试者站立，然后手握住肺活量计的吹气嘴，做最大吸气后对准肺活量计的吹气嘴做最大的呼气，直到不能再呼气为止。

每人可测量三次，每次间隔时间为 15 秒，受试者按指示器或显示器读数，选最大值记录，精确到 10 位数，误差不得超过 200 毫升。

肺活量的测量，一般要采用相应的仪器，测试的时候，一般要进行三到五次测量，每次测量要间隔 15 秒左右。

2. 12 分钟跑

顾名思义，12 分钟跑，指的是被测试者在 12 分钟内的奔跑长度，但是在测试的时候，应当鼓励被测试者量力而行，避免造成运动伤害。

(五) 柔韧性考评

柔韧性是保证篮球运动员在运动过程中不受或者少受伤害的一种必需的素质。从这个角度上说，柔韧性本身就是保证运动员顺利完成篮球动作的重要因素。一般说来，柔韧性考评有以下几种方式：

1. 坐位体前屈

被测试者以坐姿接受测试，脚跟并拢，脚尖分开大概一拳到一拳半，上臂伸展，向前伸直胳膊。

坐位体前屈测试的时候应该注意以下几项：

(1) 测试之前充分进行热身。

(2) 避免大幅度运动。

(3) 腿部和手臂都保持伸直。

2. 立位体前屈

被测试者双脚打开，与肩同宽，向下下腰，两腿伸直，用手臂碰触地面。立位体前屈测试的时候应该注意以下几项：

(1) 测试前应该进行适当的热身。

(2) 测试时上身与两臂要协调，避免拉伤。

(3) 测试的时候应该保证两腿要伸直。

第二节　高校篮球教学技战术评价与考核

一、技战术教学训练考评的内容

(一) 教学训练目标的考评

教学训练目标的考评一般来说包括以下两个层面的内容：

1. 对教学训练目标制定的合理性进行考评

所谓对教学训练目标制定是否合理化考评，指的是对教学目标的制定以及预测进行一系列的衡量和评价，并且结合相应的小范围测试，判断教学目标是否合理。

2. 对教学结果进行评价

对教学结果进行评价包含两层意思，一是对阶段性教学成果进行相应的评价，二是在学期末进行相应的评价。

(二) 技战术掌握的考评

技战术掌握的考评主要包括技术掌握的考评以及战术掌握的考评两个方面，具体在操作过程中包括技战术测试以及技战术评定两个方面。

1. 技战术测试

技战术测试的内容主要由技战术达标测试，以及技战术水平评定两个方面的内容构成。其中，技战术达标测试指的是运动员在经过一段时间的运动之后，能够达到最基本的要求。

2. 技战术评定

所谓技战术评定，指的是将篮球运动的技术和战术分成若干的等级，按照一定的评价方法和一定的规则，对学生进行测试，尤其在测试的时候，应该注意投篮技术动作的规范性等各个方面综合考虑。

(三) 理论知识掌握的考评

理论知识的掌握是科学进行篮球运动的基础，也是篮球运动考核的必备内容之一。一般来说，高校篮球专业知识的考核方式主要有笔试和口试两种。

1. 笔试

高校篮球笔试通常有两种形式，闭卷考试和开卷考试。闭卷考试主要针对记忆性的专业理论知识进行考查，以了解学生对专业知识的掌握情况。

高校篮球开卷考试则主要对学生运用知识、实践应用的能力进行考核。

2. 口试

高校篮球口试的范围较广，一般来讲更注重篮球运动员综合能力的考查。

在制定口试考核内容的时候，应该注意，在口试的时候，不能死记硬背，而是应该在一定范围内制定口试内容，并且要注意在制定口试内容的时候，应该深入挖掘学生对于篮球理论知识掌握的程度和广度。

(四) 其他内容的考评

所谓其他内容，还包括运动意识、运动精神以及裁判能力等多方面因素的考评。值得注意的是，在篮球运动考评过程当中，还要注意学生在运动过程中的整体的运动状态，尤其要注意学生运动水平是否进步等多种因素。还有，无论是哪种考核，都要采取与学生的状态以及现实情况一致的状态进行考核。

二、技战术考评的方法与标准

(一) 理论考评

1. 笔试

高校篮球技战术训练笔试一般采用开卷、闭卷两种形式。开卷考试主要考核学生自学理解能力、收集各种信息的能力，以及掌握知识面的广度；考查学生分析、综合、灵活运用所学篮球理论知识的能力；考核学生理解理论专业知识的深度和广度，以及分析问题的逻辑性、准确性和创新性。

高校篮球闭卷考试主要考评学生应掌握的专业理论知识及运用所学理论知识分析、应用、解决问题的能力，笔试试题应覆盖大纲规定的专业理论教材的基础内容。

笔试题型可选取多种形式的命题方法，比如：选择、填空、概念、鉴别、论述、计算、绘图和自我立论等题型。

高校篮球技战术课程变革不断深化的同时必然伴随着高校篮球专业知识考核的内容和方法的完善。不同层次高校篮球技战术课程教学对象不同、学时分配不同、课程所处位置和考核的分值权重不同，必须根据课程不同的教学标准选择不同的方法。目前广泛采用的形式有以下三种：

(1) 统考

统考是各大高校目前评价教学效果最常用的手段。统考具有公平公正、客观性强、效率高的优点，是检验学生在校学习状况的最有效方法。

一方面，统考方式和各校任课教师自主命题的考试方法相比，具有客观公正的优点，自主命题尽管也符合考试原则，但用来校际比较不够客观公正，统考使得各校各地的学生使用统一试卷标准，有利于得出公正的综合比较结果。

另一方面，要根据高校不同的课程评价目的决定是否采用统考形式，比如对学校一些重要的各专业共同的必修课组织统考。但是，值得注意的是，在开展统考的时候，应该充分考虑以下几个方面的内容：

一是，统考内容要谨慎选择，绝对不能过偏或者过难。

二是，统考要保证记忆性知识以及操作知识的比例合理，而且题量要适中。

(2) 标准样题

所谓标准样题，指的是某些高校在专家的指导以及教学大纲的要求之下，针对课程的基本教学要求，结合学生的实际发展以及实际要求所指定的一系列的考试样题。

标准样题在制定的时候，应该注意以下几点：

①可参考性高

因为标准样题是供多个高校参考的，所以要具有高度的可参考性以及借鉴性。

②知识覆盖率高

设置标准样题的目的就是为了对学生进行全方位考核，因此，标准样题必须要有很高的知识覆盖率。

③有一定的可选择性

标准样题必须要分阶段制定，所以标准样题要有一定的可选择性，尤其是要具有一定的阶段性，适合不同阶段、不同水平的学生进行选择考试。

(3) 标准化考试

所谓标准化考试，指的是相关教研人员在总结多年教育工作经验的基础上，在听取各个方面的意见的同时，结合相应的教学大纲的要求制定的一系列的考试。

标准化考试也具有几个自身特点：

①命题程序严格

标准化考试的命题程序更为严格，试题在实施前，要进行定性定量分析，检验和审定试卷和质量，并要进行统一测试和分析，在区分度、难度、可信度和效度几个方面检查该试卷是否达到试卷质量标准。

②试题设计科学、合理

标准化考试题型多样、知识覆盖面广、题目容量大、考核的范围广，提高了考试的可信度。

客观性试题在标准化考试中占了很大一部分比重，试卷中也有一些主观性试题。客观性试题包括选择题、填空题、概念题、判断题、论述题、计算题、绘图题等，主观性试题是运用知识分析解决实际问题的论述题。

③阅卷评分准确可靠

标准化考试中的客观性试题一般采用电脑评卷，效率高、准确性大，增强了考试评分的准确性。

④考试结果具有可比性

因为标准化考试的题型、内容和水平都比较稳定，因此，不同考试的考试结果之间可以相互比较。这样，不仅可用于评价每名考生的基础水平如何，而且可用来评价考生群体、不同层次考试的水平差异。

2. 口试

一般来说，高校篮球运动的口试大多是为了检验运动员对于技战术的基本了解乃至对于篮球学习的运动精神以及相应运动悟性等方面的考查。

在实际操作过程当中，口试一般采用抽签的方式进行，同时给学生一定的准备

时间。

(二) 实践考评

一般来说，高校篮球技战术教学训练主要包括定性以及定量两个方面。

1. 定量指标

所谓定量指标，指的是可以用具体数量来衡量的指标，主要包括投篮命中率以及跳跃高度等。

一般来说，在篮球运动评价过程当中，常见的定量指标是速度、高度以及准确度三类指标。

在实际操作当中，上述三类指标可以单独使用，也可以结合使用，一般来说，运球大多以速度指标进行考核；三步上篮大多以高度指标进行考核；投篮以及命中率大多以准确度指标进行考核，但是更多的时候是三者结合进行考核。

2. 定性指标

所谓定性指标，指的是在篮球运动当中无法采用具体数值进行评价，而是只能用其是否正确进行判断的运动。

适用于定性指标的评价方式主要有以下两种：

第一种是技术是否符合相应的技术规范以及动作规范。

第二种是技术的熟练程度是否达到相应的标准。

3. 篮球技战术教学训练考评实例

(1) 三点定点投篮

以篮板投影点作为圆心，将投影点到罚球线距离作为半径，在这个范围内进行三点投篮。

篮球队员从①的位置开始，按①—②—③的顺序投篮。

注意：在考核的时候，一般每个点都有三到五次的投篮机会，一般来说，最

图 10—7 三点定点投篮

在实践过程当中，因为男女学生或者运动员的素质不同，所以男生一般采取跳投方式进行投篮，女生一般用原地投篮方式进行考核。

(2)半场往返运球投篮

在具体考核的时候,一般来说,被考核者应该从篮球中线偏右的地方开始,然后根据自身习惯,用左手或者右手将球运到第1个立柱前面,然后换手,变向运球,随之投篮。抢夺篮板球的时候,一般来说,应该按照个人习惯用左手或者右手将篮球运到中线偏左的位置,直到第3根立柱线后,换手进行变向运球,在下一个立柱之前再次换手变向运球,之后进行投篮运动。

抢篮板球后再用左手做直线运球回原处。如此再重复一次,计行进间运动员投篮的命中次数并给出评价。

参考文献

[1] 张伟，肖丰.高校篮球运动教学理论与方法研究 [M].北京：新华出版社.2019.

[2] 李永进.高校篮球教学改革探析 [M].青岛：中国海洋大学出版社.2019.

[3] 周立波.高校篮球教学理论及教学实践探索 [M].哈尔滨：东北林业大学出版社.2019.

[4] 黄震.高校篮球教学与训练实践研究 [M].长春：吉林人民出版社.2019.

[5] 高校篮球教学开展理论与实践 [M].吉林出版集团股份有限公司.2019.

[6] 李毅.高校篮球教学理论与实践研究 [M].长春：吉林教育出版社.2019.

[7] 高校篮球教学改革理论与技战术教学实践 [M].长春：吉林大学出版社.2019.

[8] 基于体育强国背景下的高校篮球教学与实训研究 [M].吉林大学出版社.2019.

[9] 丛向辉.高校篮球运动开展研究与教学创新 [M].北京：中国纺织出版社.2019.

[10] 王翠，周元.高校篮球课程教学优化与探索 [M].北京：中国水利水电出版社.2019.

[11] 现代篮球教学与训练研究 [M].吉林出版集团股份有限公司.2020.

[12] 徐云美.篮球运动教学与训练方法 [M].天津：天津科学技术出版社.2020.

[13] 李杨.青少年篮球发展指南 [M].北京：中国书籍出版社.2020.

[14] 新时代高校体育教学多维度创新研究 [M]. 长春：吉林摄影出版社 .2020.

[15] 高谊 . 普通高校公共体育教程 [M]. 天津：南开大学出版社 .2020.

[16] 王垚，史维娜，徐敬业 . 高校体育理论基础教程 [M]. 大连：大连理工大学出版社 .2020.

[17] 新媒体视阈下体育教学与提升艺术研究 [M]. 中国原子能出版社 .2020.

[18] 傅文生 . 体育健康理论与实践 [M]. 长春：吉林摄影出版社 .2020.

[19] 段爱明 . 大学体育应用教程 [M]. 上海：上海交通大学出版社 .2020.

[20] 张军，王会娟 . 当代大学体育与健康教育 [M]. 汕头：汕头大学出版社 .2020.